Daniela Nagel

FÜNF KINDER? SIE ÄRMSTE!

Ein Survivalguide für
gelassene Mehrfachmütter

Mit Illustrationen von Jana Moskito

SCHWARZKOPF & SCHWARZKOPF

Für meine Eltern

Bekannte aus Düsseldorf haben
vor Kurzem das zwölfte Kind bekommen,
das ist Punkrock in Reinkultur.
Besser geht's nicht.

CAMPINO (IM INTERVIEW ZU SEINEM 50. GEBURTSTAG,
SÜDDEUTSCHE ZEITUNG MAGAZIN 18/2012)

INHALT

Noch ein Mütterratgeber ...

Wie bei jedem Buch stellen sich auch bei diesem gleich vorab zwei wesentliche Fragen:

1. Warum hat die Autorin dieses Buch geschrieben?
2. Warum sollten ausgerechnet Sie es lesen?

Fangen wir doch höflichkeitshalber bei Ihnen an: Warum also sollten Sie sich als (werdende?) Mehrfachmutter einen Mütterratgeber kaufen? Wenn Sie nicht gerade Fünflinge bekommen und sich so quasi über Nacht eine Großfamilie angeschafft haben, können Sie über Fragen wie »Gläschen oder selbst kochen?« und Phrasen wie »Pampers statt Prada« natürlich nur müde lächeln. Auch die Frage »Werde ich nach der ersten Geburt jemals wieder Sex haben?« ist ja (mit durchaus erfreulichem Ergebnis) schon beantwortet. Aber ich wette mit Ihnen, dass Sie dafür ganz andere Probleme haben. Vielleicht nicht, wenn Sie trotz des Haufens Kinder im Schlepptau einen Job im Familien- beziehungsweise Arbeitsministerium haben oder aussehen (und verdienen) wie Angelina Jolie; dann schlägt Ihnen bestimmt jede Menge Bewunderung entgegen.

Doch ansonsten können Ihnen neben dem potenzierten Alltagschaos auch noch die blöden Kommentare Ihrer Umwelt das Leben richtig schwer machen. Manchmal reicht zum Beispiel schon die harmlose Bemerkung, dass einem übel ist, um die Schwiegereltern deutlich sichtbar in Angst und Schrecken zu versetzen, obwohl sie sich doch bisher über jedes Enkelkind gefreut haben. Aber das ist natürlich noch harmlos gegen die mitleidig glotzenden Blicke der Menschen, die einen am liebsten sofort zum Casting für eine RTL-Dokusoap schicken würden. Und das Schlimmste bei alldem ist, dass Sie nicht einmal das Recht zu jammern haben, schließlich haben Sie es ja besser gewusst. Beim ersten Kind, ja, da kann man noch guten Gewissens sagen, man hätte einfach keine Ahnung gehabt, was so alles auf einen zukäme, aber Sie, Sie haben sich ja sehenden Auges alles selbst eingebrockt!

Dieses Buch soll Ihnen Mut machen, smarten Besserwissern und überheblichen Bemitleidern die Stirn zu bieten, etwas gelassener mit Problemen umzugehen oder sie einfach auch mal zu ignorieren. Es soll Sie dazu anregen, wieder ein bisschen zu sich selbst zurückzufinden und sich dabei vielleicht auch noch zu amüsieren. Und nicht zuletzt soll es Ihnen dabei helfen, sich darauf rückzubesinnen, was man im Alltag nur allzu oft vergisst, nämlich dass Kinder keine Belastung, sondern ein Geschenk sind. *Deshalb* sollten Sie als Mehrfachmutter dieses Buch lesen. Was, Sie sind gar keine Mehrfachmutter, sondern Mehrfachvater? Na, lesen Sie es trotzdem, schließlich kann es ja nicht schaden, Ihre Partnerin ein wenig besser zu verstehen.

So, und warum habe ich dieses Buch nun geschrieben? Dafür muss ich ein wenig ausholen. Paaren mit vielen Kindern geht es nämlich genauso wie Paaren ohne Kinder: Sie müssen sich rechtfertigen. Oder glauben zumindest, sie müssten sich rechtfertigen. Und ihnen wird jede Menge Angst eingejagt. Als ich mit dem fünften Kind schwanger war, begingen wir den Fehler, den Begriff »Großfamilie« zu googeln. Bereits Wikipedia verdarb uns kurzfristig jegliche Vorfreude. Mit fünf Kindern würden wir spätestens zu der bemitleidenswerten Randgruppe gehören, die durch ihre Kinderzahl nicht nur akut armutsgefährdet sei, sondern auch noch mit sozialen Defiziten der Kinder zu rechnen hätte. Und so ging es dann munter weiter: In einem Drittel der Suchergebnisse tauchte das Wort »asozial« auf. Völlig desillusioniert surften wir weiter und stießen auf eine noch schlimmere Seite, deren Namen ich zum Glück erfolgreich verdrängen konnte. Hier stellten Groß-familien wetteifernd ihre Tagespläne zur Schau: Gewinner war, wer am frühesten aufstehen musste, um zu nachtschlafender Zeit Schulbrote zu schmieren, Wäsche zu bügeln und die Spülmaschine einzuräumen. Tagsüber waren sie ja schon mit Taxidiensten und Nachhilfe beschäftigt.

Nach dieser wertvollen Vorarbeit des Internets taten die Bilder der einschlägigen Fernsehsendungen zum Thema ihr Übriges. Dort beluden Frauen mit dunklen Augenringen gerade das erste von täglich fünf Malen ihre Waschmaschine, während sie selbst so aussahen, als reiche es nur gelegentlich mal für eine Katzen-wäsche. Oder es wurden Paare gezeigt, die sich eigentlich nur mit der Zeugung der Kinder beschäftigen wollten.

Optimistische Bilder oder Literatur zu diesem Thema? Fehlan-zeige! Dabei hätte ich mir einen Ratgeber, der auf Augenhöhe be-rät, damals wirklich gewünscht. Einen, der mir Mut macht, wenn ich wieder mal glaubte, das alles nicht zu schaffen (und ich weiß, dass man das auch mit einem Kind schon oft glaubt). Einen, der wenigstens mit Vorurteilen aufräumt (wenn ich es schon selbst mit dem Haushalt nicht hinbekam). Einen, der zeigt, dass auch mit vielen Kindern noch ein Leben, ein richtiges Leben möglich ist. Auch wenn bei uns mit bis dahin vier Kindern nicht alles perfekt lief, schön war es im Großen und Ganzen nämlich schon.

Und genau deshalb habe ich dieses Buch geschrieben. Weil auch Sie wahrscheinlich für jedes Ihrer Kinder sterben würden. Weil auch Sie trotzdem Muttergefühle in allen Facetten erleben. Und weil es unter den Tausenden von Mütterratgebern kein Buch gibt, das *für* Frauen mit vielen Kindern geschrieben ist. Als ob wir nicht mehr zum Lesen kämen. Und wenn wir tatsächlich nicht mehr dazu kommen, dann wird es erst recht höchste Zeit, etwas zu ändern!

KAPITEL 1

Warum hast du eigentlich so viele Kinder?

Meine ganz persönliche Liebesgeschichte

Als Kind habe ich manchmal gesagt, dass ich tausend Kinder haben will. Dabei habe ich weder mit Puppen gespielt, noch gehörte ich zu den Mädchen, die sich dauernd um andere Kinder kümmerten. Meine einzige Teenagerbabysittererfahrung war eher kläglich. Der kleine Junge, auf den ich aufpasste, wünschte sich eine richtig schön gruselige Gutenachtgeschichte. Kein Problem, Geschichten habe ich mir schon immer gern ausgedacht. Der Junge fing schließlich an zu heulen, und meine Beteuerungen, dass die Monster doch nur meiner Fantasie entsprungen seien, gingen in seinem Schluchzen unter.

Trotzdem fand ich kleine Kinder und Babys immer super. Mit vier war ich ganz groß darin, meine jüngste Schwester zum Lachen zu bringen. Ich erinnere mich heute noch daran, wie sie im Gitterbettchen saß und gluckste und lachte, wie eben nur Babys lachen können. Ich glaube, das war für mich die Initialzündung. Als unsere Nachbarn Jahre später ihr viertes Kind bekamen, und das, obwohl sie beide von der Kunst lebten, wünschte ich mir nichts mehr, als dass meine Eltern auch noch eins bekämen. Hätten sie mir den Gefallen getan, wäre mein Blick auf Kinder wohl nicht so verklärt geblieben.

Und hätten sie mir neben meinen zwei Schwestern auch noch einen Bruder geschenkt, hätte das Gleiche vielleicht auch für mein Männerbild gegolten. Doch so glaubte ich schon in der Grundschule, dass in der großen weiten Welt irgendwo meine verwandte Seele herumläuft. Die Suche nach ebendieser Seele war amüsant bis extrem stressig, und die Vorstellung, dass meine Kinder demnächst vielleicht ebenso haarsträubende Aktionen wie ich damals veranstalten, verursacht bei mir jetzt schon Hitzewallungen.

Doch schließlich lief mir in der Oberstufe Michael über den Weg, mein jetziger Mann. Oder sagen wir, schließlich habe ich ihn bewusst wahrgenommen. Über den Weg waren wir uns nämlich auf dem Schulhof schon jahrelang gelaufen, und er behauptet, er habe schon Ewigkeiten vor unserem »offiziellen« Kennenlernen ein Auge auf mich geworfen, aber ich hätte nichts bemerkt. Jedenfalls hatte Michael im Rahmen einer Schulprojektwoche gemeinsam mit seinem besten Freund ein Survivalcamp im Königsforst organisiert (die beiden waren schon mit 16 wochenlang allein in Lappland unterwegs gewesen).

Dort wollten wir ausprobieren, wie wir in der Wildnis klarkämen: Wir schliefen in selbst gebauten Zelten im Wald, kochten überm Feuer, und wer so mutig war wie ich, stürzte sich – im kalten März – sogar in den See. Zugegeben, es gab Duschmöglichkeiten, und ich habe bis heute nicht kapiert, wie man die Himmelsrichtung ohne Kompass bestimmt, wirkliches Survivalwissen habe ich also nicht mitgenommen. Aber eins wusste ich nach dieser Woche: Michael war der Mann, mit dem ich Kinder wollte. Bis wir zusammen waren, verging noch einige Zeit. Manchmal wartete ich eine Stunde auf dem Schulhof, um Michael dort »zufällig« zu begegnen. Wenn er mir dann tatsächlich zulächelte oder wir sogar ein paar Worte wechselten, hingen für mich rosa Herzwölkchen in der Luft. Irgendwann nahm ich meinen Mut zusammen und organisierte eine kleine Feier, um einen Grund zu haben, ihn ganz unverbindlich einzuladen – zum Glück, denn danach trauten wir uns auch, uns einfach zu fragen, ob wir uns nicht mal treffen sollten. Und als wir bei einem unserer Rendezvous über die Domplatte schlenderten, war Michael schließlich so mutig, meine Hand zu nehmen. Das war für uns eindeutig der Moment, in dem wir zusammengekommen sind. Über die genauen Umstände des ersten Kusses sind wir uns dagegen bis heute nicht einig, was wir aber getrost auf die sinnestäuschende Wirkung der frischen Verliebtheit schieben können.

Ich finde, es ist wichtig, sich hin und wieder auf die gemeinsame Liebesgeschichte zu besinnen, gerade wenn man sich zwischen Arbeit und Kinderbetreuung oft nur noch die Klinke in die Hand gibt. Denn Alltagstrott hin oder her: Ohne diesen ganz speziellen Mann hätte ich mich nie auf so viele Kinder eingelassen.

Wir haben uns ganz bewusst und glücklicherweise mit jeder Menge Optimismus und Idealismus – manche würden vielleicht auch Irrationalität und Naivität sagen – sehr früh auf das erste Kind eingelassen. Als wir Alex bekamen, war ich 22 und Michael 24. Wenn wir heute Fotos von damals ansehen, kommt es uns so vor, als wären wir selbst noch Kinder gewesen. Aber gerade diese erste Zeit rund um die Geburt und das Wochenbett, das ich bei jedem Kind als eine Art herrliche Flitterwochen empfunden habe, war so wunderschön, dass wir das öfter erleben wollten. Ganz klar lag das auch an der tollen Unterstützung von allen Seiten, insbesondere unserer Eltern, aber auch der Hebammen im Geburtshaus, die uns von Anfang an das Gefühl vermittelt haben, dass wir wissen, was wir tun.

Nach der Geburt unserer Tochter Emilia – wir hatten die ersten beiden möglichst schnell hintereinander gewollt – stand ein drittes Kind jahrelang im Raum. Im wahrsten Sinne des Wortes. Wir hatten vor jedem Kind das Gefühl, da schwebt einer durch die Lüfte, der materialisiert werden will. Klar, kann man das jetzt als Ticken der biologischen Uhr, Hormonschwankung oder Spinnerei abtun, aber irgendetwas war da. Meine Frauenärztin meinte bei der Vorsorge wegen einer anderen Sache, dass ich eventuell was tun müsse, sollte ich noch mehr Kinder haben wollen. Ich solle in einem Monat wiederkommen; falls die Blutergebnisse auffällig sein sollten, würde sie mich vorher anrufen. Sie rief nicht an, aber ihre Frage nach dem Kinderwunsch ließ mich nicht los. Es gab einiges, was zu diesem Zeitpunkt gegen ein weiteres Kind sprach … Studium kurz vor dem Abschluss, Umzug, jede Menge Arbeit … Aber vom Herzen her wollte ich.

Kurz darauf verkündete eine Freundin in einer Kaffeerunde im Kindergarten lauthals, dass sie geträumt habe, ich würde Zwillinge bekommen. Sie ließ es sich nicht nehmen, darauf hinzuweisen, dass sie schon öfter etwas geträumt habe, was wahr geworden sei. Sie arbeitet übrigens nicht im Esoterikladen, sondern ist Staatsanwältin, falls hier Klischeevorstellungen aufkommen. Ich entgegnete, dass ich nicht schwanger sei, dachte mir aber, dass ich Zwillinge ganz cool fände.

Es kam, wie es kommen musste: Ich wurde schwanger. Ob es etwa wirklich Zwillinge waren? Als ich das nächste Mal bei meiner Frauenärztin war, platzte ich gleich damit heraus, dass ich schwanger war. Auf ihre gewohnt trockene Art entgegnete sie mir, dass das auch kein Wunder sei. Die Testergebnisse seien ja in Ordnung gewesen. Bei der Vorbereitung für den Ultraschall erzählte ich ihr von meiner Vermutung, dass es Zwillinge sein könnten, und von dem Traum meiner Freundin. Sie erwiderte, dass das sehr unwahrscheinlich sei, doch dann …

»Oh, ihre Freundin hatte recht!«

Die fiel trotzdem fast vom Stuhl, als ich sie abends anrief.

Durch dieses ganze Drumherum kamen uns die Zwillinge tatsächlich wie ein riesengroßes Wunder vor – und die Erinnerung an dieses Wunder hilft mir vor allem dann weiter, wenn Georg und Luis sich mal wieder gegenseitig zu dem größten Blödsinn anstacheln.

Kurz nach der Geburt der Zwillinge wachte ich mal mitten in der Nacht auf und vergewisserte mich reflexartig, ob es ihnen auch gut ging – die beiden schliefen damals neben mir im Bett. Im Halbschlaf durchwühlte ich dann die Decken und suchte panikartig das dritte Baby, bis mir einfiel, dass es ja nur zwei waren. War da etwa noch ein Kind, das zu uns wollte? Oder war es nur mütterliche Sorge kombiniert mit Stilldemenz?

Mein Mann sprach oft davon, noch ein Baby zu bekommen. Jetzt war alles entspannt. Er hatte zum ersten Mal nach dem Studium einen familienfreundlichen Job und konnte zwei Tage in der Woche im Homeoffice arbeiten, wir hatten genug Platz, mit den vier Kleinen lief es super – kurz, wir hatten anscheinend nicht genug zu tun. Ich fand den Gedanken an ein weiteres Kind auch schön, andererseits war ich realistisch genug, um zu wissen, dass die Entscheidung für mich weitreichender wäre als für ihn. Ich beschloss, dem Glück trotzdem ein Hintertürchen offen zu lassen – und siehe da, irgendwann quetschte es sich tatsächlich hindurch.

Ich muss gestehen, dass ich an die vierte Schwangerschaft mit viel mehr Ängsten und Zweifeln heranging als an die drei davor. Die Großen waren zehn, neun und fünf Jahre alt, als unser Jüngster, Benni, geboren wurde, und ich muss sagen, dass das noch mal eine ganz andere Qualität für die Großen hatte, so ein Baby mitzuerleben. Die Erleichterung darüber, dass es auch dieses Mal gut gegangen war, war riesig. Je mehr Kinder man hat, desto mehr wird einem auch klar, was es hieße, wenn das Kind zum Beispiel schwer krank auf die Welt käme.

Auf jeden Fall war Kind Nummer fünf der krönende Abschluss unserer Familienvergrößerung. Als mein Mann neulich anfing, dass es doch schön wäre, wenn unser Dackel auch Junge bekommen würde, erwiderte ich, nur wenn er ein halbes Jahr Elternzeit nähme. Da es die für Haustiere noch nicht gibt, wird unsere Dackeldame wohl kinderlos bleiben. Wir haben mit unseren fünf Menschenkindern auch wirklich genug zu tun.

Obwohl ich finde, dass die Menge dabei nicht unbedingt ausschlaggebend ist: Die Zeit vorm fünften Kind, als unsere vier Großen allesamt tagsüber in der Schule beziehungsweise im Kindergarten waren, mein Mann wiederum viel zu Hause – die empfand ich als geradezu paradiesisch einfach. Viel entspannter als die Zeit, in der ich »nur« zwei Kleinkinder managen musste, dafür aber die meiste Zeit allein. Gerade ist das Stresspensum wieder grenzwertig, aber das Schöne ist ja, dass wir inzwischen lange genug Familie sind, um zu wissen, dass sich das auch wieder ändern wird.

So, das ist sie also, meine ausführliche Antwort auf die Frage, warum ich so viele Kinder habe. Ich denke, es ist eine Mischung aus einer schönen Kindheit, dem passenden Partner, guten Erfahrungen mit dem ersten Kind, jugendlichem Optimismus und keiner Ahnung (Letzteres die Deutung, die ich von den beiden Ältesten gerade ziemlich oft höre). Es ist, wie es ist, und es ist gut, wie es ist. Als mich letztens eine junge Frau, die selbst gerade überlegt, ob sie Kinder haben will, um ein Resümee bat, konnte ich nicht verschweigen, dass es auch sehr anstrengend sein kann, viele Kinder zu haben. Andererseits würde ich keines meiner wunderbaren Kinder mehr umtauschen wollen, auch wenn die Geschwister manchmal nichts dagegen hätten.

Ab wann ist man eigentlich kinderreich?

You're not alone … Stimmt, mit einer großen Familie ist man nie (oder zumindest selten) allein, und gerade mit jüngeren Kindern fühlt es sich oft an, als würde man ständig Kindergeburtstag feiern. Aber sobald man als Großfamilie vor die Tür geht, kommt es einem so vor, als stünde man alleine da. Ist das wirklich so?

Nicht ganz, denn in Deutschland gelten immerhin zwölf Prozent der Familien als kinderreich, das heißt, in diesen Familien leben mindestens drei Kinder.[1] Von den circa 12,6 Millionen Familien, die es in Deutschland gibt, leben 1,2 Millionen mit drei Kindern, 257.000 mit vier Kindern und 97.000 mit fünf oder mehr Kindern. Und Patchworkfamilien sind in dieser Statistik nicht einmal erfasst, dabei werden aus vielen kleinen Familien jedes zweite Wochenende Großfamilien. Andersherum fallen auch all die Kinder aus der Statistik, die schon ausgezogen sind. Tatsächlich wachsen viele Nachzügler in großen Familien fast wie Einzelkinder auf. Würde man die erwachsenen Geschwister dieser jüngsten Kinder mitzählen, gäbe es fast eine halbe Million mehr große Familien in Deutschland.

Tatsächlich hält sich die Zahl großer Familien in Deutschland nicht nur seit einigen Jahrzehnten, sie wächst sogar wieder leicht.

Wer sich heute für Kinder entscheidet, ist oft auch wieder bereit, mehr Kinder zu bekommen.

Bernd Eggen und Martina Rupp haben in *Kinderreiche Familien* aus dem Jahr 2006 die Entwicklung großer Familien in Deutschland wissenschaftlich untersucht. Ich werde immer wieder dankbar aus diesem Fundus an Informationen zur Geschichte und Situation großer Familien zitieren und kann jedem, der sich mit diesem Thema beschäftigt, diese Studie nur ans Herz legen. An dieser Stelle möchte ich Eggens und Rupps Fazit aus ihren Forschungen vorwegnehmen: »Es mag paradox klingen, doch je unabhängiger Frauen und Männer in ihren Lebensentwürfen von der Institution Familie sind, je geringer also die Opportunitätskosten etwa bei der Bildungs- und Arbeitsmarktbeteiligung sind, desto eher sind sie bereit, eine große Familie zu gründen und sich damit langfristig an Familie zu binden.«[2] Wer das Gefühl hat, auch mit Kindern sein Leben so leben zu können, wie er es will, kann sich also noch mehr Kinder vorstellen. Eigentlich eine banale Erkenntnis.

Flexible Arbeitszeitmodelle für Mütter und Väter, unbefristete Arbeitsverträge, gute Kinderbetreuungsmöglichkeiten, aber auch die Möglichkeit, mal ein paar Jahre bei den Kindern bleiben zu können, ohne gleich ins berufliche Abseits oder später in Altersarmut zu geraten, haben mit Sicherheit mehr Einfluss auf die Geburtenrate als eine Kindergelderhöhung. Wenn sich hierzulande viele Eltern schon mit einem oder zwei Kindern Sorgen um ihre berufliche und finanzielle Zukunft machen, dann deutet das doch auf grundsätzliche strukturelle Probleme in unserer Arbeits- und Alltagswelt hin. Bei Vielkinderfamilien machen sich die Probleme nur stärker bemerkbar. Wer zum Beispiel Schul- und Kindergartenkinder hat, steht nicht nur vor einem größeren logistischen Aufwand, sondern oft auch ohne verlässliche Betreuung da: In einer Grundschule bei uns vor Ort haben zum Teil noch nicht mal alle Geschwisterkinder einen Übermittagsplatz bekommen. Da macht der Platz für die älteren Kinder der Familie dann auch nicht mehr wirklich Sinn.

Hingegen haben die zwei Jahre, während derer mein Mann die Möglichkeit hatte, zwei Tage in der Woche von zu Hause aus zu arbeiten, uns gezeigt, dass das Leben mit vielen Kindern auch dann sehr entspannt ablaufen kann, wenn beide Eltern arbeiten. Die Begründung, mit der eine Verlängerung des Homeoffice für alle Antragsteller abgelehnt wurde, war wiederum ein Spiegel dafür, dass unsere Gesellschaft noch einige Schranken im Kopf abbauen muss, um wirklich familienfreundlich zu werden.

Natürlich ist die gemeinsame Entscheidung für viele Kinder meistens aus einer ganz individuellen Liebesgeschichte hervorgegangen, die mit Statistiken, Logik und wirtschaftlichen Überlegungen oft wenig zu tun hat. Und natürlich ist jede große Familie einzigartig mit ihren ganz eigenen schönen, aber auch schwierigen Seiten. Und natürlich gibt es Menschen, die sich auch in Notlagen viele Kinder zulegen. Aber gute Rahmenbedingungen, zu denen die Vereinbarkeit von Job und Kindern für beide Elternteile eindeutig gehört, machen es ganz klar einfacher, sich für ein Leben mit vielen Kindern zu entscheiden.

Und viel ist natürlich immer relativ. Ich war immer davon ausgegangen, dass bei 20 Kindern pro Frau rein biologisch die absolute Obergrenze liegt. Das *Guinnessbuch der Rekorde* hat mich allerdings eines Besseren belehrt: Die Frau des russischen Bauern Fjodor Wassilijew (1707–1782) bekam angeblich bei 27 Schwangerschaften insgesamt 69 Kinder. Allein Vierlinge entband diese Frau viermal, von der noch nicht einmal der Vorname überliefert ist. Ob und wie die Kinder überhaupt groß geworden sind, weiß auch kein Mensch.

Wenn hierzulande gute zehn Prozent der Familien als kinderreich bezeichnet werden, liegt das vor allem daran, dass die Eintrittskarte für diesen Club schon mit drei Kindern gewährt wird. Unter 0,1 Prozent leben mit mehr als sieben Kindern zusammen. Familien wie die Rübenacks aus Leipzig mit ihren zwölf Kindern kommen tatsächlich sehr selten vor, und wenn, werden sie gerne in den Medien zur Schau gestellt. Ich kenne mittlerweile viele Familien mit vier oder fünf Kindern. Mit mehr als fünf Kindern eher flüchtig oder vom Hörensagen.

Mit meinen fünf Kindern komme ich mir ehrlich gesagt wie eine Hochstaplerin vor, wenn ich an die Familien mit sieben Kindern denke. Für jeden wird viel eben an einer anderen Stelle zu viel.

Es leben hier übrigens ungefähr genauso viele kinderreiche Familien wie Alleinerziehende. Gleichzeitig sind auch viele Alleinerziehende kinderreich. Von einer Randgruppe kann also nicht mehr die Rede sein. Es ist gut, dass die Mütter und Väter, die die Verantwortung für ihre Kinder alleine stemmen, mittlerweile mehr Aufmerksamkeit und Anerkennung entgegengebracht bekommen und dass die Vorurteile dem Verständnis weichen. Das Gleiche wünsche ich mir für große Familien – und freue mich, wenn dieses Buch seinen Teil dazu beiträgt.

KAPITEL 2

Wie schaffst du das alles?

Jede Mutter kann schlafen lernen
(und wenn es vor Erschöpfung ist)

Eines vorneweg: Ich schaffe überhaupt nicht alles. Nicht mal die Hälfte von dem, was ich mir vornehme. Vor allem die To-do-Listen jenseits des Familienalltags werden immer länger: eine Freundin anrufen, endlich mal wenigstens ein paar der digitalen Erinnerungen auf Papier bannen, Sport machen, den Schreibtisch aufräumen, mit der Steuererklärung anfangen und dann vielleicht auch noch ein paar nette Stunden mit meinem Mann verbringen.

Aber ganz ehrlich, genauso ging es mir schon mit zwei Kindern. Allein wenn ich daran denke, wie ich damals im Supermarkt stand, das eine Kind im Tragesystem, das andere im Buggy, der gleichzeitig als Einkaufswagen herhalten musste, und schon wieder vergessen hatte, was ich überhaupt einkaufen wollte! Was sehnte ich mich nach dem Mittagsschlaf der Kinder oder den Großeltern, damit ich wenigstens zwei Stunden für die Philosophieklausur lernen könnte! Und dann die Grübeleien über den ständig auswärts arbeitenden Mann, meine beruflichen Pläne auf Eis, die vernachlässigten Freunde und Bauchmuskeln … Damals hätte ich wahrscheinlich gedacht, eine Frau mit fünf Kindern, die Bücher schreibt, nimmt leistungssteigernde Drogen.

Allen, die schon mit einem Kind nicht dazu kommen, ihre Kaffeetasse leer zu trinken, langfristig aber gerne mehr als zwei Kinder hätten, kann ich nur beruhigen: Alle weiteren Kinder laufen zwar nicht nebenher, aber doch irgendwie unkomplizierter mit. Außerdem ist es bei der Kindererziehung wie bei fast allen Dingen: Mit dem Training wächst die Fähigkeit.

Neben dem Erfahrungsfaktor sorgt bei mir aber glücklicherweise auch mein Umfeld dafür, dass ich trotz fünf Kindern ziemlich gelassen bleibe. Alles das, was ich schaffe, schaffe ich eben nicht allein – nicht umsonst heißt es, dass es ein ganzes Dorf brauche, um ein Kind großzuziehen. Zum einen habe ich einen wunderbaren Mann sowie großartige Eltern und Schwiegereltern zur Unterstützung an meiner Seite, zum anderen eine richtig gute Infrastruktur vor Ort, etwa durch den Kindergarten oder andere Mütter. Zusätzlich baue ich als gläubiger Mensch auf übermenschliche Hilfe. Auch wenn mir klar ist, dass das nicht für jeden was ist, mir gibt mein Glauben eine Menge Zuversicht und Stärke. Die Erkenntnis, nicht alles aus eigener Kraft schaffen zu können und auch nicht zu müssen, ist eine riesengroße Entlastung, die wiederum eine Menge neuer Energie freisetzt.

Achten Sie auf sich

Mengenkalkulation ist in großen Familien manchmal ganz schön schwierig. Es gibt Tage, da stelle ich den ausgehungerten Kindern eines ihrer Lieblingsessen auf den Tisch, zum Beispiel Lachs in Sahnesoße, und denke schon nach fünf Minuten, dass ich nächstes Mal wohl besser eine Packung mehr kaufen sollte. Zum Glück habe ich immer noch mich als Puffer. Esse ich eben, was übrig bleibt, und wenn ich mich dabei auf die Beilagen beschränke. Das Prinzip ist wahrscheinlich den meisten Müttern bekannt – erst die Kinder, dann sie selbst. In gewissen Grenzen ist das völlig okay. Aber es gibt leider genug Mütter, die mit ihrem Kind gewissenhaft zu jeder Vorsorgeuntersuchung gehen, sich um ihr eigenes Wohlbefinden jedoch erst dann sorgen, wenn gar nichts mehr geht. Ich kenne das selbst.

Vor ein paar Monaten hatte ich häufiger das Gefühl, über meine Kräfte zu gehen. Obwohl ich schon viel stressigere Zeiten hinter mir hatte und gerade einiges besser lief als je zuvor, war ich ständig müde und gereizt. Und das, obwohl ich grundsätzlich ein gelassener und optimistischer Mensch bin.

Auf die Idee, deswegen zum Arzt zu gehen, kam ich trotzdem nicht. Im Gegenteil: Seit Wochen schob ich einen Routinetermin vor mir her. Erst als ich nur noch eine einzige Tablette eines für mich wichtigen Medikaments hatte, quetschte ich doch noch einen Arztbesuch dazwischen. Statt mir wie sonst nur eben das Rezept zu unterschreiben, wollte der Arzt wegen der Blutergebnisse mit mir sprechen: Meine Eisenwerte seien dermaßen im Keller, dass ich eigentlich keine Treppe ohne Atemnot hochkommen dürfte. Oder sehr vergesslich sein müsste.

Okay, das war ich. (Dann war es also wenigstens nicht allein meine Schuld, dass ich letztens einen Kindergeburtstag komplett vergessen hatte.) Ich saß wie ein Häufchen Elend beim Arzt und fing fast an zu heulen, als er mich fragte, wie es mir denn sonst so ginge; so fertig war ich. Andererseits war ich auch erleichtert, dass ich offenbar doch keine Lebenskrise hatte, sondern nur unter Eisenmangel litt. Beziehungsweise die Lebenskrise vor allem am Eisenmangel lag.

Und tatsächlich: Mithilfe von ein paar Infusionen, Nahrungs-ergänzungsmitteln und literweise Brennnesseltee kehrte meine gute Laune bald wieder zurück. Manchmal helfen eben auch Sachen aus der Apotheke.

Und wenn ich schon beim Thema »Mother's Little Helpers« bin … Vor Kurzem unterhielt ich mich im Kindergarten mit ein paar anderen Müttern, und eine von ihnen erzählte, dass sie sich als Ärztin auch ohne Rezept jedes Medikament in der Apotheke kaufen könne. Eine andere Mutter meinte daraufhin, dann solle sie ihr unbedingt dasselbe Mittel besorgen, das ich nähme – weil ich trotz fünf Kindern immer so entspannt aussähe. Hier also mein Geheimnis: Es gibt da so homöopathische Mittel, die wirklich wie Doping wirken, zum Beispiel Manuia. (Falls das jemand von der DHU[*] liest, ich wäre für einen Jahresvorrat sofort zu einem Werbedeal bereit.)

Ich meine damit nicht, dass man seine Probleme mit solchen Hilfsmitteln lösen kann, aber ein gewisser Grundpegel an Energie

---

[*] *Deutsche Homöopathie-Union*

ist einfach nötig, um die Schwierigkeiten überhaupt anpacken zu können. Das Um-sich-selbst-kümmern-Dürfen beschränkt sich natürlich nicht auf die körperliche Instandhaltung – genauso wichtig ist es, dass wir auch für unsere gute Laune Sorge tragen. Das ist überhaupt nicht egoistisch gedacht, denn schließlich profitieren nicht zuletzt unsere Kinder davon, wenn es uns körperlich und mental gut geht.

Geben Sie Verantwortung ab

Ich kenne Mehrfachmütter, die lieber alles selbst machen, statt auch mal Aufgaben zu verteilen, weil sie der Meinung sind, dass nur sie es gut genug können. Da wird der komplette Haushalt im Alleingang erledigt oder der Unterrichtsstoff der Kinder jeden Nachmittag nachgearbeitet. Ich weiß nicht, wie man es schafft, mit diesem Anspruch mehr als ein Kind großzuziehen – auch wenn ich selbst oft genug denke, ich sei die Einzige, die ganz genau weiß, was mein Kind gerade braucht, und vor allem die Einzige, die ihm das geben kann. Manchmal stimmt das, oft genug nicht.

Verantwortung abgeben beginnt im Kopf. Manchmal macht mir sogar die Vorstellung Angst, ich könne schuld sein, wenn eines der Kinder in 80 Jahren einsam im Altersheim sitzt und sich mit allen Geschwistern zerstritten hat. So viel Energie solche Ängste einem in der Gegenwart auch rauben, so wenig Einfluss haben sie meist auf die Zukunft – zum Glück! Wir können unser Bestes geben, aber die Entwicklung unserer Kinder liegt nun einmal nicht allein in unserer Hand. Gerade wenn man viele Kinder hat, wird einem klar, dass vieles auch auf ihre Persönlichkeit und nicht auf ihre Erziehung zurückzuführen ist: Während man bei dem einen Kind mit Schulbrote-Schmieren und Tolle-Zeugnisse-Unterschreiben davonkommt, wird man bei dem anderen regelmäßig zu Gesprächen mit der Lehrerin vorgeladen und muss täglich Vokabeln üben, damit es halbwegs läuft. Fest steht: Wir bleiben für die Kinder auch dann Mutter oder Vater Nummer eins, wenn wir nicht alles für sie regeln. Wie lässt sich diese Erkenntnis nun konkret im Alltag umsetzen?

Selbstständigkeit fördern: Lieber auf Eigenverantwortung setzen, statt dem Kind bis zum 18. Lebensjahr mit warmen Jacken und ständigen Ermahnungen hinterherzurennen. Spätestens ein Schulkind kann – mit unserer Unterstützung – lernen, sich selbst um die eigenen Bedürfnisse zu kümmern. Natürlich frage ich auch meine Große öfter, ob sie bei der Kälte nicht doch lieber einen Pulli unter der Jacke anziehen wolle, akzeptiere aber normalerweise ihr Nein.

Wie sollen Kinder ein Gespür dafür bekommen, was sie brauchen, wenn ihnen ständig alles abgenommen wird? Das gilt nicht nur für Entscheidungen in Bezug auf Nahrung und Kleidung, sondern auch für Freunde, Hobbys und Lebensanschauung allgemein. Den Kindern da nicht reinzureden hat nichts mit Desinteresse zu tun, sondern kann vielmehr ein Zeichen der Achtung sein. Und schließlich ist es unser Job als Eltern, uns langfristig überflüssig zu machen. Vielleicht fällt das Mehrkindeltern sogar leichter, weil sich die betreuungsintensive Phase, auf mehrere Kinder verteilt, viel länger hinzieht als bei nur einem Kind.

Auch wenn Sie es am besten machen, müssen Sie es nicht immer machen: Mir fällt eine Mutter ein, die seit Jahren immer ihre Kinder ins Bett bringt, weil es keiner so gut kann wie sie. Nicht mal der Vater. Ganz ehrlich, meine Kinder werden auch lieber von mir ins Bett gebracht, weil ich im Gegensatz zum Papa stundenlang vorlese. (Dafür macht er andere Sachen mit ihnen viel besser.) Trotzdem bin ich oft froh, wenn ich hin und wieder abends frei habe, und kann gut damit leben, dass die Kinder auch mal im Eiltempo ins Bett gebracht werden. »Du kannst das viel besser« schmeichelt zwar, ist aber oft auch nur eine faule Ausrede, gerade wenn es um die Arbeitsverteilung innerhalb der Familie geht. Ganz davon abgesehen wissen Ihre Kinder Ihre Leistung viel mehr zu schätzen, wenn sie nicht selbstverständlich ist.

Schön, wenn es noch andere Bezugspersonen gibt: Gerade wenn sie viele Kinder haben, sind Eltern oft so im Alltagstrott gefangen, dass die Kinder sich zu Recht unverstanden fühlen. Gut, wenn sie noch andere Ansprechpartner haben. Alex versenkte, als er drei war, mal das superteure Handy unseres Besuchs in der Kaffeetasse. Meine Freundin und ich schimpften. Später vertraute er der Oma an, dass er doch nur den Streit beenden wollte, den die Handybesitzerin vorher lautstark mit ihrem Ex geführt hatte. Emilia verbringt ab und zu richtige »Mädchentage« bei einer Cousine von mir, deren Tochter ungefähr im selben Alter ist wie sie. Wunderbar!

Ich bin froh, wenn sich die Kinder Dinge, die ich ihnen nicht bieten kann, woanders holen. Wenn es Menschen in ihrem Umfeld gibt, verwandt oder nicht, denen sie vertrauen können, ist das für die Kinder eine große Bereicherung – und für Sie eine Entlastung. Die Bindung zu den Eltern verliert dadurch nicht an Stärke. Es sollte Sie deshalb nicht schmerzen, wenn Ihre Kinder etwa den Erzieherinnen ihre Liebe kundtun oder sagen, dass die Patentante viel cooler ist – ganz im Gegenteil, freuen Sie sich mit Ihren Kindern über ein tragfähiges Netz von Ansprechpartnern.

Vorsicht, Hausfrauenfalle!: Mit der Kinderzahl steigt die Wahrscheinlichkeit, dass die Frau komplett zu Hause bleibt und der Mann immer mehr arbeitet – aus, wie es scheint, rein praktischen Gründen. Aber selbst, wenn Sie diesem Modell freiwillig und aus für Sie guten Gründen folgen, kann es nicht schaden, sich die Verantwortung für den Haushalt nicht allein aufzubürden: Als Mutter sind Sie vielleicht unersetzlich, aber Einkäufe können Sie sich bringen lassen, dreckige Fenster ignorieren oder auch mal vom Profi putzen lassen, die Tomatensoße muss auch nicht immer selbst gekocht sein, und Sie sind auch keine schlechte Mutter, wenn Sie die Kinder im Kindergarten essen lassen. Bei meinen Großen habe ich vor lauter schlechtem Gewissen den angebotenen Übermittagsplatz im Kindergarten abgelehnt. Ich hetzte mich ab, damit das Essen um zwölf fertig war, sodass die hungrigen Kinder direkt nach dem Abholen essen konnten. Dabei brauchte ich den Vormittag eigentlich, um für mein Studium zu lernen.

Einmal kamen wir mittags nach Hause und der Rauchmelder piepste und es qualmte, weil ich vergessen hatte, den Herd abzustellen – unter Stress passieren die meisten Fehler. Unseren Jüngsten lasse ich ohne Bedenken im Kindergarten essen. So kann ich vorher entspannt mit den Zwillingen Hausaufgaben machen und auf dem Rückweg mit den Kindern noch den Spielplatz besuchen, statt direkt in der Küche zu verschwinden.

Konzentrieren Sie sich auf das, was gut läuft

Wie schnell denkt man als Mutter oder Vater, dass man nicht gut genug sei, weil einem immer das als Erstes in den Sinn kommt, was andere besser machen: Die Nachbarn üben täglich mit ihren zwei Kindern Klavier, während Sie selbst es mit Mühe und Not schaffen, drei Ihrer fünf Kinder einmal die Woche zur Musikschule zu bringen. Ihre großen Kinder beneiden ihre Freunde, die in jeden Sommerferien ein neues Land kennenlernen, während sie selbst wegen der kleinen Geschwister seit zehn Jahren auf denselben Bauernhof fahren müssen. Sie fragen sich vielleicht, wie andere Eltern es schaffen, dass die Kinder täglich ihr Zimmer aufräumen, während Sie selbst notgedrungen äußerst chaosresistent geworden sind. Alles, was Sie schaffen, erscheint Ihnen wie eine Lappalie, etwa die tägliche Versorgung der Großfamilie. Dass Sie täglich zwei bis drei Mahlzeiten mit vier Kindern gelassen meistern, halten Sie für eine Selbstverständlichkeit, wo doch bei manchen das Abendessen schon mit einem Kind in eine Sauerei ausartet.

Machen Sie sich doch mal eine Liste von dem, was besonders gut in Ihrer Familie läuft, und pflegen Sie diese Bereiche, statt sich wegen Ihrer vermeintlichen Schwächen zu geißeln. Falls Sie gerne kochen und dankbare Esser zu Hause haben, dann lassen Sie häufiger Mahlzeiten zum Fest werden. Immerhin ist der Tisch auch ohne Besuch schon voll. Wenn Sie Sport lieben, dann gehen Sie öfter mit den Kindern Fahrrad fahren oder schwimmen, oder Sie spielen Fußball auf der nächsten Wiese statt pädagogisch wertvolle Lernspiele, auf die Ihre Kinder eigentlich keine Lust haben.

An solche gemeinsamen, positiven Erlebnisse erinnern sich die Kinder später viel eher als an penibel aufgeräumte Wohnungen. Denken Sie doch einmal an Eltern, die Ihnen ein gutes Vorbild sind. Sind das Perfektionisten in jeder Beziehung? Wahrscheinlicher ist, dass sie sich durch einzelne besonders gute Eigenschaften hervortun, die sie pflegen und in den Familienalltag einbringen.

Vergleichen Sie sich nicht mit anderen

Manchmal bekomme ich so Anwandlungen und meine, ich müsse anderen, scheinbar perfekten Müttern nacheifern. Vor allem, wenn ich mit den Kleinen irgendwo bin, wo mich der Glanz des Bodens, die perfekt gekleideten Kinder und diese Ordnung trotz Baby schwer beeindrucken. Dann frage ich mich: Wie machen die das nur? Und wenn dann der Gegenbesuch ansteht, putze und schrubbe ich, und es wird dennoch nie so aussehen wie bei den Supermüttern.

Meine Kinder sind (natürlich) die hübschesten der Welt, aber sie werden immer irgendwo einen Fleck, ungeputzte Schuhe oder ein Loch im Socken haben. Jedenfalls eins von ihnen. Und solange ich mich nicht mit anderen vergleiche, fällt mir das gar nicht negativ auf. Es ist doch sowieso Umweltverschmutzung, einen Pulli sofort in die Waschmaschine zu stopfen, nur weil der Ärmel einmal kurz die Tomatensoße berührt hat.

Ich muss damit leben, alles andere als perfekt zu sein. Und immer, wenn ich so tue, als ob ich alles im Griff hätte, fühle ich mich nur noch unzulänglicher. Einmal war ich mit Alex und Emilia, die damals noch klein waren, bei einer Mutter zum Kaffee- und Spielbesuch eingeladen, die ich für den Inbegriff der Supermutter hielt. Sie hatte gerade ihre Doktorarbeit geschrieben und zwei wohlerzogene Kindergartenkinder – ich war mir sicher, gleich eine Schöner-Wohnen-Musterwohnung zu betreten. Schön war es bei ihnen wirklich, aber zum Glück eben nicht geleckt. Das Spielzeug der Kinder lag auf dem Boden verteilt, die Zeitung war auch noch auf dem Tisch ausgebreitet.

»Ich hatte gerade noch etwas Zeit und habe mich entschieden, lieber noch ein wenig zu lesen, statt Staub zu saugen«, begrüßte sie mich. Anscheinend hatte sie sich auch mit möglichen Erwartungen meinerseits auseinandergesetzt.

Eigentlich bescheuert, dass wir uns das Leben damit schwer machen, die Geringschätzung anderer Mütter zu fürchten, nur weil ein paar Krümel auf dem Boden liegen. Es wurde jedenfalls ein richtig netter Nachmittag, nach dem ich umso mehr fand, dass sie eine Supermutter ist. Sie hat später übrigens noch zwei Kinder bekommen. Und vielleicht hatte sie die Energie dafür, weil sie sich öfter fürs Entspannen als für die Hausarbeit entschieden hat.

Sich mit anderen Müttern zu vergleichen führt auch zu Frust, wenn es um den eigenen Partner geht. Zu der Zeit, als mein Mann wegen seines Berufes fast nie da war, hat mir der Anblick von anderen Vätern auf dem Spielplatz jedes Mal fast die Tränen in die Augen getrieben. Michael meinte dazu, ich solle froh sein, dass er nicht auf einer Bohrinsel arbeite, später änderte er sein Arbeitsverhalten aber dennoch.

Die meisten Frauen neigen ja dazu, gerade jenen nachzueifern, denen das, was ihnen selbst am meisten Stress verursacht, leichtfällt. Mittlerweile habe ich kapiert, dass ich nie im Leben, selbst wenn mir dafür ein Vollzeitjob zur Verfügung stände, eine tolle Hausfrau wäre. Das zu akzeptieren heißt nicht, dass ich nicht nach Optimierungsmöglichkeiten suche, aber ich höre auf, mich deshalb als schlechtere Mutter zu fühlen. Dafür bin ich nämlich extrem belastbar, was Lärm, Geschrei, Dreck und Chaos angeht. Die beste Voraussetzung also, viele Kinder zu haben.

Tun Sie es für sich

Die fiese Schwester des Vergleichens ist das Etwas-in-erster-Linie-für-das-Bild-von-außen-Machen. Ganz besonders gilt das für Situationen, in denen man seinem Kind irgendwas befiehlt, nur weil man das Gefühl hat, das würde jetzt von den strengen Zuschauern so erwartet. Schlaue Kinder, die dann nicht auf Knopfdruck gehorchen!

Menschen, die glauben, wenn sie selbst Kinder hätten, wären diese stets vorbildlich, kann man ruhig in dieser Illusion leben lassen. Mein Vater erzählte mir neulich, wie seine Tante sich einmal über ihn und seine fünf Brüder aufregte, als sie noch klein waren: »Wenn das meine Kinder wären, würden die parieren!« Sie beließ es nicht nur bei dem Spruch, sondern wollte ihre Autorität auch gleich mit strengen Befehlen unter Beweis stellen. Und was machten die Kinder sehr zur Freude ihrer Mutter? Sie blieben einfach stumm grinsend auf der Bank sitzen und reagierten überhaupt nicht auf den Feldwebelton.

Im Ernstfall halten Geschwister zusammen – und zu ihren Eltern. Also sollten wir das auch tun und unseren Kindern nichts aufdrücken, hinter dem wir nicht stehen. Die eigenen Kinder sollten uns immer wichtiger sein als das, was andere von uns denken.

Das ist natürlich leichter gesagt als getan. Als Mutter fühlt man sich mitsamt seiner Schwächen doch ständig auf dem Präsentierteller. Mir selbst ging es zum Beispiel so, als uns der Besuch einer Mitarbeiterin vom Kinderschutzbund ins Haus stand. Dieser Besuch wird in Köln und in vielen anderen Städten im Rahmen des Kinder-Willkommen-Projektes allen Eltern von Neugeborenen angeboten. Die ehrenamtlichen Mitarbeiter informieren die Eltern über die wichtigsten Anlaufstellen in der Stadt und überreichen ein paar wirklich tolle Geschenke, zum Beispiel eine Jahreskarte für den Zoo. Ich kenne auch Eltern, die sich durch dieses Angebot irgendwie unter Beschuss fühlten, auch wenn sie nichts zu verbergen haben. Umso wichtiger, dass es sich an alle Eltern richtet und nicht nur an die, von denen das Jugendamt glaubt, sie bräuchten Hilfe.

Und deshalb fand ich es auch wichtig, die Frau kommen zu lassen, obwohl mich das ziemlich unter Druck setzte, denn ich wollte unbedingt perfekt rüberkommen. Sie meldete sich ausgerechnet für die Zeit an, zu der die Großen von der Schule zum Essen kommen. Heute muss ich lachen, wenn ich daran denke, wie viele Gedanken ich mir über dieses Essen gemacht habe. Ich wollte das Essen fertig haben, bevor die Dame käme, schon allein, weil ich es nicht leiden kann, wenn mir einer beim Herumwerkeln zusieht. Zudem sollte es gesund, leicht vorzubereiten, aber nicht zu simpel sein. Ich sah mich schon, wie ich elegant das Essen servieren und gleichzeitig mit Neugeborenem auf dem Arm Fragen beantworten würde.

Ich entschied mich also für selbst gemachte (!) Reibekuchen mit selbst gemachtem (!) Apfelmus, was die Großen sich dann auch still und artig schmecken ließen. Und die Frau vom Kinderschutzbund sagte schon nach fünf Minuten: »Ich glaube, ich kann Ihnen gar nichts Neues mehr erzählen.« So viel Aufregung um nichts. Hatte ich wirklich gedacht, wenn ich den Kindern eine Fertigpizza serviere, bekomme ich einen Eintrag beim Jugendamt?!

Genauso lächerlich habe ich mich mal im Drogeriemarkt gemacht. Unter den wachsamen Augen einer anderen Kinderwagenschieberin wählte ich die teuren Biopastinaken, statt einfach zur günstigeren Eigenmarke zu greifen. Nun ist es nicht so, dass ich sonst immer das Billigste kaufen würde, aber in diesem Moment habe ich das Teurere nur wegen der anderen Frau genommen. Klar, Eitelkeit hat schon schlimmere Folgen gehabt als den doppelten Betrag für ein Gläschen Babybrei (Gläschen? War das nicht an sich schon schlimm genug? Was wollte die Supermutter überhaupt am Gläschenregal?), aber es geht wie so oft ums Prinzip: Mache ich das jetzt, weil das gut für mich beziehungsweise meine Kinder ist, oder verschwende ich kostbare Energie, nur um vor anderen zu glänzen?

Denken Sie daran, dass alles seine Zeit hat

Gerade bei den ersten Kindern denkt man oft, dass bestimmte Dinge jetzt für immer so bleiben, während andere wohl nieeeee mehr wiederkommen: durchschlafen; vor die Tür gehen, ohne Windeln, Feuchttücher, Kekse, Apfelschorle und Pixibücher mit-zuschleppen; Zeit alleine genießen, ohne ständig daran zu denken, was dem Kind passieren könnte; drei Sätze am Stück sprechen; mal wieder ein paar Gläser Wein trinken …

Nach 13 Jahren als Mutter kann ich nur sagen, dass das meiste aus der Zeit vorm Elternsein wiederkommt. Dagegen ist (fast) jede kindliche Entwicklungsphase irgendwann unweigerlich vorbei. Die Playmobil-Phase zum Beispiel: So manches liebe Mal saß ich mit den beiden Großen im Kinderzimmer auf dem Teppich, während sich Drachen- und Löwenritter eine Schlacht lieferten, und hätte mich liebend gern vor den grinsenden Plastikmännchen gedrückt. Durch den Einsatz der Burgfräulein etwas mehr Abwechslung ins Spiel zu bringen wurde jedoch vonseiten Alex' meist abgeblockt.

Zum Glück sind Geschwister als Spielpartner Gold wert, und so konnte ich mich immer mehr aus Playmobil-Land zurückziehen.

Jahre später gerieten die beiden wegen der bunten Plastikwelt selbst in Streit. Alex behauptete felsenfest, er würde auch noch mit 18 Playmobil spielen, während Emilia einen Euro dagegen wettete. Die Wette hat sie schon lange gewonnen und reibt das ihrem großen Bruder öfter mal unter die Nase, auch wenn sie auf die Auszahlung ihres Gewinns bis zu seinem 18. Geburtstag warten muss. Nachdem die Ritterburg ein paar Jahre bei den Zwillingen stand, wird sie jetzt von Benni, unserem Jüngsten, bespielt. Ich setze mich jetzt, da ich weiß, dass ich mich irgendwann ganz von dieser Ära verabschieden werde, viel öfter dazu. Ich hätte nie gedacht, dass mich die Vorstellung, die Ritterburg irgendwann endgültig abzubauen, so wehmütig stimmen würde.

Auch wenn mich mein Jüngster nachts ruft und ich mich dann neben ihn kuschle, denke ich oft daran, dass er irgendwann das allerletzte Mal nachts meine Gesellschaft wünscht. Was ja auch gut so ist. In anderen Nächten hilft derselbe Gedanke mir, mich nicht aufzuregen. Letzte Nacht zum Beispiel: Bei 36 Grad und Gewitterluft konnte keiner richtig schlafen. Nacheinander tappten die Zwillinge zu uns ins Bett, irgendwann rief der Kleine. Werde ich je wieder eine ganze Nacht durchschlafen? In unserem Bett?, fragte ich mich wie in Trance, während ich die Treppe hoch zu Bennis Zimmer schlich. Für fünf Leute ist unser Bett zu klein, also würde ich den Rest der viel zu kurzen Nacht im Kinderzimmer bleiben.

Durch die Großen weiß ich, bei Tageslicht betrachtet, dass wir mit Sicherheit irgendwann das Bett wieder ganz für uns haben werden. Und wenn die Kinder uns bis dahin auch nachts manchmal brauchen, sind wir eben für sie da.

Die Gelassenheit, das Wissen, dass alles seine Zeit hat, entlastet auch mein berufliches Gewissen: Auch wenn ich zurzeit nicht Vollzeit arbeite, bleibe ich dran und weiß, dass ich auch später noch vieles ausbauen kann. Beim ersten Kind habe ich mich selbst, was das betrifft, noch viel zu sehr unter Druck gesetzt. Als Alex ein halbes Jahr alt war, übernahm ich die Regieassistenz für den Kurzfilm einer Freundin. Vor allem bei den Vorbereitungen sagte sie mir häufig, ich sei ihr nicht engagiert genug, ich dagegen fühlte mich oft unnötig getrieben, wollte aber mein Wort halten – ich hatte ihr lange vor der Geburt schon versprochen, den Part zu übernehmen. Alex ging es beim Papa super, der Film wurde auch toll, nur ich war am Ende ziemlich fertig. Immerhin wusste ich: Ich kann es noch. Auch nach dieser Erfahrung habe ich mich immer wieder selbst gestresst; so wollte ich unbedingt noch vor meinem 30. Geburtstag mein erstes Buch oder Spielfilmdrehbuch veröffentlicht haben. Und mein letztes Kind bekommen.

Beides ist dann erst mit Mitte 30 passiert. Und hätte ich das damals als viel zu spät empfunden, so habe ich heute das Gefühl, das ganze Leben noch vor mir zu haben. Damit meine ich nicht, dass man seine beruflichen Träume wegen der Kinder komplett auf Eis legen sollte. Aber man muss ja nicht alles sofort wollen. Wahrscheinlich werden die meisten von uns ohnehin bis 70 arbeiten. Die Zeit, sich für (weitere) Kinder zu entscheiden, ist dagegen mit Sicherheit früher vorbei.

Vereinfachen Sie Ihr Leben

Ich weiß, dass ich bei Weitem nicht die Einzige bin, die diese Einstellung propagiert. Die ganze Simplify-Marke wird langsam selbst kompliziert, aber Herr Küstenmacher hat einen wunden Punkt in unserer Gesellschaft gefunden. Ich glaube, dass ich relativ viel schaffe, liegt wirklich daran, dass ich mir mein Leben zumindest in praktischen Dingen möglichst einfach gestalte.

Nachdem wir jahrelang Schnitzeljagden durch den Wald oder Rittergeburtstage mit Bobbycar-Turnieren zu Hause organisiert haben, haben wir uns die letzten Jahre auch einfach mal Indoor-Spielplatz-Geburtstagsfeiern gegönnt. Auch da gibt es noch

kreativen Spielraum, etwa bei den Einladungen oder den Gast-
geschenken.

Die Nachmittagsgestaltung ist auch so eine Sache, bei der man
es sich unnötig schwer machen kann. Ein Paradebeispiel ist für
mich das halbe Jahr, als die Zwillinge im Fußballverein waren: Das
Training begann immer genau dann, wenn die Großen gerade von
der Schule nach Hause kamen. Sie waren zwar damals schon alt
genug, um auch mal alleine zu bleiben, trotzdem ist es natürlich
netter, wenn man nicht in eine leere Wohnung kommt. Die Eltern
sollten beim Training anwesend sein, mal ganz davon abgesehen,
dass es sich sowieso nicht gelohnt hätte, währenddessen nach Hause
zu gehen. Das bedeutete also auch für mich zweimal wöchentlich
Training, sei es bei Regen oder unter Sonnenstichgefahr. Während
die Jungs kickten, war ich damit beschäftigt, Benni davon abzu-
halten, aufs Spielfeld zu krabbeln, oder ihn bei seinen ersten Lauf-
versuchen davor zu schützen, vom Ball abgeschossen zu werden.
Ich war insgeheim heilfroh, als die Zwillinge die Lust verloren. Jetzt
gehen sie einmal die Woche zum Handball, bei uns um die Ecke.
Selbstständig. Gerade bei vielen Kindern ist es oft besser, die regel-
mäßigen Aktivitäten stark zu reduzieren oder sie so auszuwählen,
dass sie für die Kinder selbst zu erreichen sind.

An meine eigene Ausbildung bin ich auch recht pragmatisch ran-
gegangen. Als ich mit dem ersten Kind schwanger war, war es mir
wichtig, einen Abschluss zu erreichen, gleichzeitig aber noch mehr
Kinder bekommen zu können und auch Zeit für sie zu haben. Also
studierte ich an der FernUni Hagen. Für meine Organisation war
es optimal, dass fast aller Stoff alleine zu Hause erarbeitet werden
musste. Natürlich konnte ich trotzdem nur lernen, wenn die Kinder
schliefen oder mein Mann beziehungsweise die Großeltern auf sie
aufpassten, aber ich brauchte mich nicht nach einem Stundenplan
zu richten.

Die Klausurtermine und Präsenzseminare, die an der Uni stattfanden, ließen sich ganz gut organisieren, weil sie lange im Voraus

bekannt waren, oft am Wochenende und vor allem nicht allzu häufig stattfanden.

Der Preis für die familienfreundliche Studienorganisation war, dass ich leider kaum persönlichen Kontakt zu den Kommilitonen und Dozenten hatte und dadurch auch wenig fachlicher Austausch zustande kam. Andererseits wären ein Haufen Kinder und ein Studium an einer Präsenzuniversität für mich nicht durchführbar gewesen. Ich musste mich eben aufs Wesentliche konzentrieren. Manchmal fühlte ich mich deswegen meinen kinderlosen Kommilitonen gegenüber unter Rechtfertigungsdruck. So traf ich auf einem der Seminare einen Philosophiekommilitonen, der mich fragte, ob ich dieses aktuelle Buch gelesen oder jene philosophische Veranstaltung besucht hätte. Nachdem ich mehrmals verneinen musste, fügte ich wahrheitsgemäß hinzu: »Eigentlich möchte ich im Moment nur fertig werden, deshalb beschäftigte ich mich gerade nur mit den prüfungsrelevanten Stoffen.« Und tatsächlich: Ich wurde Jahre vor ihm fertig.

Natürlich ist diese Einstellung nicht immer angebracht, aber manchmal rechtfertigt das Ziel die Vorgehensweise. Und wenn ich nicht irgendwann mal die Priorität »Fertigwerden« gesetzt hätte, dann würde ich wahrscheinlich immer noch an der perfekten Magisterarbeit schrauben, statt mich mit viel Spaß in meine eigenen Buchprojekte zu stürzen. Mir war es eben wichtiger, den Abschluss zu erreichen und viel Zeit mit den Kindern zu verbringen, als jede aktuelle, fachspezifische Debatte zu verfolgen.

Manchmal darf es aber auch gerne etwas komplizierter sein. Einmal war mein Mann mit den zwei Großen ein paar Tage unterwegs und ich hatte mit Georg, Luis und Benni einen Ausflug gemacht. Erschöpft, aber glücklich kamen wir abends nach Hause. Es stand nur noch das Abendessen an. Es dämmerte bereits, aber es war einer der ersten Frühlingstage, an denen man draußen essen konnte. Unser Baumhaus war ideal. Allerdings stand das noch leer. Aber hatten wir nicht noch ein paar alte Kindermöbel aus den Siebzigern im

Keller? Begeistert halfen die Kinder mir dabei, aus der kahlen Hütte ein gemütliches Esszimmer zu zaubern. Inklusive Solarleuchte an der Decke, mit deren Hilfe wir gerade so unsere Pizza im Dunkeln erkennen konnten. Die Pizza hatten wir einfachheitshalber bestellt – aber der restliche spontane Mehraufwand hat uns einen herrlichen Abend bereitet.

Akzeptieren Sie Ihre Grenzen

Die scheinbar unendlichen Wahlmöglichkeiten, die wir heute haben, sind ja wunderschön, solange wir nicht glauben, wir müssten alles haben. Selbst wenn ich wollte, würde ich nie eine Karriere als Bankerin machen. Zahlen nerven mich, und ich möchte mit ihnen möglichst wenig zu tun haben. Manchmal hat das peinliche Folgen. Ich habe meinem Mann mal einen zauberhaften Adventskalender gebastelt. Eine kleine Stadt aus Pappe mit beleuchteten Fenstern und Türmchen, malerischem Watteschnee – kurz: ein seltener Höhepunkt meiner Bastelkarriere. Leider gab es eine Zahl doppelt, während eine andere ganz fehlte. Aber Hauptsache, das Ganze sah gut aus und war mit Liebe gemacht.

Nun sind solche Handicaps noch gar nichts gegen die Grenzen, an die man bei der Kindererziehung stößt. Diese liegen bei jedem je nach Lebenssituation woanders. Als wir zum Beispiel mit unserem Ältesten sechs Wochen nach seiner Geburt ein Nachtreffen des Vorbereitungskurses besuchten, klagte eine andere Mutter darüber, dass sie das viele Schreien ihrer Tochter völlig überfordere, und schloss mit den Worten: »Also manchmal ist sie so nervig, dass ich sie am liebsten aus dem Fenster schmeißen würde.«

Das habe ich zwar (zumindest in Bezug auf die Kinder) noch nie gedacht, heute, 13 Jahre und vier Kinder später, kann ich aber nachvollziehen, dass das Nervenkostüm im Gegensatz zum Rest des Körpers dünner wird. Ich muss ganz schön aufpassen, dass ich meine Grenzen nicht überschreite. Ich werde aber immer besser darin, auch mal Nein zu sagen, um es mir leisten zu können, zu den wirklich wichtigen Dingen in meinem Leben Ja zu sagen. So gibt es bei uns im Kindergarten einen wahnsinnig engagierten, kreativen und netten Elternrat, der vor einiger Zeit noch Leute suchte. Jemand setzte mich, was mir durchaus schmeichelte, auf die Kandidatenliste. Einerseits hatte ich Lust. Andererseits war mein Maß an Verantwortung schon so was von voll, dass ich nicht mal mehr eine neue Topfpflanze geschenkt haben wollte. Also strich ich meinen Namen wieder durch. Ich wäre der Aufgabe nicht gerecht geworden. Das sagte ich einer befreundeten Mutter auch. »Da hat mich doch tatsächlich einer auf die Liste geschrieben …«, begann ich entrüstet. Peinlicherweise war ausgerechnet sie es gewesen. Ich erklärte ihr, dass ich momentan einfach keinen Funken Kraft mehr übrig hatte, und zählte meine Aufgaben auf. Sie entgegnete, dass es den anderen auch nicht anders ginge, die eine sei noch Geschäftsführerin, die andere mache gerade ihr Referendariat … Ich blieb dennoch bei meinem Nein, meine persönliche Grenze war erreicht.

Aufgaben, die nicht mit so viel Verantwortung verbunden sind, wie hinter der Kuchentheke stehen, Klassenzimmer putzen oder den Martinszug begleiten, nehme ich nach wie vor gerne an. Das ist überschaubar, macht meistens noch Spaß und bereitet mir kein Kopfzerbrechen. Jeder muss halt seine persönlichen Grenzen achten und auch verteidigen. Oder wollen Sie Ihre Kinder anschreien, weil Sie mit den Nerven am Ende sind, weil Sie ständig damit beschäftigt sind, ehrenamtlich die Schulpflegschaft zu führen? Hier sei aber allen Müttern und Vätern von Herzen gedankt, die sich gerne einem Amt stellen und dieses mit all ihrem Elan ausüben!

Doch auch innerhalb der Familie können nicht alle Wünsche erfüllt werden. Wenn ich abends zu meiner Tochter ins Zimmer komme und sie ganz verzweifelt noch an einem Referat, das sie ganz

vergessen hatte, sitzt, lasse ich natürlich meinen geplanten Feierabend sausen, um ihr zu helfen. Schon allein deshalb, weil ich weiß,
dass sie ansonsten immer sehr zuverlässig und fleißig ist. Wenn
eines der Kinder wirklich Sorgen hat, ist alles andere zweitrangig.
Wenn ich mir allerdings vorgenommen habe, mit meinem Mann
noch einen Film zu gucken, aber nach dem Zubettgehprogramm
noch alle fünf Minuten gefragt werde, ob ich noch was zu trinken
holen, die Decke richtig machen, noch dieses oder jenes T-Shirt für
morgen waschen könne, sage ich – manchmal schweren Herzens –
auch Nein.

Auch was die Kinderzahl betrifft, sollte jeder seine persönliche
Grenze akzeptieren, auch wenn solche Grenzen ja glücklicherweise
keine unverrückbaren Mauern sind: Nicht für jeden ist das Leben
in einer großen Familie etwas. Wer jedoch Kinder als lebendig, in-
spirierend, kurz, als begrüßenswertes Leben im Haus empfindet,
dem macht es auch nichts aus, wenn statt nur zwei Kindern fünf
durch die Zimmer rennen (zumindest meistens).

KAPITEL 3

So viele?
Gab es die etwa im
Sonderangebot?

Dumme Sprüche gibt's umsonst

»Jetzt seid ihr asozial«, meinte ein guter Bekannter zu mir, als ich ihm am Telefon erzählte, dass wir Zwillinge bekommen. Kinder Nummer drei und vier. Ich lachte darüber mit der vermeintlichen Überlegenheit einer Frau, die glaubte, alles andere als asozial zu sein. Mein Studium stand kurz vor dem Abschluss, wir sanierten gerade ein altes Haus mit einigen Kinderzimmern, kurz: Die Zukunft sah auch für mehr als zwei Kinder rosig aus. Kommentare wie »Aber jetzt hörst du mit dem Studium doch auf« oder »Du wolltest doch gerade deine Magisterarbeit schreiben« tat ich regelmäßig ab, in gewohntem Optimismus, den mancher Naivität nannte.

Kurze Zeit später lieferte das Leben eine Szene, die RTL nicht besser hätte schreiben können. Ich schleppte mich durch eine Phase schrecklicher Müdigkeit und Übelkeit, während mein Mann fast Tag und Nacht arbeiten musste. Ich schaltete auf Stand-by, damit die beiden Großen (damals drei und fünf) und ich überlebten: viel schlafen, im Haushalt nur, was überlebensnotwendig war. Also fast gar nichts. Im Prinzip lag ich die ganze Zeit im Kinderzimmer und meine äußerst verständigen Großen hörten Hörspiele. Das Ganze gipfelte schließlich, natürlich spätabends am Wochenende, in stundenlangen Bauchkrämpfen, die sich nicht groß von den Wehen der ersten Geburten unterschieden. Das erste Mal im Leben brauchten wir die Nummer 112. Ich weiß nicht, ob das Mitleid in den Augen der Sanitäter meinem momentanen gesundheitlichen Zustand oder doch eher der Gesamtsituation galt: Oh Gott, in der kleinen Wohnung und bei dem Chaos will die Frau noch zwei Kinder in die Welt setzen? Letztendlich ging alles gut aus. Die Krämpfe waren eine Reaktion auf die geballte Hormonladung, die zehn Prozent aller werdenden Zwillingsmütter trifft und die sich gut behandeln lässt.

Als ich fast ein Jahr später das erste Mal mit allen vieren im Supermarkt war, erlebte ich eine Situation, die prädestiniert für eine mittelschwere Katastrophe war. Mit Zwillingswagen an der Kasse, die Einkäufe irgendwie darauf gestapelt und an jeder Seite noch ein Kind, suchte ich verzweifelt mein Geld. Hinter mir mindestens fünf andere Kunden. Ich machte mich also schon mal auf das Schlimmste gefasst. Doch dann geschah das Wunder: Alle waren so freundlich und geduldig, als wäre irgendwo eine Kamera versteckt. Die Frau hinter mir bot mir sogar an, für mich zu bezahlen. Da dachte ich: Die Welt ist also doch gut. So gut, dass man getrost viele Kinder haben kann. Und das Geld fand ich schließlich auch noch.

In solchen Momenten, die glücklicherweise gar nicht so selten sind, erscheint mir der Gedanke, dass die meisten Leute Vorurteile gegen viele Kinder haben, selbst als eben ein solches Vorurteil. Andererseits habe ich durchaus auch schon den einen oder anderen Vorurteilsklassiker erlebt, zum Beispiel in der Bahn: Ich steige mit allen Kindern aus und eine ältere Dame (na ja, zur Dame fehlte das vornehme Benehmen) ruft mir »Na endlich« hinterher. Das hätte ich verstehen können, wenn die Kinder lauter als der gewöhnliche KVB-Fahrgast gewesen wären, das waren sie aber absolut nicht.

Natürlich versuche ich in solchen Situationen, das Ganze mit Humor zu nehmen. Aber manchmal tut mir die abfällige Haltung der Umwelt schon richtig weh. Vor allem dann, wenn ich mir selbst nicht sicher bin, ob ich mit vielen Kindern überhaupt eine gute Mutter sein kann. Gerade Familien, die keine Unterstützung durch Großeltern oder Freunde haben, stattdessen aber jede Menge Geld- oder Platzmangel, wird das Leben durch solche Kommentare noch schwerer gemacht, als es ohnehin schon ist. Und manchmal bleibt es auch nicht bei Bemerkungen. So hatten sich Freunde von uns nach langer Suche sehr gefreut, endlich ein Haus mit genügend Zimmern für ihre fünf Kinder gefunden zu haben. Aber direkt vor der Vertragsunterzeichnung ließ der Vermieter ihnen durch die Maklerin ausrichten, es seien ihm nun doch zu viele Kinder.

Ich erwähnte ja schon, dass wir auf dem Weg zu Kind Nummer fünf auf die glorreiche Idee gekommen waren, den Begriff »Großfamilie« zu googeln. Was für ein Fehler! Auf der Wikipedia-Seite, die nun wirklich nicht im Verdacht steht, tendenziös oder bösartig zu sein, wurden wir weitergeleitet zum Eintrag »Mehrkindfamilie« und konnten dort über unsere akute Armutsgefährdung lesen. Und – als seien die ökonomischen Implikationen nicht schon schlimm genug – auch von den sozialen Defiziten der Kinder, mit denen wir zu rechnen hätten, war die Rede. Da konnte einem doch wirklich jegliche Vorfreude vergehen! Bei der Recherche für dieses Buch wollte ich es nun genauer wissen. Schon mein erster Versuch bestätigte die gängigen Vorurteile. Unter den ersten zehn Seiten, die Ecosia, das ökologisch korrekte Pendant zu Google, auf die Such-anfrage »viele Kinder« hin anführte, tauchte dreimal der Begriff »asozial« auf.

Natürlich gibt es wirklich Familien, die ein Kind nach dem anderen bekommen und die Fürsorge und das Bezahlen lieber den anderen überlassen. Doch auch wenn der Hauptteil der großen Familien auf Unterstützung angewiesen ist, sind die meisten von ihnen alles andere als arbeitsscheu. Schließlich ist gerade bei mehreren Kleinkindern fast jede bezahlte Arbeit auswärts der reinste Urlaub. Und ein geringes Pro-Kopf-Einkommen als Merkmal für asoziale Familien zu definieren ist menschenver-achtend. Man braucht nur ein Durchschnittsgehalt durch mehr als fünf Personen zu teilen, dann ist man ziemlich schnell unter der Armutsgrenze.

Als wir bei einer Einladung zum Essen einem – positiv aus-gedrückt – etwas negativ eingestellten anderen Gast erzählten, dass wir das zweite Kind erwarteten, fing er von der schrecklichen Welt an, in die man doch kein Kind setzen könne, allein schon wegen der Überbevölkerung! Sollte er uns doch lieber dankbar sein, wenn wir durch einen weiteren Umweltverschmutzer zum schnelleren Ende dieser schrecklichen Welt beitrugen. Nach dem Motto »Was kümmert mich mein dummes Geschwätz von vorhin?« lamentierte er aber schon zehn Minuten später über die Deutschen, die überhaupt keine Kinder mehr bekämen. Politisch unkorrekte Äußerungen seinerseits muss ich hier an dieser Stelle nun wirklich nicht wiederholen … Was ich daraus gelernt habe? Dass viele dieser dummen Bemerkungen nicht einmal logische Mindeststandards erfüllen und dass man es sowieso keinem recht machen kann. Und wenn jemand »asozial« als »von der Norm abweichend« definiert, dann bin ich gerne asozial! Wer will schließlich gewöhnlich sein?

So einzigartig jedes meiner Kinder ist, so sehnen sie sich doch wie fast alle Kinder danach, dazuzugehören. Sie haben feine Antennen für die Meinung der Masse. Alex, unser Ältester, hatte ganz schön damit zu kämpfen, bald einer von fünfen zu sein – leider auch wegen dummer Kommentare aus dem Umfeld. Solch unbedachte Äußerungen können gerade Kinder extrem schmerzen. Ich frage mich manchmal, ob die Geschwisterzahl die Noten der Kinder genauso herunterzieht wie Vornamen à la Kevin oder Chantal. Das wäre zwar traurig, aber nicht verwunderlich. Die Engstirnigkeit mancher Menschen ist nämlich bemerkenswert. Ich habe sogar schon von einem Hausbesitzer gehört, der die Nachbarschaft einer Familie mit zehn Kindern als wertmindernd für seine Immobilie ansah.

Genauso anstrengend sind übrigens die Leute, die jeder mehrfachen Mutter gleich das Bundesverdienstkreuz verleihen wollen. Oder die alle Kinderlosen als Egoisten bezeichnen und dabei die eigene Kinderschar als ausgebeutete Rentenzahler in spe betrachten. Menschen, die jeden Porschefahrer für einen Sozialschmarotzer halten, wenn er nicht vor dem Kauf seines Luxusautos mindestens drei Kinderheime unterstützt hat. Dabei gibt es genug Paare, die ihr doppeltes Gehalt, zwei Luxusurlaube im Jahr und eine Garderobe, die Carrie Bradshaw alle Ehre machen würde, sofort gegen einen Haufen Kinder eintauschen würden – wenn es ihnen denn nur möglich wäre. Und mal ganz ehrlich: Würden Sie auch nur eines Ihrer Kinder gegen all diesen Luxus eintauschen?

Mir persönlich würde es auch schon reichen, wenn keiner mehr anfinge, in meiner Gegenwart auszurechnen, wie viel Kindergeld ich bekomme. Sonst muss ich *doch* noch mal irgendwann nachforschen, wie viel Rente meine Kinder später für die Allgemeinheit bezahlen werden.

Kinderreich gleich arm?

Zugegeben, viele Kinder kosten viel Geld. Oder zumindest viel mehr Geld als ein oder zwei Kinder. Kennen Sie die Gleichung, nach der ein Kind großzuziehen so viel kostet wie ein Porsche? Dann stellen Sie sich doch mal Ihren persönlichen Fuhrpark vor und freuen Sie sich darüber, dass fünf Kinder viel weniger Platz wegnehmen als fünf Sportwagen. Zumindest in ruhigem Zustand. Andererseits ist innerer Reichtum auch keine Antwort auf eine finanziell schwierige Lage, die umso bedrückender ist, je mehr Münder es zu stopfen gilt. Zumal bei mehreren Kindern und Geldmangel der Vorwurf von der Außenwelt ganz schnell »selbst schuld« lautet.

Wie sieht es denn wirklich aus mit dem Verhältnis von Kinderreichtum und Armut? Martina Rupp und Bernd Eggen kommen in *Kinderreiche Familien* zu einem wenig überraschenden Ergebnis: Die meisten kinderreichen Familien sind deutlich schwächer gestellt als Familien mit nur einem oder zwei Kindern. Ganz einfach, weil das Erwerbseinkommen durch immer mehr Personen geteilt wird und mit der Kinderzahl selten das Einkommen steigt. Ganz im Gegenteil, häufig verdient ein Elternteil (meistens die Mutter) weniger oder nichts mehr, weil die Arbeit zu Hause wächst. »Im Vergleich zu Familien mit einem Kind müssten sie über ein um ein Drittel größeres Einkommen verfügen, um deren Wohlstandsniveau zu erreichen (...) Kinderreiche Familien erreichen gerade 56 Prozent des Wohlstandsniveaus kinderloser Paare.«[3]

Der finanzielle Spielraum dieser Familien ist im Vergleich zu anderen zwar eingeschränkt, interessanterweise wird dies aber nicht unbedingt als belastend empfunden. Wer sich bewusst für viele Kinder entscheidet, setzt seine Prioritäten ohnehin selten im materiellen Bereich. Andererseits sind große Familien leider auch viel stärker gefährdet, in die Armut abzurutschen. Ein Zustand, in dem sich ein großer Teil der Familien jetzt schon befindet. Die sogenannten Transferleistungen bewahren vielleicht vor dem Hungern oder Erfrieren, aber eine wirkliche Lebensperspektive bieten sie nicht. Zu allem Mangel, den diese Kinder erleiden müssen, kommt dann auch noch der Spott der Gesellschaft.

Phasen der Armut sind etwas ganz anderes, wenn man weiß, dass es eben nur eine Phase ist. Welcher Student regt sich schon groß darüber auf, wenn er auf zwölf Quadratmetern wohnt und jeden zweiten Tag Nudeln mit Tomatensoße isst? Ehrlich gesagt empfand ich die Zeit, in der ich mit meinem Mann und unserem ersten Kind auf 40 Quadratmetern wohnte und in der wir nicht mal einen Fernseher oder ein Sofa besaßen, weil wir nie so werden wollten wie die anderen »Erwachsenen«, am allerschönsten. Da wir beide noch studierten, hatten wir das Wichtigste: Zeit füreinander! Und die Zuversicht, dass die äußeren Umstände sich verbessern würden.

Eine Zuversicht, die sich für viele andere jedoch als Illusion erweist: Ausgerechnet nach der Geburt des dritten Kindes, das den Schritt zur großen Familie markiert, wird auffällig häufig Geld vom Staat beansprucht. Ein Blick in andere Staaten zeigt, dass die beste Möglichkeit für Familien, finanziell auf eigenen Füßen zu stehen, dort gegeben ist, wo Frauen die Fortführung ihres Berufes erleichtert wird. Jenseits aller ideologischen Grabenkämpfe, die in der Mütterwelt sowieso schon viel zu viel Energie abziehen, müssen also Bedingungen geschaffen werden, in denen die finanzielle Verantwortung auch bei mehreren Kindern nicht auf einem Elternteil ruht. Aus einem Lehrergehalt wird nicht automatisch ein Managergehalt, nur weil drei Kinder mehr zur Familie gehören.

Apropos Manager: Unter den Superreichen gibt es wiederum auffällig viele kinderreiche Familien. Egal ob der DM-Gründer

Götz Werner oder Richard Oetker, verschiedene extrem erfolgreiche Männer gönnen sich den Luxus vieler Kinder. (Viele gut ausgebildete und erfolgreiche Frauen ebenfalls, doch davon später.) Auch Eggen und Rupp haben in ihrer Studie ganz klar eine Gruppe ausgemacht, für die Geld kaum eine Rolle spielt und somit die Kinderzahl auch nicht. Im sogenannten Mittelstand hingegen sieht es vergleichsweise dünn aus.

Es gab eine Zeit, da ging es uns finanziell auch ziemlich schlecht. Rein rechnerisch waren wir trotz eines relativ guten Gehalts einkommensschwach. Ich hatte gerade erst meine Magisterarbeit abgegeben, die Zwillinge waren noch zu Hause und übten die ersten Schritte. Ein Gehalt durch damals sechs Leute war einfach zu wenig. Also kamen wir ein Jahr lang in den Genuss, den sogenannten Köln-Pass zu erhalten. Dazu gehört unter anderem ein verbilligtes Ticket für den Nahverkehr. Als ich nach stundenlangem Anstehen endlich einer KVB-Mitarbeiterin am Schalter gegenübersaß und mein Ticket beantragt hatte, fragte ich noch, ob es für meinen Mann günstiger wäre, sein Job-Ticket gegen das Köln-Pass-Ticket einzutauschen. Sie antwortete mit einem abfälligen Blick und der Bemerkung, dass sich ein Job-Ticket und ein Köln-Pass ja ausschlössen, die staatliche Unterstützung sei schließlich nicht notwendig, wenn man arbeite.

Nicht nur dieser Spruch, vor allem die Tatsache, dass das Phänomen der *Working Poor* bei uns immer stärker um sich greift, ist eine riesige Unverschämtheit. Ich blieb ruhig genug, um dieser arroganten Frau sachlich zu antworten, woraufhin sie sich tatsächlich entschuldigte. Trotzdem spüre ich immer noch Wut, wenn ich an diesen Vorfall zurückdenke, und frage mich, wie es Familien geht, die über Jahrzehnte hinweg diesen Vorurteilen ausgesetzt sind. Die Vollzeit arbeiten und dennoch unter dem Verdacht stehen, sich auf der sozialen Hängematte auszuruhen.

Natürlich waren wir dankbar für die Vergünstigungen, zu denen zum Beispiel auch kostenlose Kindergartenplätze gehören. Aber die größte Hilfe für uns war, dass Benni, unser Jüngster, schon mit zwei in den Kindergarten konnte. Dadurch konnte ich mich endlich am Familieneinkommen beteiligen, ohne deshalb am Wochenende und abends arbeiten zu müssen oder die Großeltern überzustrapazieren.

Eva Herman zitiert in ihrem Buch *Das Eva-Prinzip* ein idyllisches Bild aus dem Brief einer ihrer Leserinnen: Die schwangere Frau beobachtet von ihrem Gartenstuhl aus ihren Mann, der mit dem großen Kind spielt. Er hat jetzt immer Zeit, weil er arbeitslos ist. Das macht nichts, weil das Leben auf dem Land ja so günstig und die Nachbarschaft so viel hilfsbereiter als in der Stadt ist. Alles ist so toll, dass sie sich auch noch mehr Kinder vorstellen kann. Dann wiederum gibt es Leute wie Sarrazin, die sagen, in Deutschland vermehre sich nur die Unterschicht, sodass wir komplett verdummen würden.

Beide Bilder machen mich gleichermaßen wütend: Wenn ich die Freunde unserer Kinder ansehe, deren alleinerziehende Mütter von Hartz IV leben, sehe ich intelligente Kinder, die wissen, wofür sie lernen. Und das ganz ohne die teure Nachhilfe, mit der viele »Oberschichtkinder« gequält werden. Und natürlich gibt es die Problemfamilien genauso wie solche, die ohne die sogenannten Transferleistungen auskommen. Naive Schönmalereien à la Herman oder polemische Aussagen à la Sarrazin haben also wenig mit der Realität zu tun, sondern dienen nur dazu, die Gräben aufzureißen.

Luxusmangel

Wirkliche Armut ist nicht schönzureden und sowohl für die Eltern als auch für die Kinder belastend. Etwas anderes ist der Mangel an Luxus. Ich denke, den meisten kinderreichen Eltern geht es wie uns: Urlaub, zusammen essen gehen, neue Klamotten, überhaupt jedes Extra reißt schnell einen Krater in die Haushaltskasse. Autofahren wird nicht teurer, weil einer mehr drin sitzt, aber Flugreisen? Wir haben bisher noch nicht mal in Erwägung gezogen, mit der ganzen Familie in den Urlaub zu fliegen. Vielleicht ganz gut so, so kommen unsere ökologischen Fußspuren auch nicht weiter als wir. Es nervt aber trotzdem, wenn unsere Großen wehmütig erzählen, wer aus der Schule alles nach Mallorca, Amerika oder was weiß ich wohin fliegt.

Komisch, dass sie dabei selten erwähnen, dass ihre besten Freunde, meist Einzelkinder, manchmal noch weniger wegfahren. Komisch auch, dass immer alle anderen alles haben (oder dürfen). Alle anderen haben ein iPhone. Oder zumindest ein Smartphone. Wenn ich dann mein erbärmliches Handy zücke (es kann telefonieren und SMS verschicken; es gibt vier Hintergrundbilder zur Auswahl; es hat 29 Euro gekostet), kontert mein Großer: »Ja, dir ist das auch egal!«

Stimmt, nachdem mir das erste Handy auf einer Kindergartenweihnachtsfeier geklaut wurde und zwei weitere nach unsachgemäßer Benutzung (als Spielzeug) kaputtgingen, bin ich froh, dass bei meinem aktuellen Handy die Fallhöhe zumindest in Euro gering ist. Und wäre ich mit einem Smartphone glücklicher? Ich glaube kaum. Als ich letztens wieder eine Aber-spätestens-zum-nächsten-Geburtstag-brauche-ich-ein-vernünftiges-Handy-Diskussion mit Alex über mich ergehen lassen musste, sagte ich genervt: »Weißt du was, werde erwachsen, such dir einen vernünftigen Job und dann kauf dir, was du willst.«

Er entgegnete treuherzig: »Na ja, wenn ich mir euch so ansehe, klappt es damit, wenn man erwachsen ist, auch nicht unbedingt.«

Schluck. Er hat recht. Im Verhältnis zu jetzt konnte ich mir als Teenager viel mehr leisten. Zumindest was Klamotten oder Reisen betrifft, denn damals musste ich mein selbst verdientes Geld ja weder in Ernährung noch in die Miete stecken. Schon irgendwie eine ernüchternde Erkenntnis. Viele Kinder sind eben ein Luxus, der seinen Tribut fordert. Aber es war meine Entscheidung, also muss ich mit den Konsequenzen klarkommen. Aber darf ich sie auch meinen Kindern aufbürden? Gerade den Älteren ist ganz klar, dass die nachfolgenden Geschwister nicht nur ihr Erbe schrumpfen lassen. (Ein Grund übrigens, warum gerade die Reichsten in den letzten Jahrhunderten ihre Kinderzahl beschränkten.) Mir klingt noch die Stimme einer Mutter im Ohr, die in den goldenen Achtzigern in der Tür ihres schmucken Einfamilienhauses stand und meiner Mutter sagte: »Wir haben uns ganz bewusst nur für ein Kind entschieden – wir wollen ihm alles bieten können.«

Vielleicht sollte man als Erstes diese dämliche Illusion über Bord werfen. Keiner kann irgendjemandem alles bieten! Und gerade was das Materielle betrifft, habe ich bei meinen Kindern oft genug erlebt, dass auch das am heißesten begehrte Spielzeug oder Gimmick irgendwann verstaubt in der Ecke liegt. Ich selbst kann mich auch nicht mehr daran erinnern, was in den Geburtstags- und Weihnachtspäckchen meiner Patentante war. Ich werde aber nie vergessen, dass sie immer total liebevoll verziert waren. Zu lernen, dass Besitz nicht alles ist, ist immerhin auch ein Lernziel von Einzelkindern. Bei Großfamilien schwingt da leider oft das schlechte Gewissen mit, weil bei ihnen dieses Lernziel manchmal eher aus der Not geboren als von Erziehungsratgebern angeregt ist.

Eine Möglichkeit, Wünsche in das rechte Licht zu rücken, ist, Kinder auf etwas sparen zu lassen. (Vorausgesetzt, sie bekommen schon Taschengeld, Kinderarbeit ist in Deutschland ja glücklicherweise verboten.) Als Alex und Emilia meinten, ohne den Todesstern von Lego nicht mehr leben zu können, schlugen wir ihnen einfach vor, doch darauf zu sparen. Sie legten ein Schaubild an, auf dem sie jeden gesparten Euro abhakten – 700 Euro sollte dieser Haufen von Einzelteilen damals kosten! Ich frage mich allen Ernstes, welche Eltern so was unter den Weihnachtsbaum legen. Nach 200 gesparten Euro war der Wunsch schon wieder verflogen und die Kinder um einige Erkenntnisse reicher. Wenn Sie also das nächste Mal bemitleidet werden, weil Ihre Kinder nicht in Prada Kids rumlaufen oder weil Sie auch im Urlaub lieber selbst kochen, statt ins Restaurant zu gehen, dann stehen Sie einfach drüber.

Familienkarten und
andere Unverschämtheiten

Ich sah mich mit der ganzen Familie schon am Strand liegen, während ich an einem verregneten, kalten Tag auf die Bahn wartete. Grund dafür war das verheißungsvolle Plakat eines bekannten Reiseunternehmens, das sich seit Neuestem auch in Familienreisen versuchte. In einem Anfall von Prokrastination klickte ich zu Hause dann als Erstes das beworbene Reiseportal an, statt brav Word zu öffnen. Nur um festzustellen, dass man bei der Buchungsanfrage maximal drei Kinder eingeben konnte. Manipulieren ließ sich die Anfrage auch nicht, also schloss ich das Zeitverschwendungsfenster wieder. Ich meine, mal ehrlich: Bei Google+ kann man als Geschlecht nicht nur »Männlich« oder »Weiblich«, sondern auch »Anderes« eingeben. Aber bei einem Familienreiseportal kann man noch nicht mal fünf Kinder eingeben? So wenig kinderreiche Familien gibt es doch nun auch wieder nicht. Natürlich macht es weder ökologisch noch ökonomisch Sinn, in jedes Auto mehr als fünf Sitze einzubauen, aber die Hälfte draußen sitzen zu lassen, ist auch keine Lösung.

Normalerweise braucht auch keines der Kinder bei einem Familienausflug vor dem Tor der Vergnügungsstätte stehen zu bleiben, aber das Portemonnaie leert sich ziemlich schnell. So beträgt der reguläre Eintrittspreis in den Kölner Zoo für uns 70,50 Euro. Im Zoo Berlin könnten wir die Elefanten dagegen schon für sagenhafte 35 Euro bewundern. Dort gibt es nämlich das Große Familienticket, bei dem alle Kinder der Familie bis 15 Jahre inklusive sind. Das Aquarium müsste zwar extra bezahlt werden, aber wer schafft schon alles an einem Tag? Ganz amüsant ist allerdings, dass bei mehr als drei Kindern ein Abstammungsnachweis, etwa in Form der Versicherungskarten, gefordert wird – als wären mehr Kinder unglaubwürdig. Aber natürlich ist es durchaus legitim, dass sich die Anbieter gegen Betrug schützen. Schließlich können nicht alle Kinder ihren Eltern so ähnlich sehen wie die von Boris Becker.

Glücklicherweise gibt es jede Menge solcher Familienkarten, mir fällt da gerade ein wunderschöner Wildpark in der Rhön ein. Aber genauso oft entpuppt sich die Familienkarte als Mogelpackung. Und zwar immer dann, wenn die Familiengröße vorgegeben wird. Klassischerweise beträgt diese zwei Erwachsene und zwei Kinder. Solche Karten sollten lieber gleich Kleinfamilienkarten genannt werden.

Warum bloß tun sich die Kultur- und Freizeiteinrichtungen so schwer mit »echten« Familienkarten? Weniger Umsatz werden sie dadurch nicht machen: Zum einen wird das gesparte Geld gerne in Eis oder Pommes umgesetzt, zum anderen wird ganz nebenbei die erwachsene Kundschaft von morgen gepflegt. Die Wahrscheinlichkeit, dass jemand sich als Erwachsener für Theater, Kino oder Schlittschuhlaufen begeistert, ist viel größer, wenn er als Kind schon damit in Berührung gekommen ist. Deshalb ist es auch richtig, dass der Büchereiausweis für alle unter 18 umsonst ist. Ich würde meinen nie im Leben gegen ein Opernabo, ja noch nicht mal gegen ein Paar Manolos eintauschen, weil ich eben schon als Kind gerne in der Bücherei war. In Büchereien funktioniert das wunderbar mit dem Angebot für alle. Nur ganz Dekadente werden sagen: »Guckt mal die Schmuddelkinder in der Leseecke. Also wir kaufen unsere Bücher nur neu!«

Ich protestiere (auch wenn ich das von einem der Kinder – keine Namen! – öfter vorgeworfen bekomme) durchaus nicht gegen jedes kapitalistische Streben, und mir ist durchaus bewusst, dass die städtischen Bäderbetriebe jetzt schon bezuschusst werden müssen. Genauso wenig schreie ich: »Hilfe, ich bin eine Mutter, lass mich vorbei, und zwar gefälligst kostenlos!« Aber wenn ein Großteil der Familien sich eigentlich selbstverständliche Freizeitvergnügen nicht mehr leisten kann, ist das für alle ein Problem. Der Schwimmunterricht in der Schule wird immer mehr gekürzt, während die Eltern, die es sich leisten können, Hunderte von Euros für Schwimmkurse ausgeben. Mit dem Ergebnis, dass heute ein Drittel der Kinder mit 14 noch nicht richtig schwimmen kann.

Ein Beispiel dafür, wie der Nachwuchs am besten komplett ausgeschlossen wird, ist die Geschichte meines alten Schulschwimmbads. Dank der billigen Zehnerkarten verbrachte ich genau wie Hunderte andere Kinder den halben Sommer dort. Ein typisches 70er-Jahre-Bad, hässlich gekachelt, aber mit tollen Bahnen zum Schwimmen und viel Platz zum Spielen im Freien. Irgendwann kaufte ein Investor der Stadt das Bad ab und verwandelte das marode Ding in ein florierendes Wellnessparadies. Die Badelandschaften sind von Tausendundeiner Nacht und spanischen Fincas inspiriert, der Kinderbereich hat eigentlich nur noch Alibifunktion, aber die Vier-Elemente-Sauna mit echtem Feuer und Wasser, das die Farbe wechselt unter den Füßen, ist genial. Wenn ich mir mal einen Ausflug dahin gönne, denke ich auch nicht daran, dass nun nicht mehr alle Kinder aus dem Ort sich den Schwimmbadbesuch leisten können. Selbst wer nur den Schwimmbereich nutzt, zahlt elf Euro für zwei Stunden. Es ist auch völlig in Ordnung, dass es Luxusbäder gibt, in denen man sich nicht zwischen Schwimmnudeln und Wassertieren hindurchkämpfen muss. Aber diese Angebote müssen neben den familienfreundlichen stehen und dürfen sie nicht komplett verdrängen.

Erfreulicherweise gibt es auch äußerst nachahmenswerte Beispiele. Hervorzuheben wäre etwa, dass die Stadt Köln jeden ersten Donnerstag im Monat alle Kölner kostenlos in ihre Museen einlädt. Irgendwelche Kurzsichtigen wollen Köln jetzt unter anderem dadurch vor der Pleite retten, dass dieser Museumstag gestrichen wird. Ich bin mir sicher, dass dadurch nicht ein Euro mehr in die Museumskassen fließen würde. Im Gegenteil. Solch ein Museumstag ist doch echte Werbung! Genau wie der Familienpass. So etwas wie den Berliner Familienpass sollte es in jeder Stadt geben. Der versteht sich eben nicht als Almosen, sondern ist betont einkommensunabhängig, bietet aber auch Extravergünstigungen für Einkommensschwache an. Hier gibt es Ideen für Familienausflüge, die man sich dann auch leisten kann. Der Pass, der für ein ganzes Jahr sechs Euro kostet, enthält zum Beispiel drei Gutscheine für einen Schwimmbadbesuch, bei dem nur die Eltern Eintritt zahlen müssen.

Generell wäre es wünschenswert, dass Zoos, Schwimmbäder und Museen ihr Familienkartenangebot einmal kritisch überprüfen würden, damit wirklich *alle* Zugang zu Freizeitspaß und -bildung haben.

War das geplant?

Spätestens beim dritten Kind fragen einen Menschen, die einen noch nicht mal mit Vornamen kennen, ob der Nachwuchs geplant gewesen sei. Georg Cadeggianini, erfolgreicher Autor und mit seinen zarten 36 Jahren schon sechsfacher Vater, meint in seinem Buch *Aus Liebe zum Wahnsinn*, dass man mit der Frage nach der Lieblingsstellung kontern solle. Habe ich mich leider noch nie getraut, aber im Prinzip hat er recht. Es geht andere einen Dreck an.

Bei mehreren Kindern wird es wahrscheinlich verschiedene Grade an Planung gegeben haben, was schon den Kindern zuliebe kein öffentliches Bekenntnis werden muss. Genauso indiskret auch die Frage, ob man nachgeholfen habe, sobald bei einer Schwangerschaft mehr als ein Kind rausgekommen ist. Bei den Zwillingen wurde ich das gefragt. Auch von Leuten, von denen ich nicht einmal wusste, welchen Beziehungsstatus sie bei Facebook haben. Oder die Nachfrage, wann das Nächste komme. Manchmal habe ich das Gefühl, sobald man zu einer wie auch immer gearteten Randgruppe gehört, fühlen sich die Leute berechtigt, einen zu studieren wie ein Zootier. Für so einige hat man mit vielen Kindern den menschlichen Verstand ohnehin schon lange an der Garderobe vor der Schlafzimmertür abgegeben.

Einmal saß ich hochschwanger mit meinem fünften Kind bei einer befreundeten Kindergartenmutter am Kaffeetisch. Zwei weitere Mütter saßen dabei.

Meine Freundin: »Dani bekommt gerade ihr fünftes Kind.«

Eine der Mütter: »Von *einem* Mann?«

Meine Freundin und die andere Mutter (peinlich berührt): »Bitte!«

»Wieso? Ihr habt euch doch bestimmt dasselbe gefragt!«

Der Kuchen hat trotzdem gut geschmeckt.

Ich kenne auch eine Mutter, die die War-das-geplant-Frage schon immer präventiv beantwortet. Ihre Zwillinge, Kinder Nummer drei und vier, kamen trotz Spirale zur Welt (so viel zum Thema Planungssicherheit). Das erzählt sie sehr oft auch sehr fremden Leuten. Im Übrigen scheint sie sehr glücklich über diesen Zufall zu sein. Natürlich geht nichts über einen Plan im Leben, aber die wirklich wichtigen Dinge passieren doch oft scheinbar aus dem Nichts heraus.

Vielleicht ist es auch ein besonderes Merkmal von Mehrfach-eltern, dass sie dem Leben und ihrem Schicksal eine größere Offen-heit entgegenbringen. Auch der Glaube spielt oft eine Rolle. Wenn ich die Welt grundsätzlich als gut empfinde und glaube, dass ein Kind nicht nur Zufall ist, habe ich mehr Vertrauen, dass es gut läuft mit mehreren Kindern. Schließlich gehe ich dann davon aus, dass ich sie nicht allein großziehen muss.

Letztens kam ich mit einer älteren Dame ins Gespräch, die die Menschheit als einzigen Müllhaufen bezeichnete. Wenn ich so denken würde, würde ich diesem Haufen auch nicht noch mehr Schrott hinzufügen wollen … Moment! Jetzt drifte ich schon wieder in Richtung Selbstrechtfertigung ab. Klar gibt es Leute, denen man auch ein paar Details der Zeugung anvertraut, aber wer das ist, das möchte ich ganz allein entscheiden.

Der Sozialwissenschaftler Helmut Geller hat in seiner Studie *Kinderreiche Mütter: Lebensentwürfe, Probleme und Perspektiven* dem Planungsprozess in großen Familien ein eigenes, umfangreiches Kapitel gewidmet, dessen Thesen ich sehr erhellend fand. Laut Geller gibt es, vereinfacht gesagt, zwei Planungstypen, und das nicht nur in Familien: Die einen planen ihr Leben sorgfältig und überlassen nichts dem Zufall, die anderen nehmen, was kommt. Der Planungstyp gerät schnell in Krisen, wenn er merkt, dass er nicht alles steuern kann. Dafür droht der Akzeptanztyp, der abwartet, was kommt, und dann nach Möglichkeit das Beste daraus macht, auch schneller im Chaos zu versinken. Allerdings kommt Typ zwei auch leichter mit dem Chaos klar. Kein Wunder, dass kinderreiche Eltern eher dem Akzeptanztyp als dem Planungstyp entsprechen. »Die Reduzierung der Machbarkeitsansprüche lässt eine größere Gelassenheit zu«,[4] so Geller. Und genau diese Gelassenheit braucht man, um nicht nur mit den Überraschungen des Alltags, sondern auch mit blöden Fragen umzugehen!

Quantität statt Qualität?

Eine Bekannte berichtete mir einmal von folgender Taktlosigkeit, die sich Jahre zuvor in ihrer Familie zugetragen hatte: Zwischen zwei erwachsenen Geschwistern, von denen das eine circa dreimal so viele Kinder hatte wie das andere, flogen ein paar Bemerkungen hin und her, die eigentlich nur deutlich machen sollten, dass die eigene Familie die bessere sei. Schließlich beendete die Schwester mit »nur« zwei Kindern den Disput damit, dass sie erklärte, bei Kindern käme es eben nicht auf die Quantität, sondern auf die Qualität an!

Selbst wenn man ihr zugutehält, dass unter Geschwistern nach ganz eigenen Regeln gestritten wird, ist dieser Spruch immer noch eine Unverschämtheit. Und ein Spiegel unserer Gesellschaft. Unterschwellig kommt der Vorwurf, bei wachsender Kinderzahl leide die Qualität, ziemlich oft dahergekrochen. Manchmal wird er sogar angeblich »wissenschaftlich belegt«.

So überkommt mich ein gewisses Unwohlsein, wenn ich etwa bei Wikipedia von dem Qualitätsminus im Familienklima und der psychischen Entwicklung von Kindern aus großen Familien lese. Beruhigt und geärgert gleichzeitig hat mich die Tatsache, dass sich die festgestellten Defizite im Wesentlichen nur auf die Schulleistungen bezogen. Es geht schließlich nicht nur um die Aufzucht von Leistungsträgern, oder?

Die Begründung dafür, dass Kinder ohne oder mit nur einem Geschwisterkind rein statistisch gesehen besser in der Schule sind, leuchtet ein: Die Eltern haben viel mehr Zeit, ihr Kind zu fördern, zumal gerade gut ausgebildete Eltern oft später und weniger Kinder bekommen und damit viel mehr Zeit und Möglichkeiten hatten, ihr eigenes Hirn hausaufgabenfit zu halten. Ich muss gestehen, dass meine Kinder mit Sicherheit noch besser in der Schule wären, wenn ich selbst in den Lehrplan eintauchen würde wie ein Tiefseeforscher – aber das sehe ich, ehrlich gesagt, nicht als meinen Job an. Verstehen Sie mich nicht falsch, wir fördern unsere Kinder durchaus, und hin und wieder versuche ich mich sogar noch an Lateinübersetzungen oder Gedichtinterpretationen. Außerdem haben wir das große Glück, dass die Großeltern regelmäßig mittags mit den Kindern Hausaufgaben machen. Aber wenn andere Mütter sagen: »Morgen schreiben wir Mathe«, dann denke ich nur: *Ich* schreibe nie wieder im Leben Mathe. Zum Glück!

Und wenn das Kind von Freunden, die sich getrennt haben, vor Klausuren nicht beim Vater übernachten soll, weil der nicht so gut mit dem Kind lernt wie die Mutter, frage ich mich schon, ob solchen Eltern fünf Kinder nicht guttäten. Im Grunde ist Hilfe in der Schule ohnehin nur dann sinnvoll, wenn das Ziel die Selbstständigkeit der Kinder ist. Und wenn ich mich bei den Kindern, die ich kenne, so umschaue, hat der Notendurchschnitt relativ wenig mit der Geschwisterzahl oder der Elternüberwachung zu tun. Keine Frage, Schule macht mehr Spaß, wenn man Erfolg darin hat. Aber ist es wirklich besser, zwei Kinder mit einem Notendurchschnitt von 1,5 zu haben als vier Kinder mit einem Notendurchschnitt von 2,5? Wichtiger als jede einzelne Note ist doch, dass die Kinder später ihre Berufung finden. Und Leidenschaft setzt sich irgendwann immer durch, wenn man ihr nicht allzu viele Bremsklötze vor die Füße wirft.

Falls mich jetzt andere Mütter, ob mit oder ohne viele Kinder, wegen meiner laxen Einstellung zur Schule als Rabenmutter beschimpfen, zeige ich ihnen übrigens gerne ein paar Streberzeugnisse! Also, Ja zur Fülle in Quantität und Qualität!

Sowieso ist es eine Dreistigkeit, Menschen einen Qualitätsstempel aufzudrücken. Und dass Kinder (oft) weniger geschniegelt durch die Welt stapfen, je mehr Geschwister sie haben, schadet auch keinem Menschen, außer vielleicht dem Chef von Kenzo Kids. Ich kann mich noch daran erinnern, wie ich in der Schule mal mit einer Freundin im Garten herumkletterte und ihr dabei der Angstschweiß ausbrach, weil sie eine schicke weiße Hose trug und ihre Eltern sehr streng waren. Also ein noch lauteres Ja dazu, einfach unperfekt zu sein. (Ich schiebe das mit dem Unperfektsein jetzt einfach mal darauf, dass wir zu vielt sind. Hätte ich ein Einzelkind, würde das allerdings genauso mit einem Loch im Socken rumlaufen, fürchte ich.)

Und wer sich jetzt noch Sorgen macht, in seiner Großfamilie könne die Quantität die Qualität abwürgen, dem sei Jesper Juul ans Herz gelegt. Der behauptet nämlich, dass Kinder Nummer drei und vier sich immer am besten entwickeln würden, einfach, weil die Eltern dann endlich kapiert hätten, dass man Kinder einfach viel mehr in Ruhe lassen muss.[5] Ob es mit Nummer fünf wieder bergab geht, oder sie wegen geringen Vorkommens nicht mehr registriert ist, weiß ich nicht. Fest steht, dass mehr Kinder auch mehr Lebensqualität bedeuten können. Vielleicht nicht immer und auch nicht für jeden (oder nicht immer für jedes Kind), aber als ich letztens auf einer Party die fünf erwachsenen Kinder miteinander erlebte, die Gegenstand der Quantität-statt-Qualität-Debatte waren, dachte ich nur: Viele Kinder sind toll, was für eine beneidenswert fröhliche, eingeschworene Truppe! Ich fragte direkt nach, ob sie sich früher auch schon so gut verstanden hätten – die Antwort lautete: Ganz im Gegenteil!

Die Verdienste von Promi-Eltern

Es ist ganz schön einfach, Promi-Mehrfacheltern blöd zu finden: »Wozu bekommt Ursula von der Leyen denn sieben Kinder, um dann einen auf Ministerin zu machen?«, meint die eine. »Mit einem Personal Trainer und einem Privatkoch hätte ich auch eine Figur wie Heidi Klum«, behauptet neidisch die andere.

Ich finde, wir sollten den *Gala*-Futterlieferanten mit vielen Kindern viel gnädiger gestimmt sein. Wahrscheinlich haben sie ähnliche Sehnsüchte wie andere Vielfacheltern auch dazu bewegt, ein paar Kinder mehr zu bekommen. Und wenn sie sich nicht gerade eine Leihmutter oder Adoptivkinder zulegen, dann schleppen sie genauso an ihrem Babybauch wie alle anderen Mütter auch. Auch gegen den Wehenschmerz hilft kein Promistatus, sondern allerhöchstens eine PDA oder eine warme Wanne. Superstar Céline Dion nahm nach dem ersten Kind sogar die Strapazen von sechs künstlichen Befruchtungen auf sich, um endlich noch einmal schwanger zu werden. Bei uns wäre sie mit ihren mittlerweile drei Kindern mit Sicherheit schon gefragt worden, ob sie sich jetzt vor dem anstrengenden Job in Las Vegas drücken wolle.

Ein Haufen Kinder ist also mit Sicherheit nicht nur etwas für Leute, die sonst nichts vom Leben haben. Nicht umsonst entscheiden sich auch immer mehr Frauen, die beruflich schon alles erreicht haben, für mehrere Kinder. Einen Luxus, den man sich eben nicht mit Geld kaufen kann. Zugegebenermaßen braucht man Geld und Unterstützung, um mit Kindern weiterhin arbeiten zu können, aber gerade in kreativen und freien Berufen gibt es immer wieder flexiblere Modelle. Mit einer Portion gutem Willen seitens der Arbeitgeber ließe sich bestimmt auch in der Arbeitswelt jenseits von Hollywood einiges davon umsetzen.

»Ich bin eine Schauspielerin, die nach der Arbeit nach Hause geht«, soll die vierfache Mutter und dreifache Oscarpreisträgerin Meryl Streep einmal gesagt haben. Den dritten Oscar hat sie übrigens gewonnen, als ihre vier Kinder schon erwachsen waren. Damit zeigte sie der Welt auch noch, dass weder die Mutterrolle noch das reifere Alter einer Frau die Möglichkeiten nehmen müssen. Auch Cate Blanchett ist berühmt für ihr eindrucksvolles Spiel. Die dreifache Mutter überlegt sich allerdings genau, für welchen Regisseur und welchen Film sie ihr Talent zur Verfügung stellt, damit sie auch noch genügend Zeit mit ihren Jungs verbringen kann. Kinder sorgen also auch bei Stars für Bodenhaftung und die Erkenntnis, dass die Karriere zwar wichtig, aber eben doch nicht alles ist.

Und noch ein Vorurteil widerlegen die Stars: Nicht nur geistig unterbelichtete Frauen bekommen mal eben ungeplant das vierte Kind, sondern auch Top-Anwältinnen. So gab Cherie Blair angeblich offenherzig zu, eben Lust auf ihren Tony, aber kein Kondom dabeigehabt zu haben, als die beiden sich anlässlich eines Kongresses in einem Hotel fernab ihrer drei Teenager befanden. Vielleicht brauchte sie aber nur eine Ausrede dafür, dass sie trotz ihres höheren Alters noch ein Kind bekam. Um so viel Unbekümmertheit und Optimismus kann man Frau Blair wirklich nur beneiden. Klar, dass sie sich keine Sorgen um die Finanzierung des wöchentlichen Großeinkaufs machen musste, die Risiken einer Schwangerschaft mit Mitte 40 waren aber auch mit einem Ehrendoktor der Universität von Liverpool nicht geringer.

Egal ob Victoria Beckham, Angelina Jolie oder Cherie Blair, diese Frauen muss man nicht toll finden, man kann es aber durchaus: Sie stellen in vielen Bereichen ihres Lebens eben selbst die Regeln auf. Und genau das tut fast jede Mutter mit vielen Kindern hierzulande – auch wenn sie während ihrer Arbeitszeit nicht über den roten Teppich läuft. Wir leben zwar sicherlich nicht in einer Welt der unbegrenzten Möglichkeiten, aber es ist doch einiges mehr drin, als die meisten vermuten.

Natürlich wäre es falsch, sich von Topmodels, Politikerinnen und Schauspielerinnen unter Druck setzen zu lassen. Photoshop wirkt ja auch nur auf Fotos, wie der Name schon sagt. Und Angelina Jolie wird sich mit ihrem Brad Pitt mit Sicherheit auch mal darum streiten, wer denn nun den Film drehen darf und wer die Windeln wechseln muss. Aber diese Frauen liefern so ganz nebenbei eine Imagekampagne für die Großfamilie. Immerhin gab es ja auch mal Zeiten, in denen sich jede Schwangere hinter der Latzhose verstecken musste, um schließlich öffentlich gar nicht mehr wahrgenommen zu werden. Und das sogar schon beim ersten Kind. Dass Muttersein cool geworden ist, haben wir auch Frauen wie Demi Moore zu verdanken, die als Covergirls ihren Bauch kurzerhand zum Kunstwerk erklären.

Auch wenn solche Äußerlichkeiten und Imagefragen angesichts des Wunders eines neuen Lebens geradezu lächerlich sind, ist ihre Wirkung auf die Laune manchmal nicht zu unterschätzen. Sonnen Sie sich also lieber selbst hin und wieder im Glanz des Außergewöhnlichen und seien Sie stolz auf Ihre Kinderschar. Gelästert wird unter Müttern sowieso schon viel zu viel.

Sind wir peinlich?

Wir sind weder so glamourös wie Brangelina und haben auch ein Kind weniger, noch sehen wir so aus, als kämen wir gerade vom *Familien im Brennpunkt*-Dreh. Trotzdem fallen wir auf, wenn wir zusammen unterwegs sind. Und zwar peinlich, wenn man unserem Ältesten Glauben schenkt. Kein Wunder, Alex ist in einem Alter, in dem Kinder es schon schwer ertragen, wenn die Eltern morgens in dieselbe U-Bahn steigen wie sie. Ich habe selbst früher die Kinder bemitleidet, deren Mütter ihnen noch in der siebten Klasse das vergessene Pausenbrot in die Klasse brachten. Da wäre ich doch lieber verhungert! Ich habe Georg und Luis zwar letztens selbst die Brotdosen in die Schule geschmuggelt, aber ich habe es immerhin heimlich gemacht, indem ich sie still und leise im Flur zu den Jacken der Zwillinge stellte. Und das auch nur, weil die Brotdosenvergesser nicht gefrühstückt hatten und doch erst sieben Jahre alt sind. Trotzdem gut, dass ich nicht erwischt worden bin, denn Mütter können schon in der Grundschule peinlich sein. Das habe ich schmerzlich gespürt, als ich mich bereit erklärte, bei den Bundesjugendspielen zu assistieren. Ich bekam von den Großen einen langen Katalog von Dingen genannt, die ich in der Schulöffentlichkeit unbedingt vermeiden sollte.

Als ich angesichts der vielen Verbote aufseufzte, rief Emilia entsetzt aus: »Aber Mama, so stöhnen darfst du morgen auf keinen Fall!«

»Soll ich lieber zu Hause bleiben?«

»Nein!!!« (Zumindest in der Grundschulzeit haben sich meine Großen dann doch über meine Anwesenheit gefreut.)

Übrigens bieten sich bei den Bundesjugendspielen selbst den Müttern, obwohl diese sich dem elenden Wettkampf nicht mehr stellen müssen, noch Möglichkeiten zum Scheitern. Das wurde mir am nächsten Tag auf dem Sportplatz klar. Zusammen mit einer anderen Mutter war ich für Weitsprung zuständig. Meine Aufgabe war es, den Sand in der Sprunggrube wieder zu glätten, nachdem die Kinder mit Anlauf reingesprungen waren.

Als Kind waren meine Leistungen in der Sprunggrube dem Begriff *Weit*sprung nicht wirklich gerecht geworden. Ich war also froh, jetzt quasi auf der anderen Seite zu stehen. (Meine Mutter hat übrigens auch mal an der Sprunggrube assistiert. Sie hat damals gemessen. Das war das einzige Mal, dass ich die Zwei-Meter-Marke geknackt habe. Danke, Mama.)

Mit einem Rechen und einem aufmunternden Lächeln für diejenigen bewaffnet, die ebenso unsportlich waren wie ich früher, gab ich mich meiner Aufgabe hin. Das heißt, bis mir die andere Mutter resolut den Rechen aus der Hand nahm: »Überlass das mal lieber mir. Ich habe das gelernt.« Und, als ich sie fragend ansah: »Ich habe eine Ausbildung im Garten- und Landschaftsbau.«

Ich konnte mir ein Grinsen nicht verkneifen und tauschte Rechen gegen Metermaß. Sollte ich sie darauf hinweisen, dass ich in Mathe immer eine Fünf hatte?

Mein Verstand und die Erinnerung sagen mir, dass es zur normalen Entwicklung eines Kindes dazugehört, dass ihm seine Eltern peinlich sind. Egal wie cool sie sind. Das muss man ebenso hinnehmen wie schlaflose Nächte und Trotzphasen. Es gibt nur einen Grund, warum es einen manchmal trotzdem schmerzt: den Verdacht, die Kinder könnten recht haben. Und ich muss zugeben, dass auch ich eine solche Phase hatte. Als ich mit Benni schwanger war, fühlte ich mich selbst nahestehenden Menschen gegenüber manchmal wie vor einem höchst unangenehmen Outing. Ja, und ich gestehe, es gab Momente, da war mir diese vierte Schwangerschaft wirklich peinlich. Eine Kindergartenfreundin unseres Ältesten hatte immerhin schon bei meiner dritten Schwangerschaft die Neuigkeit gegenüber ihrer Mutter so formuliert: »Die Nagelmutter ist schon wieder schwanger!«

Können Sie verstehen, dass ich beim fünften Kind noch viel schlimmere Sprüche befürchtete? Von allen Seiten? Sprüche, die auch noch meine eigenen Sorgen widerspiegelten? Eine der Ersten, denen ich von meinem Baby erzählte, war eine Freundin mit vier Kindern, die damals noch um die Ecke wohnte. Ihre Antwort?

»Dann kann ich mich auch endlich trauen.«

Sie traute sich tatsächlich. Und der Rest der Welt? War gar nicht so wild. Ist der Ruf erst ruiniert … Klar gab es auch ein paar verletzende Kommentare, aber die müssen Leute, die keine Kinder bekommen wollen, ja leider genauso ertragen. Die meisten reagierten überraschend positiv (oder hielten einfach im richtigen Moment den Mund).

Wenn man selbst schließlich das Lernziel erreicht hat, die Meinung der Umwelt als frei denkender Mensch nicht überzubewerten, heißt das noch lange nicht, dass den eigenen Kindern die vielen Geschwister nicht immer noch peinlich sein können. Vielleicht muss man das einfach hinnehmen und akzeptieren. Und ihnen klarmachen, dass viele Menschen, die man mag, nicht das gerade gängige Familienmodell leben. Natürlich sollte man es den Kindern nicht schwerer als nötig machen: Wenn man vor den Freunden der Großen die Brust zum Stillen auspackt (nie passiert) oder eine volle Windel auf dem Boden herumliegt (in der Hektik schon mal passiert), ist das einfach wirklich peinlich.

Ich habe übrigens auch länger überlegt, ob es nicht total peinlich ist, über unsere Familie zu schreiben. Natürlich wollte ich niemanden in die Pfanne hauen, aber trotzdem … Nachdem ich aber mit meiner Familie gesprochen habe, überwand ich meine Bedenken, einfach weil ich oft selbst gern so ein Buch gelesen hätte. Und ich damit vielleicht zum Verständnis großer Familien gegenüber beitragen kann. Die Großfamilie sozusagen aus der Schmuddelecke in die Mitte der Gesellschaft holen.

Zwischen Herdmanns und himmlischer Familie: Von welchen Familiengeschichten man auch als Großfamilie nicht genug bekommen kann

In der Literatur und im Kino erscheint die große Familie meistens als ein Ort des Trubels, des Chaos, aber vor allem der Liebenswürdigkeit. Selbst die sechs Herdmann-Kinder aus *Hilfe, die Herdmanns kommen*, die in den Bestsellern von Barbara Robinson nicht nur ihre alleinerziehende Mutter, sondern ihre gesamte Umwelt auf den Kopf stellen, haben am Ende das Herz auf dem rechten Fleck. Vor allem lehren sie die anderen, ihre Vorurteile mal zu überdenken und zu schauen, worauf es wirklich ankommt. Der Klassiker, in dem sechs völlig unerzogene Kinder eine Weihnachtsaufführung sabotieren und die braven Streberkinder das Fürchten lehren, ist nicht umsonst seit Jahrzehnten ein Bestseller und idealer Vorlesestoff.

Wenn Goscinnys kleiner Nick Geschwister hätte, würde er wahrscheinlich die gleichen Geschichten erleben wie Jean Zwei aus *Fünf Brüder wie wir*: Darin erzählt der Autor Jean-Philippe Arrou-Vignod, wie Jean und seine vier Brüder sich in den späten Sechzigern nichts sehnlicher wünschen als einen Fernseher, und stattdessen mit einem weiteren Bruder beschenkt werden. Glücklicherweise sind zwar so autoritäre und cholerische Vatertypen, wie der Vater in diesem Buch einer ist, selten geworden, aber die Art, wie die turbulenten Geschwisterbeziehungen dargestellt werden, ist absolut zeitlos und wunderschön. Meine Kinder hatten jedenfalls eine Menge zu lachen, und die Großen hörten auch dann noch gerne zu, als sie aus dem Vorlesealter längst raus waren.

Vorlesesituationen mit solchen Büchern bieten Kindern immer eine gute Gelegenheit, über ihre eigenen Bedürfnisse und Beobachtungen zu sprechen (»Siehst du, in dem Buch ist der Älteste auch davon genervt, dass er immer Rücksicht auf die Kleinen nehmen soll«). Die ambivalenten Gefühle der Buchhelden erlauben es den Kindern, bei aller Geschwisterliebe auch mal ihre negativen Gefühle zuzulassen. Vielleicht geht die kathartische Wirkung manchmal sogar so weit, dass es reicht, wenn die Geschwistertruppe in der Geschichte sich prügelt, damit die eigenen Kinder nach einem Streit direkt zum friedlichen Spielen übergehen können.

Auch wenn die Größe der Kaninchenfamilie in *Ein Geschwisterchen für Pauli* weniger mit der Zielgruppe als vielmehr mit der Natur der tierischen Helden zu tun hat, bringt kaum ein Bilderbuch die Gefühle angesichts eines neuen Geschwisterkindes in der Großfamilie treffender auf den Punkt: Pauli weiß nicht, ob er das Baby in Mamas Bauch überhaupt will, traut sich jedoch nur mit seinem Freund darüber zu sprechen. Als er aber der Einzige ist, der den schreienden Winzling nach der Geburt beruhigen kann, ist er voller Stolz und Liebe zu seinem kleinen Geschwisterchen.

So ermöglichen Familiengeschichten einen Blick von außen auf die eigene Situation – manchmal mit wirklichem Erkenntnisgewinn, manchmal einfach mit viel Humor, der sich wiederum auf die Wahrnehmung des eigenen Familienlebens überträgt. Denn gerade in der Rückschau verstecken sich im Großfamilienalltagschaos oft witzige Anekdoten, über die die Familie noch Jahre später gemeinsam lachen kann. Deshalb tut es so gut, wenn Bücher oder Filme den Blick für diese komischen, aber auch verbindenden Situationen öffnen, an denen man im Alltag oft achtlos vorbeiläuft.

Bestsellerautorin Evelyn Sanders ist es gelungen, aus ihren Alltagserfahrungen ebenfalls einen charmanten Roman zu stricken: *Und plötzlich waren es fünf.* Mittlerweile sind bei ihr zwar keine neuen Kinder dazugekommen, dafür aber jede Menge weiterer Bücher, in denen sich viele Großfamilien wiedererkennen dürften. Und wenn es gerade bei einem selbst drunter und drüber geht, kommt so eine Lektüre schon dem »geteilten Leid« nahe. Zumindest fühlt man sich von jemandem verstanden, der ähnliche Erfahrungen gemacht hat.

Bei romantischen Filmen oder Serien wie *Die Trapp-Familie*, *Betty und ihre Schwestern*, *Die Waltons* oder *Eine himmlische Familie* tappt man natürlich schnell in die Vergleichsfalle. Bevor Sie sich fragen, warum es bei Ihnen nicht immer so harmonisch oder wenigstens herzzerreißend emotional zugeht, bedenken Sie, dass alle Szenen, in denen das Badezimmer geputzt oder dämlich gemeckert wird, in der Regel rausgeschnitten oder, besser gesagt, gar nicht erst im Drehbuch gelandet sind. Und trotzdem: Wer hat mit seiner Familie nicht schon Szenen erlebt, die kein Hollywoodstreifen besser hätte darstellen können? In denen sie Ihre Lieben nur anschauen und Ihnen das Herz vor Liebe überquillt? Die Geborgenheit einer großen Familie ist ja schließlich keine Erfindung der Unterhaltungsindustrie. Und an das eigene Glück erinnert zu werden erzeugt im besten Falle wohlige Dankbarkeit.

Außerdem: Egal, wie weit die meisten Filme von der Realität entfernt und wie sehr die Kämpfe um das Glück überspitzt dargestellt sind, der Kern der Problematik ist oft sehr wirklichkeitsnah. In der Patchworkfamiliengeschichte *Deine, meine & unsere* zum Beispiel finden eine Frau, ein Mann und insgesamt 18 Kinder zueinander. Während Helen, eine Designerin, ihre Kinder antiautoritär großzieht, übertreibt der Marineoffizier Frank es mit der Disziplin. Kein Wunder, dass zwischen den Kindern der Krieg ausbricht, als sie alle zusammen in einen Leuchtturm ziehen. Die Kinder sehen nur eine Möglichkeit, dem Chaos wieder zu entkommen: Sie müssen Helen und Frank wieder auseinanderbringen. Ausgerechnet dieser Plan lässt sie zusammenwachsen wie echte Geschwister. Sich gegen die Eltern verbünden zu können, ist nun mal eins der besten Argumente für Geschwister.

Großfamiliengeschichten jenseits des RTL-Formats, das jede Art des menschlichen Zusammenlebens erst mal als problematisch diagnostiziert, wecken nicht nur Verständnis für diese nicht ganz so weit verbreitete Familienform. Sie können sogar Balsam für die Seelen der Mitglieder einer Großfamilie selbst sein und dabei helfen, sich mit dem eigenen Familienbild auseinanderzusetzen, aber auch dabei, es zu stärken. Schließlich brauchen wir alle Vorbilder – egal ob real oder fiktiv.

Die Vielfachmutter unter der Lupe

Obwohl vier meiner fünf Kinder bereits in der Schule sind, lese ich immer noch gerne Mütterratgeber, die sich meistens an Frauen wenden, die noch die körperlich anstrengende Zeit von der Geburt bis zum Kindergarteneintritt ihrer Kinder vor sich haben. Trotzdem tut es gut, schwarz auf weiß zu lesen, dass es normal ist, wenn hin und wieder Beckenboden und Seele durchhängen. Oder sich mal wieder bewusst zu machen, wie gut man es doch im Großen und Ganzen hat, oder falls nicht, was man dagegen tun kann.

Noch lieber hätte ich allerdings gelesen, inwiefern das alles besonders für Mütter mit vielen Kindern gilt. *Für* kinderreiche Mütter habe ich nichts gefunden, *über* kinderreiche Mütter schon: zum einen die wissenschaftliche Arbeit *Kinderreiche Mütter. Lebensentwürfe, Probleme und Perspektiven* des Sozialwissenschaftlers Helmut Geller und zum anderen das Werk *Lebenszusammenhänge kinderreicher Mütter. Individualisierungsprozesse in Partnerschaftsverläufen großer Familien* von Christian Schicha. Beide Arbeiten sind in den späten Neunzigern wohl in engerem Austausch entstanden, da sie sich, den Zitaten der Mütter zufolge, auf dieselben Frauen beziehen. Die vier unterschiedlichen Mütter mit jeweils drei bis fünf Kindern geben sehr offen Auskunft über den Beginn ihrer Beziehung, die Gründe für die jeweiligen Schwangerschaften und die Auswirkungen auf die Partnerschaft und den Beruf. Ich hatte die Befürchtung, die Analyse der Mütterbiografien durch die männlichen Wissenschaftler könnte etwas von oben herab rüberkommen, das Gegenteil ist der Fall. Die beiden Herren sind redlich bemüht, zu schauen, was kinderreichen Müttern das Leben einfacher macht. Auch wenn ich kaum glaube, dass es die kinderreiche Mutter an sich gibt, habe ich bei der Lektüre das eine oder andere Mal gedacht: Genauso ist es! Vor allem, wenn es um Beziehungen und Organisation ging. Die beiden Bücher sind in den Neunzigern entstanden und zeigen erfrischend sachlich, wissenschaftlich fundiert und frei von ideologischem Geschwätz, welche Auswirkungen das Muttersein auf die Frau, ihren Alltag und ihre Partnerschaft hat.

Besonders Geller zeigt im Hinblick auf die Geschichte der Familie auf, wie sehr das jeweilige Mutterbild auch eine Modeerscheinung ist. Die Reduzierung der durchschnittlichen Kinderzahl habe, so Geller, auch damit zu tun, dass Kinder irgendwann nicht mehr als Nutzfaktor wahrgenommen wurden, sondern das Augenmerk viel stärker auf die elterlichen Pflichten gelegt wurde. Dass sich seit dem Ende des 19. Jahrhunderts die durchschnittliche Kinderzahl drastisch verringert hat, liegt nicht an einer negativen Haltung gegenüber Kindern, wie Geller ausführlich schildert.[6] Abgesehen davon, dass Schwangerschaften mit der Zeit planbarer wurden, hat vor allem der höhere Anspruch der Eltern an sich selbst zu weniger Kindern geführt. Mussten Kinder früher vor allem der Familie dienen, entweder durch Arbeit auf dem Feld oder Hüten der kleinen Geschwister, sollten sie mit der Durchsetzung des Bürgertums ihre Kindheit vor allem genießen und bestmöglich erzogen werden.

Diesen Anspruch haben die meisten Eltern glücklicherweise heute noch, aber leider ist es insbesondere für Mütter mit vielen Kindern immer noch schwierig, den Kindern und den eigenen Bedürfnissen gerecht zu werden

Sowohl Geller als auch Schicha zeigen, was vermieden werden muss, damit die größere Belastung nicht zur Überlastung wird. Ein wichtiger Aspekt ist in diesem Zusammenhang die Freiwilligkeit in der Wahl der Lebensweise, Stichwort Rollenverteilung. Interessant fand ich dabei vor allem Gellers Einteilung in vier Muttertypen:

1. Die leidenschaftliche Vollblutmutter, die sich oft trotz guter Ausbildung bewusst dafür entschieden hat, bei den Kindern zu bleiben.
2. Die Vollzeithausfrau »wider Willen«, die notgedrungen zu Hause bleibt – sei es, weil die Kinderbetreuung oder der passende Job fehlen.
3. Die Mutter, die Kinder und Arbeit gut und gerne verbindet.
4. Die Mutter, die lieber ganz bei den Kindern wäre, die aber einen unter Umständen ungeliebten Job durchziehen muss, um das Familieneinkommen zu sichern.

Die Zufriedenheit hängt vor allem davon ab, wie sehr man das Gefühl hat, das eigene Leben selbst zu gestalten und nicht nur auf die äußeren Umstände reagieren zu müssen. Wen wundert es? Beruhigend ist jedoch, dass weder diese Typen noch die Umstände in Stein gemeißelt sind, sondern auch von der eigenen Stimmung oder Initiative abhängen.

Gerade bei mehreren Kindern sind das Leben und die eigene Mutterrolle ständig im Fluss. So habe ich für mich persönlich zwar einen Weg gefunden, Kinder und Job miteinander zu vereinbaren, es gibt aber durchaus Zeiten, in denen ich mich auch in den anderen Typen wiedererkenne. Wenn zum Beispiel eins der Kinder krank ist, ich aber einen Auftrag zu erledigen habe. Dann ist es zwar einerseits praktisch, dass ich von zu Hause arbeite, andererseits zerreißt es mich, am Schreibtisch zu sitzen, statt wirklich für das Kind da sein zu können. Und dann erlaube ich dem kleinen Patienten so Sachen wie stundenlang Nintendo spielen, damit ich mit der Arbeit fertig werde. Aber das sind natürlich Peanuts dagegen, den Traumjob nicht annehmen zu können, weil das Kind keinen Kitaplatz hat.

Das, was viele als sinnlosen Zeitvertreib abtun, Verabredungen in Kindergruppen oder auf Spielplätzen, wird von beiden Wissenschaftlern als kreativer Umgang mit der Isolation erkannt, die fast alle Mütter mit dem ersten Kind trifft. Die meisten Mehrfachmütter haben gelernt, die Nachteile des Mutterseins zu kompensieren oder aber auch umzudeuten, sodass jedes weitere Kind normalerweise ein Spaziergang gegen das erste ist. Die zeitlichen, räumlichen und finanziellen Ressourcen werden natürlich mit der Kinderzahl knapper, egal wie gelassen die Mutter mittlerweile geworden ist. Immerhin kann sie mit den Umständen besser umgehen.

Was ich persönlich durch die Kinderzahl lerne, ist das Loslassen. Wenn ich zum Beispiel einen freien Tag habe, gelingt es mir immer besser, dann auch den Kopf frei zu haben, statt mehr oder weniger subtil auf die Pläne meines Mannes mit den Kindern einzuwirken (»Meinst du wirklich, du bekommst alle mit dem Fahrrad gemanagt?«, »Wollt ihr nicht lieber selbst kochen, als in die Frittenbude zu gehen?«). Beim Abschied ermahne ich zwar noch manchmal die Zwillinge, auch ja an jeder Straße zu warten, bis Papa mit dem Kleinen hinterherkommt, aber in der Regel ist das dann alles vergessen, sobald ich die Tür hinter mir zumache. Als Mutter möchte ich natürlich den Überblick behalten, aber ich muss nicht alles regeln, verantworten und kontrollieren. Ich kann mir übrigens kaum vorstellen, dass Männer im Büro sitzen und sich Sorgen machen, ob die Mutter das Kind nicht gerade auf die Straße laufen lässt oder die Lehrerin das Schreiben nicht vernünftig erklärt.

Darauf zu vertrauen, dass andere sich ebenfalls gut um das Kind kümmern können, und das Erziehungsmonopol aufzugeben, schenkt schließlich auch ein Stück Freiheit. Schön fand ich zu diesem Thema den Begriff der »Letztverantwortlichen«[7]: Egal wie viel wir abgeben, es bleibt immer noch genug Verantwortung übrig. Das Festhalten an der Monopolstellung führt dagegen manchmal so weit, dass nicht einmal dem Vater Aufgaben überlassen werden. Dieses Verhalten führt letztendlich zu einer immer stärkeren Trennung der Lebenswelten der Partner, die nur zu Entfremdung und Unzufriedenheit führen kann.

Die gewitzte Autorin Ayelet Waldmann weist in ihrem Buch *Böse Mütter* ganz pragmatisch auf eine Studie hin, die belegt, dass das Liebesleben der Männer umso besser ist, je mehr sie sich zu Hause engagieren. Über Hilfe am Berg des Sisyphus freuen sich auch Frauen, die die Hauptlast des Haushalts freiwillig auf sich genommen haben. Leider führt aber auch die Erwerbstätigkeit der Frau noch lange nicht automatisch zu einer Arbeitsteilung am Wischmopp. Ganz im Gegenteil, Frauen empfinden viel zu oft noch ein schlechtes Gewissen, wenn sie nicht alles alleine schaffen.

Wer hat den Müttern eigentlich eingeimpft, dass sie allein für den Haushalt verantwortlich sind, egal wie viel sie anderweitig zu stemmen haben? Das Gesetz, nach dem die Frau nur mit Einwilligung des Ehemanns »berechtigt ist, erwerbstätig zu sein, soweit dies mit ihren Pflichten in Ehe und Familie vereinbar ist«[8], wurde 1977 abgeschafft. Und obwohl uns diese Regelung heute absurd vorkommt, scheinen sich noch viele Frauen wie Gesetzesbrecherinnen zu fühlen, wenn sie nach zwölf Stunden Arbeit im Büro oder zu Hause den Mann die Spülmaschine ausräumen lassen, während sie mal eine halbe Stunde auf dem Sofa liegen: »Der latente Eindruck vieler Mütter, dass ihre Suche nach Entlastung von der familialen Arbeit etwas Unrechtmäßiges an sich habe, dass sie etwas verlangten, das ihnen ›eigentlich‹ nicht zustehe, zeigt, wie tief sich diese Strukturen in die Psyche der Frauen eingegraben haben.«[9]

Kein Wunder, wenn es Müttern sogar schwerfällt, die eigenen Kinder zu bitten, den Müll rauszubringen. Dabei hatte nicht einmal Aschenputtel ein schlechtes Gewissen, sich von den Tauben helfen zu lassen. Dass die meisten Mehrfachmütter besonders kompromissbereit sind, muss wohl nicht extra erwähnt werden. Immerhin müssen sie in die Waagschale ihrer Entscheidungen die Bedürfnisse von noch mehr Familienmitgliedern legen.

Auch wenn ein schlechtes Gewissen zu den gängigsten Begleiterscheinungen des Mutterseins gehört: Fakt ist, dass die allermeisten Mütter unglaublich viel geben – und das jenseits jeder rationalen Verrechnung, wie Geller es so schön formuliert.[10] Er hat recht. Die meisten Mütter nehmen für ihre Kinder schlaflose Nächte, Sorgenfalten, Trotzphasen, Elternabende oder Tausende volle Windeln in Kauf. Und wollen dafür nur eins: dass es den Kindern gut geht. Das alles gilt für die meisten Mütter, aber bei Vielfachmüttern potenzieren sich Verantwortung und Arbeit einfach, auch wenn sich der tatsächliche Aufwand nicht unbedingt proportional zur Kinderzahl entwickelt.

Wir sind eine Familie – und kein politisches Bekenntnis

»Man kann nicht nicht politisch sein.« Klar kann jede Entscheidung als politisches Statement interpretiert werden, aber in erster Linie entstehen Familien aufgrund von Gefühlen. Wir haben jedenfalls nicht deshalb viele Kinder bekommen, weil wir unseren Erstgeborenen bei der Erwirtschaftung der Rente nicht so allein dastehen lassen wollten. Und schon gar nicht, weil wir diese Lebensform als die einzig wahre ansehen! Für uns und für viele andere mag es die richtige Entscheidung sein, genauso richtig ist es aber für andere, kinderlos zu bleiben.

Wenig treibt die soziale Gemeinschaft mehr auseinander, als wenn die verschiedenen Lebensentwürfe ständig gegeneinander ausgespielt werden müssen. Ein guter Staat sollte dafür sorgen, dass alle ihr Potenzial entfalten können, und natürlich wünsche ich mir eine familienfreundliche Politik. Es gab sogar mal den Vorschlag, Eltern für jedes noch nicht wahlberechtigte Kind eine Stimme zu geben. Reizvoller Gedanke – allerdings stellt sich dann die Frage, welcher Elternteil für welches Kind stimmen dürfte. Bei einer ungeraden Kinderzahl müssten die Eltern wohl erst mal selbst zu einem Konsens kommen. Und wenn die Kinder selbst entscheiden dürften, würden sie dieses Mal wahrscheinlich die SPD ankreuzen, weil Herr Gabriel die Abschaffung der Hausaufgaben propagiert.

Welche Partei wirklich die großfamilienfreundlichste ist, kann ich nicht sagen, aber seit das Demografieproblem überall diskutiert wird, stehen Familien jedenfalls stärker im Fokus der politischen Programme. Mit dem angenehmen Nebeneffekt, dass nicht jeder Frau, die mehr als ein Kind bekommt, gleich die Schuld an der Überbevölkerung gegeben wird. Andersherum werden vielleicht Kinderlose stärker unter gesellschaftlichen Druck gesetzt, dem Aussterben des Landes entgegenzuwirken. Wie eine Frau sich auch entscheidet, irgendein Lager meckert immer.

Bei meiner Recherche stieß ich auf ein besonders radikales Beispiel an Intoleranz gegenüber Familien: *Childfree and happy*. Der Titel an sich ist völlig in Ordnung, ich bin ganz der Meinung, dass man auch ohne Kinder glücklich sein kann. Ein Blick auf den Untertitel – *Warum es wichtig und richtig ist, keine Kinder zu kriegen* – und in den Text selbst entlarvte das Werk allerdings eher als einseitige Kampfschrift. Ich denke genau wie die Autorin, dass wir uns nicht von der Politik zum Kinderkriegen drängen lassen sollten. Wahlfreiheit ist ein kostbares Gut, und kein Kind sollte zu irgendeinem Zweck geboren werden. Aber als die Autorin darauf pochte, dass jeder Einzelne zähle, den sie davon überzeugen könne, bloß keine Kinder zu kriegen, damit endlich Wohlstand, Frieden und Biogemüse für alle herrschten, fühlte ich mich angegriffen. »Wir brauchen keine Kinder. Die Kinder, die automatisch, ohne die Propaganda der Politik geboren werden, reichen schon völlig aus bzw. sind schon zu viel.«[11]

Mal ganz davon abgesehen, dass wir keines der Kinder politisch motiviert in die Welt gesetzt haben, möchte ich nicht, dass sie von irgendjemandem gesagt bekommen, ihre bloße Existenz sei überflüssig oder sogar schädlich. Genauso wenig, wie sich Frauen dafür rechtfertigen müssen sollten, dass sie keine Kinder haben, sollten Frauen mit mehreren Kindern derart kritisiert werden. Der Demografieexperte Prof. Hermann Adrian hat ausgerechnet, dass eine Quote von 2,1 Kindern pro Frau optimal wäre, um einen Staat vernünftig am Laufen zu halten.[12] Ohne eine gewisse Zahl kinderreicher Frauen kann man diese Quote nicht erreichen.

Trotzdem kein Grund, den Kinderlosen Egozentrik vorzuwerfen. Denn was wären wir ohne all die Singles und Kinderlosen? Ohne die Menschen, die uns ihre Zeit, ihre Talente, ihre Weisheit viel ungeteilter schenken, als wir es jemals könnten? Könnte Angela Merkel versuchen, die Eurokrise in 20-Stunden-Arbeitstagen abzumildern, wenn sie sich auch noch darum sorgen müsste, ob ihre Kinder in der Schule Freunde finden? Und ist es nicht so, dass Kinderlose häufig die besten Tanten und Onkel sind? Meine Schwestern zum Beispiel sind die großartigsten, fantasie- und hingebungsvollsten Tanten für meine Kinder. Ich dagegen weiß, dass meine Mich-kümmern-Kapazitäten jetzt schon ausgelastet sind. Ich hoffe, dass ich irgendwann mal so eine kreative Oma wie meine Mutter werde, aber jetzt?

Auch wenn gerade Eltern auf einmal einen bisher ungekannten Drang zur Weltverbesserung verspüren, haben Menschen ohne familiäre Verantwortung meistens doch mehr Raum für tatsächliches Engagement. Als ich letztens in der *Brigitte* einen Artikel über den Wert der Singles für unsere Gesellschaft angekündigt sah, freute ich mich. Endlich mal eine Wertschätzung derer, die sich oft genauso dumme Vorurteile gefallen lassen müssen wie große Familien. Das Interview mit dem Wissenschaftler war eine einzige Enttäuschung: Es lief auf die Feststellung hinaus, dass Singles mit ihrer Lebensweise die Wirtschaft ankurbeln. Ja, sie sorgen sogar dafür, dass von vielen Produkten auch massenhaft kleine Größen verkauft werden. Wenn das nicht mal eine Leistung ist!

Ich finde, wir sollten uns alle mal zusammentun und dafür sorgen, dass Menschen nicht nur als Wirtschaftsfaktor angesehen werden. Oder als Wählerstimme. Oder als potenzieller Arbeitnehmer und Rentenzahler. Oder als Angriff auf die eigene Lebensweise. Jeder hat seine Gründe dafür, wie er lebt, und solange er damit niemandem schadet, ist das auch gut so!

UND IHR?

Priska und Manuela

Zwei Mütter, sieben Kinder

Viele Mehrfachmütter sind ziemlich cool und selbstbewusst – kein Wunder, wer sich ständig für seine Lebensweise rechtfertigen muss, bekommt Übung darin, schlagfertig zu sein. Das trifft auch auf Manuela und Priska zu. Beide haben ihr aktuelles Lebensmodell aus guten Gründen gewählt und müssen sich dennoch oft genug blöde Sprüche anhören.

Deshalb freue ich mich, dass ihnen hier jetzt mal ein paar Seiten lang keiner dazwischenquatschen kann und es sich im Gegenteil der eine oder andere demnächst vielleicht dreimal überlegt, bevor er ungefragt die Lebensweise anderer Familien kommentiert. (Andererseits gehe ich davon aus, dass die Leser dieses Buches vor ähnlichen Problemen wie Priska oder Manuela stehen und nicht zu den Lästermäulern gehören.)

Priska (34) hat vier Kinder im Alter von sieben, fünf, drei und zwei Jahren und arbeitet Vollzeit als Floristin. Manuela (43) war zehn Jahre lang Teamleiterin in einer Privatbank, bevor sie sich entschied, Vollzeitmama zu sein. Ihre Töchter sind elf, sieben und drei Jahre alt.

Wie reagiert euer Umfeld darauf, dass ihr viele Kinder habt? Gibt es dumme Sprüche?

Manuela: »Ach, Sie haben drei Kinder? Warum?!!«, »Wollten Sie das?« oder auch: »Das kann ich in der heutigen Zeit nicht verstehen!«
Priska: Das ist unterschiedlich. Viele finden es mutig in der heutigen Zeit, ich finde jedoch, dass es früher viel mutiger war, als die Zeiten an sich noch schwieriger waren. Immerhin war es da normal, viele Kinder zu haben. Die Menschen waren zufriedener als heute. Dumme Sprüche gibt es nicht direkt, dafür sind die meisten Menschen viel zu feige. Sie sprechen hinter dem Rücken über einen und tun nach vorne so, als wäre alles ganz toll. Das macht die Gesellschaft, aber auch oft die eigene Familie. Das finde ich traurig und gemein. Anerkennung erhalte ich aber auch öfter, da ich fast alles mit meinen Kindern mache, wie zum Beispiel Arztbesuche, einkaufen, spazieren gehen … Oft fragt man mich, ob das alles meine seien, was ich jedes Mal voller Stolz mit Ja beantworte. Die einen finden es toll, die anderen nicht, inwieweit die Leute immer ehrlich sind, weiß ich aber auch nicht.

Was gibt euch den Mut, die Kraft und Zuversicht, so viele Kinder großzuziehen?

Priska: Ich wollte schon immer zwei oder vier Kinder haben – ich selbst habe noch zwei Geschwister und bin ein typisches Sandwich-Kind. Mut und Kraft geben mir meine Kinder. Zuversichtlich kann man nicht immer sein, aber ich versuche, mein Bestes zu geben. Ob alles immer richtig ist? Keine Ahnung. Aber wer weiß das schon?
Manuela: Es ist wunderbar, dabei zu sein, wenn sie ihren eigenen Weg machen, mit all ihren unterschiedlichen Stärken, und sie dabei zu unterstützen, zu einer eigenen Persönlichkeit zu werden!

Inwieweit schafft ihr es, euch Zeit für die (einzelnen) Kinder zu nehmen? Welche Aufgaben übernehmt ihr? Welche euer Partner?

Priska: Als Vierfachmama ist man sehr organisiert. Man steht morgens auf und der Tag ist geplant. Bei meiner Familie ist es sehr schön, dass alle vom Alter her nah beieinanderliegen, so gehen die einzelnen Interessen noch nicht so gravierend auseinander. Die zwei Großen oder die beiden Kleinen spielen oft miteinander. Auch Gesellschaftsspiele wie Memory oder Spaziergänge sind für alle interessant. Die Großen fahren dann mit dem Fahrrad und wir anderen laufen zu Fuß. Da meine Jüngsten immer rechtzeitig im Bett sind, so gegen 18 Uhr, hat die Große jeden Tag noch zwei Stunden kleinkindfreie Zone. Dann hat sie Mama und Papa für sich, und manchmal unternehmen wir noch etwas mit ihr. Einen Großteil der Aufgaben übernehme ich, weil nur ich einen Führerschein habe. Ich bringe die Kinder ins Bett, weil sie sich das wünschen, ich mache sie morgens fertig und bringe sie in den Kindergarten. Meine große Tochter wird gerade von meinem Mann zur Schule gebracht, da er mehr zu Hause ist.

Manuela: Sich für jeden einzeln Zeit zu nehmen ist sehr schwierig, weil die Schule immer mehr den Familienfreizeitplan splittet. Ich versuche trotzdem, den Kindern Freiräume zu schaffen. Es gibt zum Beispiel für die Großen Zeltwochenenden nur mit dem Papa, das finden sie toll!

In welchen Bereichen bringt euch die Kinderzahl an eure Grenzen?

Manuela: Urlaub ist ein schwieriges Thema mit drei Kindern. Die Sommerferien sind zum Beispiel immer viel zu teuer, Angebote gibt es nur für vier Leute und meistens auch nur außerhalb der Schulferien. Aber auch der Besuch in einem Restaurant sorgt schon für schwitzende Gesichter der Wirte (und auch wir selbst kommen ins Schwitzen, wenn wir die Blicke mancher anderer Gäste bemerken).

Priska: Wenn alle auf einmal was von mir wollen, jeder an meinem Bein zieht und »Mama« schreit. Wenn ich abends platt im Bett liege und alle permanent »ohne Grund« nach mir rufen. Ansonsten bringt mich nichts so schnell an meine Grenzen.

Wie viel Raum und Zeit habt ihr noch für eigene Hobbys und Entspannung?

Priska: Das bleibt natürlich auf der Strecke, aber ich vermisse es noch nicht. Ich versuche bald mal, abends laufen zu gehen, um den Kopf vom Alltag frei zu bekommen. Um 20 Uhr ist bei uns Feierabend und die Kinder sind im Bett, da beginnt meine Zeit.
Manuela: Hobbys? Was war das noch mal? Ach ja, die Zeit, in der ich auch als Mama Spaß habe. Ja, ich mache seit Kurzem wieder Sport (nach elf Jahren!), es macht Spaß und tut gut.

Wie gestaltet ihr die Rollenverteilung in eurer Familie?

Manuela: Ich bin Vollzeitmama (Wochenarbeitszeit unbegrenzt, Nachtschicht inklusive), und das ist gut so. Am Wochenende werde ich von meinem Mann unterstützt. Da wir sonst keine Unterstützung haben, bin ich sehr stolz, dass wir dieses »Dinomodell« schaffen, und genieße es.
Priska: Bei uns gibt es keine klare Rollenverteilung. Da ich zur Zeit alleine unser Geld verdiene, macht mein Mann viel im Haushalt. Ansonsten wird die Arbeit gerecht verteilt. Jeder muss helfen, damit es funktioniert. Die meiste Arbeit hat halt die Frau, auch weil ich strenger bin. Aber bei uns müssen auch die Kinder helfen, selbst die Kleinen.

Seid ihr mit dieser Verteilung beide zufrieden?

Priska: Es gibt immer Verbesserungsmöglichkeiten. Ich glaube, dass mein Mann lieber arbeiten würde, als zu Hause zu sein. Das wird hoffentlich auch bald wieder der Fall sein, dann verändern sich die Rollen auch wieder. Jeden Tag verändern sich die Rollen und Aufgaben. Ich denke oft, man könnte mir ruhig mal etwas abnehmen, dann wiederum lasse ich das auch nicht zu. Denn wenn ich zum Beispiel geputzt habe, weiß ich, dass es so ist, wie ich es möchte. Ich habe am liebsten immer selbst die Zügel in der Hand. So ist es zwar oft hart, aber ich bin deshalb nicht unzufrieden.

Manuela: Ja, auch wenn das heute keiner mehr versteht und ich mich immer wieder erklären muss. »Fehlt dir nicht was?«, »Reicht das?«, sind nur einige Fragen. Ja! Mir reicht das und ich finde das toll!

Wie familienfreundlich ist beziehungsweise war euer Job?

Manuela: Ich war Teamleiterin in einer Privatbank, das wäre mit Kindern schwer zu vereinbaren gewesen, da mich der Job schon ohne Kinder voll gefordert hat. Das wäre für beide Seiten ungerecht gewesen.

Priska: Ich arbeite als Floristin recht eigenständig, da ich eine Zweigstelle in Vollzeit leite. Mein Chef weiß, dass ich selbst, wenn die Kinder krank sind, selten fehle, weil ich die Kinder dann mitnehme. Mein Chef unterstützt mich, wir arbeiten gut zusammen. Wenn ich Probleme habe, werden sie gelöst. Auf der anderen Seite habe ich bei all meinen Schwangerschaften nie gefehlt und nach der Geburt bald wieder gearbeitet. Manchmal denke ich, dumm, dass du das machst, dieses »immer weiter«, aber so bin ich halt.

Was würdet ihr an der Arbeitssituation ändern, wenn ihr die freie Wahl hättet? Zum Beispiel Teilzeit arbeiten? Zu Hause bleiben? Eventuell sogar eine neue Ausbildung machen?

Priska: Wenn ich die freie Wahl hätte, würde ich meinen Laden, so wie er ist, nehmen und ihn bei mir zu Hause um die Ecke aufstellen, um Fahrzeit einzusparen und so mehr Zeit für die Familie zu gewinnen. Zu Hause bleiben würde ich auf keinen Fall, denn ich liebe meinen Beruf *und* meine Familie. Der Beruf ist auch ein Ausgleich. Ich bin fürchterlich gerne Mama und liebe meine Kinder von ganzem Herzen, doch auch ich habe ein Leben. So verliere ich auch nicht den Anschluss, wenn die Kinder mal groß sind. Oft überlege ich mir, in die Selbstständigkeit zu gehen, doch mit vier kleinen Kindern ist mir das zu ungewiss. Aber ich bin ja noch jung, und so stehen mir auch später noch einige Türen offen, um mich zu verändern, egal in welche Richtung. Stehen bleiben werde ich nicht.

Manuela: Wenn ich nicht mehr auf die Kinderbetreuung der Ganztagsschule (Grundschule) zurückgreifen muss, werde ich vielleicht darüber nachdenken, wieder zu arbeiten, da ich die Betreuung dort für unzureichend halte (nach einem Jahre Probe mit dem ersten Kind). Politiker der BRD, tut endlich was!

Was könnte hinsichtlich des Haushalts und der Organisation im Alltag verbessert werden? Gibt es etwas, was ihr besonders gut hinkriegt (zum Nachahmen)?

Manuela: Mut zur Lücke! Es muss nicht immer alles perfekt sein. Ein zerknittertes Hemd bringt einen vielleicht beim ersten Kind noch zum Verzweifeln, beim dritten lacht man darüber. Da ist man froh, wenn man es an der Schnodderschnute des Kindes vorbei heil aus dem Schrank bekommt.
Priska: Auch wenn ich keine Vollzeitmama bin, ich bin sehr organisiert. Bei mir gibt es zum Beispiel nicht viele Ausnahmen, auch was die Bettgehzeit angeht, auch nicht am Wochenende. Der Fernseher läuft für die Kinder unter der Woche höchstens eine Stunde. Einkaufen gehe ich nur samstags und dann für die ganze Woche. Auch wasche ich nur alle 14 Tage, dann zwar sehr viel, aber so habe ich in der Woche nicht permanent mit der Wäsche zu tun. Bügeln tue ich dann meistens die Woche darauf frühmorgens,

damit ich den Rest des Tages für die Kinder habe. So bin ich kein Sklave meiner Wäsche und Einkäufe. Es wird zum Beispiel mit dem gekocht, was da ist, und nicht jeden Tag ein Sechs-Gänge-Menü serviert. Manchmal wünsche ich mir eine Haushaltshilfe, aber die wäre einerseits zu teuer und andererseits müsste ich ja dann die Zügel aus der Hand geben.

Was nervt euch an den aktuellen Rabenmütter-, Nurhausfrauen- und so weiter -Diskussionen?

Manuela: Nerven ist überhaupt kein Ausdruck! Warum müssen wir Mütter auf so eine Art und Weise in Konkurrenz treten? Uns fehlt der Stolz darauf, Mutter zu sein und das auch zu genießen. Ich bin mir sicher, meine Kinder sind stolz auf mich!
Priska: Was mich total nervt, ist die Intoleranz der Gesellschaft. Wenn man mit vielen Kindern arbeiten geht, ist man eine Raben-mutter, weil man ja nicht zu Hause ist und seine Kinder (in die Ganztagsschule oder den Kindergarten) »abschiebt«. Ist man zu Hause und Hausfrau, ist man asozial, weil man ja nur Kinder be-kommt, um vom Sozialamt oder Kindergeld zu leben. Das regt mich echt auf. Früher war es normal, viele Kinder zu haben und zu arbeiten. Heute ist nichts mehr normal; wie du es machst, ist es auf jeden Fall falsch und asozial.

Wofür seid ihr eurem Partner besonders dankbar, vor allem in Hin-blick auf die gemeinsame Familie?

Priska: Er hat mir diese großartigen Kinder geschenkt. Er hilft mir da, wo er kann und ich es zulasse. Er ist für seine Kinder da und beschäftigt sich mit ihnen, wenn sie wollen.
Manuela: Dafür, dass er meinen Job als Vollzeitmama voll und ganz unterstützt und wir gemeinsam einen guten Weg gefunden haben.

Wie schafft ihr es, euch auch noch Zeit und Raum für die Beziehung zu nehmen?

Priska: Das wurde mit jedem Kind schwieriger. Mein Mann vermisst den Raum und die Zeit für die Beziehung mehr als ich. Ich lebe jetzt zu 80 Prozent für meine Kinder. Die Zeit, die ich frei habe, gehört den Kindern. Das ist zwar sehr egoistisch gegenüber meinem Mann, aber so denke ich nun mal, und er weiß das auch. Ein Wochenende zu zweit wäre zum Beispiel im Augenblick nicht denkbar. Meine Kinder sind so schnell groß und aus dem Haus, meine Ehe hält hoffentlich länger, und dann haben wir immer noch Zeit für uns.

Manuela: Mit drei Kindern? Ehrlich? Schwierig, aber je größer sie werden, desto besser klappt es. Ein freier Abend ist für uns wie ein Lottogewinn.

Was würdet ihr an der Situation gerne verbessern?

Priska: Zur Zeit würde ich an der Situation selbst nichts verändern, da meine Kinder noch klein sind und ich die Zeit, die ich habe, gerne mit ihnen verbringe. Allerdings würde ich Eintrittsgelder reduzieren, zum Beispiel für den Zoo, damit auch Großfamilien realistische Preise zahlen. So könnte man öfter spontan etwas unternehmen, ohne ständig auf das Geld achten zu müssen.

Manuela: Ein bisschen mehr Ruhe in der hektischen Zeit!

Was wünscht ihr euch von eurem Mann? (An Entlastung, Engagement, Verständnis …)

Priska: Er würde mich gern mehr entlasten, aber ich gehöre zu den Frauen, die das schlecht oder gar nicht zulassen. Verständnis hat er für mich, weil er weiß, dass es so am besten klappt.

Manuela: Alles ist gut so, wie es ist. Ich wünschte nur, er hätte mehr

Zeit, aber das ist nicht immer möglich. Dadurch, dass er zwei Tage die Woche von zu Hause arbeitet, klappt es ganz gut.

Welche politischen Maßnahmen wünscht ihr euch für mehr Groß-familienfreundlichkeit?

Manuela: Oh, wo soll ich anfangen? Kindergärten müssten bei-tragsfrei sein. Die Schulen müssten Fahrtkosten übernehmen. Und Hobbys und Sportangebote für Kinder sind viel zu teuer!

Priska: Praktisch würde ich mir wünschen, dass da geholfen wird, wo es nötig ist. Mütter mit vielen Kindern, die arbeiten, haben oft große Nachteile. Wir müssen vorlegen, wie viel wir arbeiten, um finanzielle Hilfe zu erhalten. Die Familien, die mit vielen Kindern (beide) zu Hause sind, bekommen schneller was. Meines Erachtens werden die Gelder falsch verteilt. Wir arbeitenden Frauen müssten schneller, leichter und vor allem selbstverständlicher unterstützt werden, da wir ja auch viel leisten. Die Prominenz wird immer in Szene gesetzt, wie toll sie doch Beruf und Kinder unter einen Hut bekommen, doch wie viele Nannys helfen da mit? Oft wünschte ich mir, einmal mit ihnen zu tauschen, nur für zwei Wochen. Sie nehmen meine vier Kinder und mein Gehalt (ohne staatliche Unterstützung!). Die Politiker sitzen doch auch ganz woanders und nicht bei uns »Normalos«. Sie wissen gar nicht mehr, wie es ist, mit 1000 Euro zu haushalten. Sie müssten einmal tauschen und leben wie wir, dann wüssten sie, wo der Schuh drückt.

Welche politischen Maßnahmen oder Institutionen helfen euch schon jetzt?

Priska: Ich habe Wohngeld und Essensgeld für meine Kinder be-antragt, weil mein Mann gerade aus Krankheitsgründen ein Jahr zu Hause bleiben musste. Wenn er nicht die ganzen Anträge erledigt hätte, hätten wir nichts bekommen. Es ist ein Riesenaufwand und die Folgeanträge werden auch nicht einfacher. Hätte ich das alleine erledigen müssen, hätte ich die Formulare irgendwann in die Ecke geschmissen, weil mir einfach die Zeit gefehlt hätte, überall nachzuhaken.

Was wünscht ihr euch von der Gesellschaft allgemein für große Familien?

Priska: Mehr Toleranz. Ich akzeptiere doch auch die Mütter, die mit einem oder zwei Kindern zu Hause bleiben, obwohl sie arbeiten könnten. Aber wenn ich mit vier Kindern arbeiten gehe, bin ich die böse Rabenmutter (»Warum bekommt die so viele Kinder, wenn sie doch wieder arbeiten möchte?«).
Manuela: Anerkennung und Freude über jedes Kind! (Man muss uns ja keine Krone basteln!)

Habt ihr irgendwelche praktischen Tipps und Tricks, die den Alltag mit vielen Kindern erleichtern?

Manuela: Humor! Nichts tun, um bei anderen Eindruck zu machen, und bloß nicht den Anspruch haben, alles perfekt zu erledigen. Sorglosigkeit zulassen!
Priska: Seid organisiert, benutzt den Fernseher nicht als Babysitter, auch Kinder müssen Langeweile aushalten. Werdet nicht Sklave eures Alltags. Sucht euch einen Tag in der Woche, wo ihr zum Beispiel wascht. Putzen kann man auch gemeinsam mit Mann und Kindern. Und wenn es mal nicht geht, setzt euch nicht unter Druck. Im Leben gibt es Wichtigeres, als immer perfekt zu sein. Kinder sind etwas Wunderbares. Und keiner macht alles perfekt, aber so, wie jeder es selber schafft, ist es gut.

Wofür seid ihr euren Kindern dankbar? Was ist schön daran, eine große Familie zu haben?

Manuela: Dafür, das Leben so sehen zu können, wie es nur Kinder können! Toll, toll, toll! Ich war Einzelkind, Mann, war das langweilig!

Priska: Ich bin meinen Kindern für alles dankbar. Und dem lieben Gott, dass sie gesund sind. Dafür, dass sie mich lieben, egal, wie ich auch bin, ob streng, lustig oder auch manchmal traurig. Sie sind großartig und stark zugleich. Sie sind meine vier Räder. Fehlt eins, stimmt das Gleichgewicht nicht mehr. Vom Herzen würde ich noch mehr Kinder bekommen, doch dann würde ich ihnen nicht mehr gerecht. Einen Kuchen kann man einfach in vier Stücke teilen, bei fünfen wird es schon schwieriger. Wenn man eine große Familie hat, ist man nie alleine. Auch die Kinder nicht, wenn schlechtes Wetter oder einer krank ist. Oder zu Geburtstagen oder an Weihnachten: Man muss nicht erst Omas, Opas, Tanten und Onkel einladen, um ein volles Haus zu haben. Lachen und strahlende Kinderaugen machen alles Leid auf dieser Welt wett. Ich liebe meine Kinder von ganzem Herzen!

Und sonst so? Gibt es irgendetwas, was ihr noch loswerden möchtet?

Priska: Die Gesellschaft müsste toleranter werden. Ob in der Kirche, in Einkaufsläden oder wo auch immer. Ich habe viele böse Blicke und Kommentare erhalten, aber ich werde mit jedem Satz stärker. Ob ich eine gute Mutter bin, weiß ich nicht, aber ich tue mein Bestes. Meinen Kindern werde ich später nicht erklären müssen, dass das Geld nicht vom Himmel fällt. Kinder zu haben ist großartig. Ich habe mich entschlossen, auf vieles zu verzichten (große Reisen, Karriere …), aber ich habe das größte Geschenk, das große Los, weil ich vier tolle Kinder habe. Jedem, der Ja zu Kindern sagt und dann noch arbeitet und glücklich ist: Hut ab. Ich weiß, wie schwer und steinig dieser Weg ist, aber er lohnt sich auf jeden Fall.

Manuela: Ich finde es gut, über das Thema nachzudenken. Es hat mir Spaß gemacht, deine Fragen zu beantworten. Du willst nicht wissen, wie viele Fragen meine Kinder in diesen zehn Minuten an mich gestellt haben! Aber ich habe es geschafft. Mütter schaffen viel, aber das weißt du ja!

KAPITEL 4

Habt ihr denn überhaupt noch Zeit für euch?

Wie geht es Ihnen?

Meine Mutter bekam unmittelbar nach der Geburt meiner jüngsten Schwester Besuch von einer adrett gestylten Verwandten – natürlich unangekündigt. Als wäre das nicht genug, bedachte diese meine Mutter, als sie sie so fertig, wie man in dieser Situation nun mal ist, im Krankenhausbett liegen sah, mit einem vielsagenden Blick und der Lebensweisheit: »Die Erschöpfung ist der größte Feind der Frau.«

Zwischen meinem Mann und mir ist dieser Spruch zum geflügelten Wort geworden, das jede Menge Interpretationsspielraum offen lässt. So unpassend es ist, eine Frau im Wochenbett darauf hinzuweisen, dass sie nicht nur Augen für ihr Kind, sondern auch noch für sich selbst haben sollte, etwas Wahrheit steckt doch in der Redensart. Wer jetzt einwirft, als Mutter stehe man doch über oberflächlichen Äußerlichkeiten wie frisch gewaschenen Haaren oder zwei gleichen Socken, dem gebe ich zwar einerseits recht, andererseits ist der fehlende Einsatz für den eigenen Körper oft nur die Spitze des Eisbergs.

Einen Tag vor der Taufe meines Jüngsten putzte ich gerade die Küche für die Familienfeier. Meine kleine Schwester, die es beneidenswerterweise fast mit Gwyneth Paltrow aufnehmen könnte, wenn es um die bestgekleidete Frau geht, schaute mir zu. Mit einem Kaffee in der Hand. (Ich erwähne nur der Dramaturgie halber nur in Klammern, dass sie vorher ganz toll auf die Kinder aufgepasst hat.)

»Du, Dani, ich habe zwei Kleider mitgebracht und überlege gerade, welches ich morgen anziehen soll …«

Leider lag es nicht nur an den postnatalen Hormonen, dass ich reagierte wie eine Oberzicke. Mit dem Putzfeudel in der Hand antwortete ich mit bebender Stimme: »Deine Sorgen möchte ich haben! Zwischen zwei Kleidern wählen zu müssen! Ich wäre froh, wenn ich überhaupt irgendetwas Schönes anzuziehen hätte!«

Während ich beim ersten Kind ein paar Wochen nach der Geburt genauso schlank und straff wie vorher gewesen war (was daran liegen könnte, dass ich es im zarten Alter von 22 bekommen hatte), schleppte ich jetzt einen Schwabbelbauch mit mir rum. Außer den Schwangerschaftsklamotten passte nichts mehr, und ganz davon abgesehen fühlte sich nicht nur mein Bauch hängen gelassen. Dafür konnte meine Schwester natürlich nichts, und glücklicherweise war sie auch nicht länger sauer als früher, wenn ich mal ungefragt ihren Lieblingsteddy ausgeliehen habe. Ich entschuldigte mich, und dank ihrer Unterstützung fand ich dann auch selbst noch ein passendes Outfit.

Spätestens wenn sich Zynismus oder depressive Verstimmung breitmacht, ist es an der Zeit, die Batterien wieder aufzuladen und zu schauen, was einem selbst Freude und Kraft gibt. Geht es der Mama gut, geht es den Kindern auch gut. Glück ist ansteckend – auch innerhalb der Familie. Oft reicht schon die Frage, was man anders gemacht hat, als es einem besonders gut ging. Ist man joggen gegangen? Hat man Tagebuch geschrieben? Meditiert? Mittagsschlaf gehalten? Manchmal sind es schon kleine Gewohnheiten, die uns wieder aufblühen lassen. Es ist etwas anderes, das Leid oder den Stress, der sich nicht vermeiden lässt, tapfer zu meistern. Und davon gibt es selbst in glücklichen Familien mehr als genug. Aber so tun, als zähle das eigene Glück nicht mehr?

Vielleicht wäre es für Mütter einfacher, wenn sie sich sagten, dass es ihre Pflicht ist, sich um das eigene Wohl zu kümmern. Seit einigen Jahren beobachte ich fasziniert die Weiterentwicklung der sogenannten Positiven Psychologie. In der Positiven Psychologie geht es darum, herauszufinden, was die persönlichen Kraftquellen sind und wie man diese stärkt. Auf jeden Fall braucht man eine Menge schöner Gefühle, damit das Glück tatsächlich in die Seele schwappt. Die Rechnung »Du warst doch gestern mit einer Freundin im Kino, also guck doch nicht so gestresst, nur weil du wieder im Alltag angekommen bist« geht eben nicht auf. Barbara

Fredrickson, eine Expertin der Positiven Psychologie, beschreibt in ihrem wundervollen, praxistauglichen Buch *Die Macht der guten Gefühle* den Tipping Point des Glücks. So wie Wasser bei 100 Grad kocht, gibt es auch für das Wohlbefinden einen »Siedepunkt«. Ein Verhältnis von drei zu eins sei ausreichend, so Fredrickson, um gute Gefühle zu etablieren. Das heißt, man muss dauerhaft dreimal soviel gute Gefühle (etwa Dankbarkeit oder Inspiration) wie negative Gefühle (Angst, Sinnlosigkeit) erleben, um ein glücklicher, ausgeglichener Mensch zu sein.

Dazu gehört natürlich auch die Schulung der eigenen Wahrnehmung, um überhaupt zu erkennen, was gut läuft. Schon sich selbst dreimal so viel Anerkennung zukommen zu lassen wie Kritik öffnet die Augen und das Herz. Wie oft schäme ich mich für mein Chaos, statt mich dafür zu loben, dass ich so gut wie nie den spontanen Wunsch meiner Kinder ablehne, dass ihre Freunde bei uns übernachten dürfen. Oder dafür, dass ich mich jahrelang (meistens) geduldig neben die Kinder gelegt habe, bis sie das Einschlafen endlich gelernt haben. Es kann eben nicht jedes Kind (alleine) schlafen lernen. Und wie steigert sich erst die Stimmung in der Familie, wenn dreimal mehr gelobt als gemeckert wird? Und wie viel weniger meckern Sie, wenn es Ihnen gut geht?

Und damit es Ihnen gut geht, braucht es natürlich nicht nur eine positive Haltung, sondern zusätzlich jede Menge schöner Erlebnisse! Finden Sie (wieder) heraus, was Ihnen wirklich guttut, und tun Sie das dann auch ganz ohne schlechtes Gewissen.

Liebespaar oder Organisationsteam?

Erfreulicherweise scheinen gerade Eltern von vielen Kindern recht glücklich mit ihrer Partnerschaft zu sein. Klar, um überhaupt so weit zu kommen, muss man einander ziemlich gut finden – und eine Menge Eigenschaften mitbringen, die die Lebensdauer einer Beziehung normalerweise verlängern: Verantwortungsgefühl, Kompromissbereitschaft und Verbindlichkeit. Andererseits brauchen gerade Mehrfacheltern auch wirklich eine Menge davon, um nicht mal eben die Koffer zu packen, weil es woanders einfacher und spannender zugleich erscheint.

Oft wird das gemeinsame Liebesleben, und damit meine ich eben nicht nur das physische, über Jahre hinweg schon bei Eltern von nur einem Kind vernachlässigt, weil angeblich keine Zeit und Energie mehr dafür da ist. Interessant aber, dass sich beides schnell wieder einfindet, wenn einer von beiden sich neu verliebt. Und viele Kinder sind kein Garant für ewiges Zusammenbleiben.

Eine Bekannte von mir, die ich immer nur am Geburtstag einer Freundin sah, erzählte mir bei fast jedem dieser Geburtstage, dass Freunde von ihr schon wieder ein Kind bekommen hätten. Eine scheinbar glückliche Vorzeigefamilie, in der beide auch noch arbeiteten. Ich glaube, nach dem achten Kind haben sie sich getrennt.

Ich möchte hier nicht schwarzmalen, sondern einfach betonen, wie wichtig es ist, den Partner nicht als selbstverständlich hinzunehmen. Was oder wer nicht gepflegt wird, verkümmert. Und wer hat schon Lust, auf der Prioritätenliste des Partners hinter der Karriere, den Hobbys, oder einfach nur dem Alltagsstress zu stehen? Kein Wunder, dass sich manch Vernachlässigte/r in eine Affäre flüchtet. Den Wunsch danach kann man sogar nachvollziehen, wenn man von dem Menschen, der einen liebte wie nichts auf der Welt, nur noch gefragt wird, ob man vom Aldi Mülltüten mitbringen könne.

Spätestens mit Familie ist die Selbstgenügsamkeit frisch Verliebter dahin. Luft und Liebe reichen eben nicht, um den Laden am Laufen zu halten. Jesper Juul bemerkte einmal klug, dass nicht ein Kind, sondern die nostalgische Vorstellung von einer Beziehung die Partnerschaft zerstöre.[13] Die besonders fordernde erste Kleinkindphase haben Mehrfacheltern ja meistens mindestens schon einmal überstanden, trotzdem bleibt es auch in den Jahren danach noch eine wichtige Aufgabe, sich um die Beziehung zu kümmern. Wichtiger jedenfalls als geputzte Fenster oder ein neues Auto.

Wer keine Zeit für seinen Partner hat, muss sie sich verschaffen. Ein Babysitter ist allemal billiger als eine Scheidung. Manche Eltern, wir leider nicht, schaffen es auch, um acht alle Kinder im Bett zu haben. Die Zeit danach sollte man nicht im Internet vertrödeln, um dort zum hundertsten Mal dieselben Sachen zu googeln, sondern sich lieber mal wieder mit seinem Partner beschäftigen. Ich wünsche mir von unseren Eltern jetzt eher Gutscheine für einen freien Abend mit meinem Mann als irgendein Geschenk, das dann doch wieder rumsteht. Und ich bekomme immer wieder SMS von meinem Mann, die mich mindestens noch eine halbe Stunde grinsend herumlaufen lassen und den täglichen Wahnsinn damit vergnüglicher machen. Und wenn Ihre Kinder schon alle in der Schule oder im Kindergarten sind, warum nehmen Sie sich dann nicht einfach mal außerhalb der Ferien Urlaub, um zu zweit abhängen zu können und nachmittags was Schönes mit der ganzen Familie zu unternehmen?

Es gibt eine Theorie, die besagt, dass Verliebtsein nur ein Vorgeschmack auf das ist, was Liebe einmal sein könnte. Und ist es nicht ein besonders schöner Ausdruck der Liebe, *gemeinsam* eine Familie zu managen? Gerade wenn man viele Kinder hat, läuft man schnell Gefahr, sich nur noch der unseligen Arbeitsteilung zu verschreiben, bis man irgendwann komplett aneinander vorbeilebt. Meistens ist es einfach praktischer, wenn der eine kocht und der andere auf die Kinder aufpasst. Aber warum nicht gemeinsam kochen, während die (jüngeren) Kinder in der Küche mit Sachen aus einer Wunderkiste spielen, die nur zu solchen Anlässen vom Schrank geholt wird?

Die sogenannte Effektivität ist meiner Meinung nach oft Hexenwerk. Ich kenne ein – allerdings kinderloses – Paar, das sogar die heimische Sauna immer abwechselnd betreten hat, damit der Ofen nicht heizte, während keiner drinsaß. Das wird nicht der einzige Grund dafür gewesen sein, dass sie schon lange getrennt sind, aber ein sehr metaphorischer.

Wahrscheinlich blüht jede Beziehung auf, wenn gerade die Mütter ihren Männern nur halb so viel Wohlwollen, Aufmerksamkeit und Liebe wie ihren Kindern schenken. Den Teenagern werden die Turnbeutel in die Schule hinterhergetragen, aber wehe, der Mann vergisst, die Mülltonne vor die Tür zu stellen. Andersherum gehen die Herzen der Frauen auf, wenn der Vater sich, ohne extra dazu aufgefordert zu werden, mehr im Familienalltag engagiert. Ich verliebe mich sofort neu in meinen Mann, wenn er mit den Kindern Gitarre spielt oder sich alle Kinder für einen Fahrradausflug schnappt. Der Dreh- und Angelpunkt jeder Liebe ist es wohl, dass man sich nicht nur in der Funktion sieht.

Heute bekommt niemand mehr Kinder, um im Alter versorgt zu sein. Der Partner hingegen wird oft nur noch nach seiner Praxistauglichkeit bewertet. Als ich bei einem Kindergartenfest mal für das Kuchenbüffet zuständig war, wollte eine Mutter ein Stück von einem Kuchen, der ziemlich »ungerecht« geschnitten war. Deshalb fragte ich sie, welches Stück es sein solle. Sie antwortete geringschätzig: »Ist egal. Ist nur für meinen Mann.«

Eigentlich hätte sie ihm das schönste Stück aussuchen müssen. Nicht nur, weil ihr Mann einer von diesen netten Vätern ist, die einem morgens ganz entspannt mit ihren Kindern auf dem Weg zum Kindergarten begegnen.

Freiraum

Mit vielen Kindern ist es schon schwer genug, mal mit jedem Kind oder dem Partner alleine Zeit zu verbringen. Aber Zeit für sich selbst freizuschaufeln? Ist das nicht total egoistisch und vor allem:

unmöglich? Eigentlich hat doch jeder von uns das Gefühl, dass das Familienleben sowieso schon zu kurz kommt. Und dann sich beziehungsweise dem Partner Zeit nur für sich selbst zugestehen? Ich bin fest davon überzeugt, dass es gerade bei hoher Familienbeanspruchung wichtig ist, sich gegenseitig viel Freiraum zu lassen.

Kein Wunder, dass so viele junge Menschen sich scheuen, Kinder zu bekommen, wenn das Familienleben wie ein Knast wirkt. Weder die Kinder noch der Partner haben etwas davon, wenn man seine Leidenschaften und Interessen aufgibt. »Entweder die Band oder ich!« Alles schon gehört. Nicht nur von Leuten mit vielen Kindern. Sicher hat alles seine Zeit, aber ein- oder zweimal die Woche ein paar Stündchen für sich sollten drin sein.

Natürlich gibt es auch Leute, die es maßlos übertreiben. Wenn man seinen Partner jeden Abend alleine zu Hause sitzen lässt, weil einem die Feierabendkarriere als Fußballer wichtiger als das gemeinsame Abendessen ist, beschwert sich dieser zu Recht. Aber nur weil einer Vollzeit arbeitet, muss er nicht Vollzeit auf Freizeit verzichten.

Mein Mann und ich sind in den letzten Jahren jeder auch mal eine Woche alleine in Urlaub gefahren. Das ist ja etwas, was von manchen Leuten ebenfalls argwöhnisch beäugt wird. Aber mal ganz ehrlich, wenn man sich betrügen wollen würde, könnte man das auch in der Mittagspause tun. Vertrauen erspart eine Menge Stress, und alles, was Stress minimiert, ist absolut empfehlenswert für große Familien.

Eine Woche Dolomiten mit zwei wunderbaren Freundinnen hat mich nicht nur wandertechnisch an meine Grenzen gebracht, sondern mir auch geholfen, gewissermaßen noch mal die Nabelschnur zu kappen. Meine Familie schafft es auch ohne mich. Als ich nach der Woche nachts nach Hause kam, schlich ich mich noch schnell in die Kinderzimmer. Einer der Zwillinge war noch wach: »Mama, wir haben eine Überraschung für dich. Im Garten. Eine lebendige. Die darfst du aber erst morgen sehen.«

Es war dunkel, ich müde, und mein Mann hielt mich mit einem Grinsen und ein paar Andeutungen über Baumaßnahmen hin.

Morgen würde ich mehr wissen. Nachdem ich eine Weile gegrübelt hatte, befürchtete ich, dass mein Mann einen Fischteich im Garten angelegt hatte. Einerseits fand ich den Gedanken schön, andererseits war ich verärgert. Er hätte mich fragen müssen. Allein wegen der Gefahr! Nie wieder würden die Kleinen allein im Garten spielen können! Aber man konnte doch Schutzgitter anfertigen lassen. Aber bis die fertig wären, könnte längst ein Kind ertrunken sein!

Am nächsten Morgen wurde ich von den Kindern in den Garten gezogen. Und was stand da? Ein großes Hühnergehege mit vier Hühnern darin (für jedes Kind eins, damals waren es erst vier). Ich war erleichtert, aber auch ein bisschen sauer, weil mein Mann und meine Kinder meine Abwesenheit ausgenutzt hatten: Ich hatte ihnen den Wunsch nach Hühnern bisher nämlich immer abgeschlagen, weil ich fand, dass zu einem Haufen hungriger Mäuler nicht unbedingt noch ein paar Schnäbel dazukommen müssten. (Vielleicht sollte ich das mit dem bedingungslosen Vertrauen doch mal hinterfragen.) Aber mein Mann kümmerte sich um die Damen, und ich muss sagen, die gackernde Gesellschaft machte eine Kaffeerunde im Garten noch gemütlicher. Fast so wie bei *Pettersson und Findus*. Wenn sie nicht gerade auf den Tisch sprangen und den Kuchen klauten. Und seit die Hühner nicht mehr leben (so alt werden Legehennen ja leider nicht, und die letzten beiden hat der Marder gekillt), vermisse ich sie richtig. Manchmal bedeutet gegenseitiger Freiraum eben auch, dem Partner Entscheidungen zuzugestehen, die man selbst anders getroffen hätte.

Nähe

Je mehr Personen in einem Haushalt leben, desto schneller hat man das Gefühl, sich gegenseitig auf die Füße zu treten und ständig belagert zu sein. Von den Eltern. Von den kleinen Geschwistern. Von den großen Geschwistern. Vom Mann. Von der Frau. Ständig will einer irgendetwas. Aber ist man sich trotz körperlicher Anwesenheit nahe? Ich fürchte nicht. Ganz im Gegenteil, wenn jede gemeinsame Mahlzeit eine Massenveranstaltung ist, besteht schnell die Gefahr, dass man einfach durch den anderen hindurchguckt. Abschaltet, wenn alle durcheinanderreden.

Klar, oft war ich den ganzen Tag für die Kinder da, aber hatte ich wirklich Zeit für jeden Einzelnen? Eine gute Gelegenheit, wenigstens ein paar Minuten mit jedem alleine zu sprechen, bieten Abendrituale. Selten fühlte ich mich den zwei Großen näher als beim abendlichen Vorlesen, das wir auch dann noch pflegten, als die beiden schon in einem Alter waren, in dem andere Vorlesen für Quatsch halten. Aber schon zu dritt auf dem Bett zu sitzen war wunderschön. Und durch die Bücher ergaben sich oft richtig gute Gespräche, auch über Persönliches. Als Alex und Emilia 13 und elf waren, ist dieses Ritual irgendwie eingeschlafen, wohl auch wegen des unterschiedlichen Lesegeschmacks der beiden. Und leider noch nicht durch ein ähnliches ersetzt worden. Umso mehr schätze ich diese Vorlesezeit jetzt bei den Kleinen.

Der Einzige, der sich nicht über mangelnde Nähe beschweren kann, ist Benni, der Jüngste. Er fordert einfach alles ein. Sehr zum Leidwesen seiner großen Geschwister manchmal.

Und da ist natürlich noch jemand. Jemand, der unsere Nähe (hoffentlich) auch dann noch braucht, wenn es unseren Kindern reicht, einmal in der Woche von uns angerufen zu werden und sonntags mal zum Kaffee vorbeizukommen: unser Partner. Im schlimmsten Fall verkommt er zum Wohnaccessoire mit Zusatzfunktionen – wie Kinder hüten oder Geld verdienen.

Man stört sich nicht, selbst wenn man nebeneinander im Bett liegt. Irgendwann nimmt man einander vielleicht noch nicht einmal mehr wahr. Ich finde diese sogenannten Ehebetten sowieso schrecklich. In unserer ersten Wohnung hatten wir nur 40 Quadratmeter, aber zwei Schlafzimmer. Wie in einer WG. Nie waren wir uns näher als damals, weil die Gegenwart des anderen immer bewusst gesucht werden musste. Da saß nicht zufällig einer mit auf dem Sofa, weil es außer Fernsehengucken nichts Spannendes zu tun gab. (Auf einen Fernseher hatten wir im Übrigen ohnehin bewusst verzichtet.)

Ach damals, da gab es nicht mal Internet! Ich liebe das Internet. Zum Arbeiten und Recherchieren. Oder zum Einkaufen. Okay, manchmal google ich auch unnützen Kram, aber hinterher denke ich oft, ich hätte die Zeit sinnvoller verbringen können. Zum Beispiel damit, meinem Mann mal wieder einen Liebesbrief zu schreiben.

Als ich letztens in der Stadtbibliothek ein Buch mit dem Titel *Liebe in Zeiten der Ablenkung*[14] sah, griff ich zu. Geniales Buch, das das Dilemma der meisten Paare auf den Punkt bringt: Wir können uns kaum aufeinander konzentrieren. Auch schon ohne Kinder. Keiner ist schuld, aber jeder kann es besser machen. Die 30 Übungen in dem Buch des Ehepaars mit drei Kindern sollen die alte Nähe wieder zurückbringen. Ich kann es nur empfehlen.

Genauso wie *Was glückliche Paare richtig machen* von Christian Thiel. Dieses Buch öffnet ganz klar den Blick dafür, was das Schöne am Partner und der Beziehung ist und wie man Probleme auch ohne Streit oder endlose Diskussionen bewältigt. Ich habe mich zum Beispiel gefreut, dass hier endlich mal ein Ratgeber bestätigt, dass Paare sich eben nicht streiten müssen. Obwohl wir fast täglich gemeinsam Kompromisse erarbeiten müssen, haben wir uns in 20 Jahren kaum gestritten. Und falls doch, war das der Nähe eher abträglich.

Egal ob Partner oder Kinder, man sollte alles tun, um die Menschen, die einem so nahe sind, auch wirklich an sich heranzulassen. Und sie in ihrer Einzigartigkeit wahrzunehmen. Denn auch, wenn es zu Hause viele sind, ist doch jeder etwas ganz Besonderes.

Wen hast du am liebsten?

»Mami, wen hast du eigentlich am liebsten?« Diese Frage kann einem schon die Schweißperlen auf die Stirn treiben. Ich bestehe aber felsenfest darauf, dass ich jedes meiner Kinder gleich liebe. Das würde wohl auch jede andere Mutter von sich denken. Sagen meine Kinder jedenfalls. Und deshalb nehmen sie mir meine Beteuerungen auch nicht immer ab. Kein Wunder, denn von konsequenter Gleichbehandlung kann leider keine Rede sein, am meisten wird gerade unser Jüngster bemuttert.

Irgendwo habe ich einmal gelesen, dass die Gefühle der größeren Kinder für ein neues Geschwisterkind so ähnlich seien wie die eines Erwachsenen, der seinen Partner beim Fremdgehen erwischt. Wenn meine Kinder nach mir kämen, hätte ihr kleiner Bruder also gar nicht überlebt. Aber ganz im Gegenteil, sie fanden ihn die meiste Zeit wunderbar, mich dagegen … Angeblich lassen Kinder die Eifersucht auf die Geschwister nicht immer an diesen selbst, sondern häufig an den Eltern aus.

Als wir neulich den Film *Triff die Robinsons* auf DVD sahen, hielt mir Luis die Augen zu, als in einer Szene die Mutter des Helden diesen als Säugling vor ein Waisenhaus legte.

»Das ist jetzt nichts für dich«, sagte er entschieden.

»Hast du etwa Angst, ich könnte das mit euch auch machen?«, fragte ich erstaunt. Er nickte.

Ich versuchte, ihn zu beruhigen. Sein Zwillingsbruder, eine Minute älter, ebenfalls: »Das könnte sie jetzt gar nicht mehr. Jetzt würden wir das ja merken.«

In diesem Moment fühlte ich mich nicht nur wie eine Rabenmutter, sondern wie die Hexenmutter schlechthin. (Das ist übrigens auch noch so eine Theorie, dass die Hexen und Stiefmütter im Märchen die bösen oder ungerechten Seiten der Eltern verkörpern, damit die Kinder sie mal so richtig hassen dürfen. Wenn es hilft: gerne.) Am Abend kuschelten wir im Bett und Luis fragte mich, ob ich ihn wirklich noch lieb hätte. Wieder versicherte ich ihm meine Liebe, woraufhin er noch einmal nachhakte: »Nicht nur die Blonden in unserer Familie?«

Aha. Da lag also der Hund begraben. Bevor Benni geboren war, hatte Luis nämlich seinen blonden Zwillingsbruder einmal mit spitzer Zunge gefragt, ob er nicht auch lieber dunkle Haare und Augen hätte. So wie Mama und Papa. Und alle anderen Geschwister. Benni befreite Georg aus seiner Außenseiterposition: Endlich noch einer in der Familie mit blauen Augen und blonden Haaren, die weder von Mama noch von Papa stammen. (Zum Glück kann ich da immer auf den Opa und eine Uroma verweisen.)

Wenn schon solche Belanglosigkeiten Eifersucht erzeugen, wie schlimm mag es dann erst sein, wenn ein Kind denkt, alle seine Geschwister seien talentierter, braver oder hübscher als es selbst? Und was nützt die größte Liebe, wenn sie bei den Kindern nicht ankommt? Ich habe mich als Kind vor allem durch zwei Sachen geliebt gefühlt: das Ritual, jeden Abend eine Wärmflasche mit ins Bett zu bekommen, und weil es nach der Schule immer etwas frisch Gekochtes zu essen gab. (Für meine Kinder hingegen ist das Essen kein Liebesbeweis, sondern eine Selbstverständlichkeit. Es gab schon Protest, als wir aufhörten, mittags und abends warm zu essen.)

Mein Ältester sollte einmal im Religionsunterricht malen, wann er sich geliebt fühlt. Er hat mich mit einem Buch in der Hand gezeichnet, aus dem ich ihm vorlese. Praktisch für ihn, dass ich das am allerliebsten mit den Kindern mache, aber was ist, wenn sich eins der anderen nur geliebt fühlt, wenn ich mit ihm Playmobil spiele? Dann sähe es finster aus. Mein Projekt gleich für morgen lautet also: jeden fragen, wodurch er sich geliebt fühlt.

Manchmal glaube ich, Familien mit einem oder zwei Kindern müssen in ständiger Harmonie leben. Keiner kommt zu kurz. Ich kenne eine wunderbare Frau, die ihre wunderbare Tochter alleine großzieht. Manchmal beneide ich sie und ihre Tochter um die Innigkeit und die Exklusivität der Beziehung. Andererseits höre ich auch immer wieder von Einzelkindern, die ständig um die Aufmerksamkeit der Eltern buhlen.

Das Tragische ist, dass wir ohnehin später für jedes unserer Kinder eine ganz andere Mutter gewesen sein werden. Eine mehr oder weniger strenge, eine mehr oder weniger liebevolle, eine mehr oder weniger gerechte. Einfach, weil jedes Kind anders ist und andere Bedürfnisse hat. Der einzige Ausweg aus diesem Dilemma ist, trotzdem zu versuchen, die Bedürfnisse jedes Einzelnen wahrzunehmen und ihnen gerecht zu werden.

Als ich letztens auf die Frage, wen ich denn nun eigentlich am liebsten hätte, wieder mal »alle« antwortete, kam direkt die Gegenfrage: Aber wen hättest du am liebsten, wenn du nicht alle am liebsten hättest?

Immer noch alle. ALLE! Wirklich. Ganz ehrlich, da können die fünf mich noch so sehr löchern, eine andere Antwort gibt es einfach nicht.

Geschwisterstreit

Vom letzten Streit meiner Kinder untereinander muss ich mich jetzt noch erholen. Und ich bezweifle, dass das gestrige Gebrüll, das durch meine Bitte, den Tisch zu decken, ausgelöst wurde, ihre Sozialkompetenz gefördert hat. Eher habe ich das Gefühl, dass mich diese Schimpftiraden früher ins Grab bringen, und überlege, ob wir unser gesamtes Vermögen nicht besser rechtzeitig im Casino verjubeln. Oder dem Müttergenesungswerk spenden. Denn wenn schon die Frage, ob Teller oder Besteck beim Tischdecken die schlimmere Aufgabe sind, einen Kleinkrieg auslöst, frage ich mich, wie die fünf miteinander umgehen, wenn sie erst mal ein Erbe untereinander aufteilen müssen. Können die sich nicht einfach immer lieb haben?

Das Schlimmste ist, dass es angeblich beim Geschwisterzwist fast immer um die Wen-hast-du-am-liebsten-Frage (siehe oben) geht. Also sind wir Eltern auch noch an allem schuld. Durch die große Anzahl der Kinder haben wir auch noch ein riesiges Geflecht an möglichen Kombinationen geschaffen. Dabei war ich früher so stolz darauf, dass sich unsere Großen immer so gut verstanden haben. Junge und Mädchen kurz hintereinander können eben viel miteinander anfangen, ohne sich beim Lieblingskind-Ranking allzu sehr in die Quere zu kommen. Wie oft saß ich auf dem Spielplatz und betrachtete selig, wie Alex und Emilia friedlich miteinander spielten, während andere Geschwister sich gegenseitig die Haare ausrissen. Was mussten die für inkompetente Eltern haben. Tja, Hochmut kommt vor dem Fall. Heute verspüre ich manchmal eine zweifelhafte Beruhigung, wenn ich mitbekomme, wie andere Kinder ihrem Geschwisterchen das Lieblingsspielzeug aus der Hand reißen. Genauso beruhigt es mich, irgendwo gelesen zu haben, dass normale Geschwister sich 3,5-mal in der Stunde streiten.

Aber können sie das nicht wenigstens leise und zivilisiert tun? Und ohne Bemerkungen wie »Mein Bruder ist an allem Elend in meinem Leben schuld«?

Ein großer Altersunterschied zwischen den Kindern birgt leider jede Menge Zündstoff, häufig werden die Kleinen, sobald das richtig süße Alter vorbei ist, als Störfaktor und Bremse wahrgenommen. Das heißt, spätestens ab dem Moment, wo sie auf die liebevoll konstruierte Legoburg zukrabbeln und sie mit unschuldigem Blick in Stücke hauen. Und da darf man als große Schwester nicht mal Rache üben!

Was hilft also, nicht noch mehr Öl ins Feuer zu gießen? Erst mal akzeptieren, dass die eigenen Kinder nicht die besten Freunde sein müssen. Und darauf hoffen, dass sie sich irgendwann einmal doch so nahe sein werden, wie es (im Idealfall) eben nur Geschwister sind. Wenn Eifersucht ein häufiger Grund für Streit ist, dann hilft natürlich alles, was die Eifersucht klein hält: Liebe und Zeit für jeden

Einzelnen. Wichtig ist auch, sich nicht in den Streit mit hinein-
ziehen zu lassen. (Auch wenn meine Kinder es hassen, wenn ich
sage, jeder trage seinen Teil zum Ärger bei. Ihrer Meinung nach ist
das nämlich jeder, nur nicht sie selbst.) Wenn man sich darauf ein-
lässt mitzustreiten, ist man am Ende selbst fix und fertig, auch dann
noch, wenn die Gewitterwolken längst wieder abgezogen sind.

Aber ab wann ist Sich-Raushalten Resignation? Ab wann das
Schützen der vermeintlich Schwächeren Partei-Ergreifen? Ein Vorschlag lautet, falls zwei (oder mehr) sich um etwas streiten, den
Zankapfel einfach ganz zu entfernen. Dann heulen zwar erst mal
alle, andererseits lernen die Kinder, dass Gezanke um Spielsachen
oder Ähnliches letztendlich keinem was bringt. Natürlich finden
die Kinder trotzdem immer einen Grund zu streiten, und wenn es
die Behauptung ist, das eigene Lieblingsessen würde viel seltener
gekocht als das der Geschwister.

Streit unter den Kindern ist einfach schrecklich. Aber er ist
normal. Und geht vorbei, sage ich mir immer – und versuche
gleichzeitig, all die Leute aus meinem Kopf zu verdrängen, die seit
20 Jahren nicht mehr mit ihrer Schwester reden. Vielleicht ist es
besser, unsere Kinder tragen ihre Konflikte jetzt aus statt später,
wenn der Zorn schon tief sitzt und sie längst verbitterte Erwachsene
sind. Genau wie die Pubertät eines 13-Jährigen viel leichter zu ertragen ist als die eines 30-Jährigen. (Auch hierfür fallen mir einige
lebendige Beispiele ein.) Also, lieber jetzt 3,5-mal die Stunde ein
reinigendes Gewitter als ein lebenslanger Groll. Und wenn ich
es realistisch betrachte, streiten sich unsere höchstens 1,5-mal in
60 Minuten.

Dann wieder gibt es Momente, da wächst sogar meine Hoffnung,
dass sie sich im Grunde ihres Herzens alle lieb haben. Zum Beispiel
als auf einer großen Feier, bei der alle anderen in unserem Alter
ihre ersten Babys und quengelnden Kleinkinder mit sich herum-
schleppten, unser eigenes Kleinkind mit seinen vier großen Geschwistern Fußball spielte, statt an unserem Rockzipfel zu hängen.

Oder wenn der Älteste den Jüngsten spontan auf den Arm nimmt und dabei fast kitschig liebevoll lächelt. Oder wenn unsere Tochter Geheimnisse mit ihrem Bruder teilt (kleiner Tipp, ihr beiden: Wir sind zwar – aus eurer Sicht – alt, aber noch nicht taub). Oder wenn unsere manchmal sehr wilden Zwillinge ihrem neuen Hobby, dem Schachspielen, frönen und stundenlang spielen, ohne am Ende die Figuren vom Schachbrett zu fegen oder sich das Spielbrett um die Ohren zu hauen. Wer weiß, vielleicht schließen gerade Kinder, die innerhalb der Geschwisterhierarchie besonders kämpfen müssen, später die besten, beständigsten Freundschaften. Weil sie eben schon zu Hause jede Menge Gelegenheiten hatten, ihre Konfliktfähigkeit und Kompromissbereitschaft zu üben.

Apropos Freunde: Meine Tochter hat eine Freundin, die selbst nur eine große Schwester hat und Emilia um ihre kleinen Brüder total beneidet. Jedes Mal, wenn sie da ist, stürzt sie sich mit Begeisterung auf die Kleinen. Sehr zum Leidwesen Emilias, die sich lieber mit ihrer Freundin zurückziehen würde. Ich würde dieses Mädchen sofort hier einziehen lassen.

Wenn sie allerdings jeden Tag Au-pair spielen müsste, würde der Spaß wohl irgendwann zur Last. Ich habe mir jedenfalls vorgenommen, die Kinder nicht mehr zu oft als Babysitter einzuspannen. Damit meine ich nicht, dass ich mit meinem Mann in einer Bar Cocktails schlürfe, während die Großen Windeln wechseln, Abendessen vorbereiten und Schlaflieder vorsingen. Nein, ich meine dieses ganz banale »Pass mal eben auf, damit ich Mittagessen machen kann«. Das haben wir in der Not eine Zeit lang zugegebenermaßen etwas übertrieben. Mit dem Ergebnis, dass die Großen jedes gemeinsame Spiel mit den Kleinen als »Mama einen großen Gefallen tun« interpretieren. So wird aus dem Spielpartner viel zu schnell eine Aufgabe.

Natürlich gibt es ab und zu Notfälle, in denen die Älteren ruhig mal der Babysitter sein können. Und manchmal geschieht sogar das Wunder, dass die Großen ganz freiwillig anbieten, die Kleinen ins

Bett zu bringen. Ich weiß noch, wie Emilia mit fünf Jahren stolz ihre einjährigen Zwillingsbrüder ins Bett verfrachtete. Inklusive Zähneputzen und In-den-Schlafsack-Packen. Und wenn ich dann von Lehrern oder anderen Eltern höre, wie sozial sich unsere Kinder verhalten, denke ich, vielleicht lernen sie mit vielen Geschwistern doch nicht nur bessere Kriegsstrategien. Wäre nur herrlich, wenn die Sozialkompetenz noch öfter in den eigenen vier Wänden angewandt würde.

Urlaub, Wochenende und Feierabend

Urlaub, Wochenende, Feierabend: drei Reizwörter, mit denen ich gleich einen Jammermarathon einleiten könnte. Unsere persönliche After-Work-Party findet normalerweise zwischen 22 und 24 Uhr statt. In dieser Zeit machen wir, was andere ab 20 Uhr machen. So stelle ich mir das zumindest vor, wenn ich die Kinder ins Bett bringe, mal eben die Spülmaschine anschmeiße, damit wir überhaupt genug Geschirr für das Frühstück haben, noch Wärmflaschen verteile, passende Klamotten für die Kleinen raussuche, weil nichts schlimmer ist, als morgens noch schnell zwei gleiche Socken zu suchen … Im Prinzip wechseln wir einfach den Arbeitsort.

An guten Tagen denke ich: Am Schreibtisch schöpfe ich Kraft für die Familienarbeit, und mit den Kindern erhole ich mich vom Schreiben. An schlechten Tagen denke ich nur: Ich will ins Bett.

Spätestens, wenn ich abends mal weg bin und mein Mann mir nachher erzählt, dass alle Kinder um 20.30 Uhr im Bett waren, frage ich mich, was ich falsch mache. Oder was er falsch macht, dass er so früh fertig ist. (Dabei ist die Frage, ob man dem anderen den Abendbrottisch unabgeräumt stehen lassen darf, eindeutig mit Nein beantwortet!)

Die Arbeit hört nie auf, also muss man selbst mit der Arbeit aufhören. Eine Binsenweisheit, deren Quelle ich leider nicht eruieren
kann. (Ansprüche runterschrauben hilft ebenfalls, ich schreibe
schließlich keine Doktorarbeit.) Also arbeite ich weiter an meinem
Vorsatz, nach 21 Uhr nichts mehr im Haushalt zu erledigen. Ansonsten bin ich einfach dankbar, wenn unsere Eltern uns hin und
wieder einen freien Abend zu zweit ermöglichen, der nicht erst anfängt, wenn die Augen schon fast von alleine zufallen.

Beim Job kann ich die Grenzen komischerweise viel klarer
ziehen. Sobald die Kinder zu Hause sind, schalte ich nicht nur den
Computer, sondern auch das Arbeitshirn aus. Als ich meinem Chef
(von der Kinozeitung) sechs Tage nach Bennis Geburt mailte, dass
Mutter und Kind wohlauf seien, rief er mich eine Stunde später an
und fragte, ob ich Lust auf einen Auftrag hätte. Und ob ich Lust
hatte! Ich legte mein Baby (wie so oft die nächsten Wochen) quer
auf meinen Schoß und tippte. Das funktionierte bei allen Kindern
maximal drei Monate. Danach hieß Arbeiten mit Kind für mich
Arbeiten ohne Kind. Oder mit schlafendem Kind. Mittlerweile
kann ich noch nicht einmal eine Mail vernünftig beantworten,
wenn mein Jüngster zu Hause ist, weil er Münzen in jede Computer-
öffnung steckt oder mal eben den Strom ausschaltet. Halbherzig
erledigte Arbeit ist sowieso schlechte Arbeit, also ist Abschalten in
jedem Fall effektiver.

Das Gleiche gilt für mich sonntags. Da arbeite ich nicht einmal,
wenn ich montags einen Abgabetermin habe. Bei meiner Magisterarbeit sah ich mich gezwungen, eine Ausnahme zu machen. Mit
dem Ergebnis, dass ich, nachdem ich das Ding endlich eingetütet
und abgeschickt hatte, feststellte, dass ich den letzten Arbeits-
schritt nicht richtig abgespeichert hatte. Ich bekomme heute noch
einen roten Kopf, wenn ich an die Rechtschreib- und Komma-
fehler denke, die der Prof nie hätte sehen dürfen. Spätestens seitdem achte ich darauf, dass ich zumindest jobtechnisch Wochenende und Feierabend habe. Und wissen Sie was? Ich habe trotzdem

107

noch nie irgendeinen Abgabetermin verpasst. Damit will ich nicht angeben, sondern nur verdeutlichen, dass Überarbeitung erst recht zu keinem guten Ergebnis führt. Von der Gefahr eines Burn-out gepaart mit dem sogenannten Bore-out, also des Das-ist-niemals-zu-schaffen-und-dann-auch-noch-so-öde, die in jedem großen Haushalt lauert, ganz zu schweigen.

Feiern Sie also den Abend, damit es wirklich ein Feierabend wird. Vielleicht mit einem netteren Ritual als der *Tagesschau*, die den Stresspegel eher erhöht als abbaut. Oder sind Sie entspannter, wenn Sie realisieren, dass in der Welt noch ganz andere Katastrophen stattfinden als bei Ihnen zu Hause?

Ja, und dann kommt auch noch die angeblich schönste Zeit des Jahres, der Urlaub … Ich finde ja immer noch, dass derjenige, der nur für den Urlaub lebt, schlicht und einfach den falschen Job hat. Aber spätestens wenn ein Großteil der Kinder drei Monate im Jahr Schulferien hat, ist Wegfahren auch mal ganz schön. Leider fängt für Großfamilien der Stress damit erst richtig an: Welche Art von Urlaub gefällt Kindern jeder Altersstufe?

Hotel am Strand ist für Teeanger genial; falls man aber auch Kleinkinder hat, die man während der Mittagshitze drei Stunden lang vom Strand fernhalten oder ständig vor dem Ertrinken bewahren muss, ist es vielleicht doch unkomplizierter, zu Hause zu bleiben und dort öfter ins Freibad zu gehen. In Köln macht gerade (und das nicht nur wegen der Klimaerwärmung) ein Sandstrand nach dem anderen auf. Inklusive Palmen, die es weder an der Nord- noch Ostsee gibt.

Und Fliegen? Für große Familien meistens unerschwinglich. Zu siebt ist Mallorca teurer als die Malediven für ein Pärchen, zumal das in der günstigen Nebensaison fliegen kann. Da lobe ich mir die Deutsche Bahn, bei der alle Kinder bis zum 14. Lebensjahr kostenlos mit den Eltern fahren. Urlaub mit Kindern ist meistens nichts anderes als Alltag in anderer Umgebung. Im Idealfall ein Alltag, den sich die Eltern wenigstens teilen können.

Den schönsten Urlaub verbringen wir meistens auf demselben Bauernhof in der Rhön. Nicht umsonst haben dort einige Familien eine der fünf perfekt für Kinder eingerichteten Wohnungen auf zehn Jahre im Voraus gebucht. Und würden nicht auch immer noch andere Familien mit großen Kindern mitfahren, hätten unsere Teenager bestimmt keine Lust mehr auf Wandern und Naturidylle.

Damit man sich im Urlaub nicht erst drei Tage vom Packen erholen und einen Anhänger fürs Auto besorgen muss, bieten sich Ferienwohnungen mit Waschmaschine und bereitgestellten Handtüchern und Bettwäsche an. Zusätzlich erleichtere ich mir das Packen durch eine Tabelle, die ich mir abgespeichert habe und bei Bedarf ausdrucke. Oben stehen die Namen der Kinder, links, was in den Koffer muss. Was eingepackt ist, kann abgehakt werden. So brauche ich nicht einen ganzen Koffer wieder auszuräumen, um zu gucken, ob ich wirklich schon die fünf Paar Socken pro Zwilling oder die Fleecejacke für meine Tochter eingepackt habe, und kann nach und nach packen, ohne den Überblick zu verlieren. Schließlich sind bei uns viele Dinge bis kurz vor der Abreise noch im Einsatz, während andere auch schon eine Woche vorher von der Wäscheleine in den Koffer gepackt werden können.

Viele kinderfreundliche Vermieter statten ihre Ferienwohnungen sogar mit Spielzeug aus. Welch großen Vorteil das bedeutet, haben wir erkannt, als wir einmal die komplette Duploladung zu Hause vergessen hatten und *nicht* auf unserem gut ausgestatteten Bauernhof waren, sondern in einer spielzeugfreien Wohnung an der Nordsee – inklusive zehn Tagen Regen.

Der Regen hierzulande war auch einer der Gründe dafür, dass wir unseren letzten Urlaub in Italien verbracht haben. Mit Mini-DVD-Player, Antiübelkeitskaugummi und jeder Menge Vorfreude ließ sich sogar die 13-stündige Autofahrt mit fünf Kindern gut überstehen. Gepäck hatten wir auch nur die Hälfte dabei, weil wir Pullis und Jacken zu Hause lassen konnten. Worauf ich mich bei diesem

Urlaub jedoch am meisten freute, war, nicht kochen zu müssen. Gerade im Süden ist Halbpension fast günstiger als selbst kochen.

Für manche Familien ist auch ein Urlaub mit Kinderbetreuung oder Extras für die Großen, wie Reiten oder Surfen, ideal. Angebote gibt es jede Menge, nicht immer ganz billig, aber dafür haben die Eltern auch mal ein paar Stündchen für sich alleine und Teenager weniger Langeweile – staatlich bezuschusste Familienurlaube inklusive Verpflegung und Kinderbetreuung, ob am Meer oder in den Bergen, findet man übrigens unter *www.urlaub-mit-der-familie.de*.

Gerade im Urlaub sind viele Geschwister toll. Unsere Kinder hatten jedenfalls keine Lust, zur Kinderbespaßung zu gehen, sondern spielten einfach miteinander. So konnten wir zumindest den vier Schwimmern ganz gemütlich vom Liegestuhl aus zuschauen, wie sie vergnügt im Wasser tobten.

Zwischen Förderwahnsinn und Talentförderung

»Mein Kind wird mal Bundeskanzler.« Ich kenne zwar keinen, der solche Berufsziele für sein Kind offen ausspricht, aber immerhin einen Jungen, der, obwohl er noch im Kindergarten ist, in jedem Freundebuch unter Berufswunsch »Bundeskanzler« angibt. Ich glaube, seine Eltern würden sich freuen, wenn er später tatsächlich mal einer wird. Dann wäre die kostspielige Förderung inklusive Golfspielen wenigstens nicht umsonst gewesen. Pech nur für die Millionen anderer Kinder, die den Job knapp verfehlen, und das, obwohl sie schon als Embryo stundenlang klassische Musik gehört haben. Ich habe das Ergebnis einer neuen Studie, derzufolge Kinder, die in den Genuss pränataler Klassikbeschallung gekommen sind, auch nicht schlauer werden als andere, übrigens mit Erleichterung aufgenommen.

Aber ganz ehrlich, ich frage mich schon, ob ich nicht eigentlich ein schlechtes Gewissen haben müsste, weil ich meine Kinder nicht schon mit einem Jahr in einen Babysprachkurs geschickt habe. Immerhin suggeriert die Werbung in manchen Familienzeitschriften, dass man seinen Sprösslingen das Zurechtfinden in der globalisierten Welt schon dann versaut habe, wenn sie nicht mit drei Jahren zwei Sprachen beherrschen. Die Tochter einer Freundin sprach mit drei Jahren tatsächlich schon fast perfekt kroatisch und deutsch. Ein Kompliment an die Mutter, die die Zweisprachigkeit optimal gefördert hat. Kroatisch ist ihre Muttersprache, sie selbst Übersetzerin. Ihre Wurzeln und ihr Talent trafen auch noch auf ein sprachbegabtes Kind. So steht die Förderung auch auf einem sinnvollen Fundament.

Aber dieses prophylaktische Gießkannenprinzip zur Karrierevorsorge bringt wahrscheinlich nur den Anbietern einschlägiger Kurse etwas. Und beruhigt das Gewissen der Eltern. Glückerweise betrachten immer mehr Eltern den Förderwahnsinn kritisch, dennoch gibt es noch genug Menschen, die glauben, Eltern mit vielen Kindern würden diese grundsätzlich intellektuell und musisch verkümmern lassen. Und tatsächlich ist der logistische und finanzielle Aufwand mit einer großen Familie viel zu hoch, um jedem Kind eine Sportart, ein Instrument und dazu vielleicht noch etwas Besonderes, wie etwa Schauspieltraining oder Chinesisch, anzubieten. Ein Glück für die Kinder. Das Leben ist doch gerade in der Schulzeit schon stressig genug.

Verstehen Sie mich nicht falsch, ich finde nichts schlimmer, als Talente verkümmern zu lassen, aber »Hobbys« als Mittel zum Zweck sind Kinderquälerei. In einem Ratgeber über eine gesunde Lebensweise für Kinder stand doch tatsächlich völlig ironiefrei, dass regelmäßiger Sport im Grundschulalter die Chance auf eine Hochschulausbildung des Kindes um sechs Prozent erhöhen würde. Ganz ehrlich, mehr Sport hätte mir in der Kindheit auch gutgetan; beim Sport immer zu den Letztgewählten zu gehören ist ätzend.

(Meinen Schwestern ging es da auch nicht viel besser. Als ich meine kleine Schwester mal bei den verhassten Bundesjugendspielen beim 50-Meter-Lauf anfeuerte, blieb sie stehen, um mich zu fragen, was ich von ihr wolle. Ich glaube, keiner von uns durfte je auch nur eine Siegerurkunde in der Hand halten. Meinen Kindern soll es ruhig besser gehen in dieser Beziehung. Deshalb habe ich mir ja auch einen Mann mit extrem sportlichen Genen gesucht. Es hat gewirkt.) Aber diese ständige Fixierung auf später finde ich schrecklich. Die Kinder sollen ja auch nicht schwimmen lernen, nur um später bei den Olympischen Spielen mitzumachen, sondern um Spaß zu haben und sicherer im Wasser zu sein.

Übrigens war es bisher bei all unseren Kinder so, dass sie erst bei meinem Mann richtig schwimmen gelernt haben – nachdem wir vorher insgesamt fast 1000 Euro in Schwimmkurse investiert hatten. Der »Aquapädagoge« (seine Antwort auf die Frage der Kinder, was sein Beruf sei) war einfach zu weich. Seine Stunden liefen nach dem Motto ab: »Ihr könntet, wenn ihr euch nach sechs Wochen schon traut, vielleicht mal für drei Sekunden den Kopf unter Wasser halten.« Technik und Grundlagen haben sie dort zwar kennengelernt, aber für das Seepferdchen waren dann doch noch ein paar Stunden mit Papa im Wasser nötig.

Eine Bremse im Kopf sind auch immer Gedanken wie zum Beispiel: Wenn einer ein Instrument lernt, müssen alle anderen die gleiche Chance bekommen. Chance ja, aber nur, wenn es für das betroffene Kind auch Sinn ergibt. Meine Freundin Alex, zweites von vier Kindern, hasste den Akkordeonunterricht, aber ihre Eltern meinten, wenn die musikalischen Schwestern Klavier spielen lernten, müsste sie sich auch irgendein Instrument aussuchen. Dabei ging sie doch viel lieber zum Sport.

Wöchentliche Kurse jeder Art sind zwar oft gut und schön, aber eine wirkliche Förderung funktioniert ohnehin nur mit Zeit und Geduld. Talente wachsen eben auch nicht schneller, wenn man daran zieht, und wirkliche Talente lassen sich auch nicht dadurch unterdrücken, dass man sie nicht schon im Kindergartenalter professionell managt.

Mit Kind auf dem Arm zu Musik tanzen, die mir selbst gefällt, hat mir (und meinen Kindern) tausendmal mehr Spaß gemacht als der Musikfrüherziehungskurs, bei dem jeder alle fünf Minuten einmal auf die Triangel tippen durfte. Aber auch beim heimischen Tanzkurs gilt es, das Zeitfenster zu beachten: Irgendwann sind die Kleinen einfach zu schwer für den Moonwalk auf Mamas Arm.

Fragen Sie sich also am besten bei jedem Hobby, ob Sie Ihr Kind vielleicht nur anmelden, um vor anderen Eltern gut dazustehen oder die Kinder zu funktionstüchtigen Arbeitnehmern zu erziehen. Hobbys sollen Freude machen, sonst nichts! Zum Lernen gibt es ja schon die Schule. Und wirkliche Talentförderung ist ohnehin viel anspruchsvoller.

Statt die Kinder in drei Kurse die Woche zu schicken, sind wirkliches Interesse, Zuhören und Beobachten gefragt. Im Alltag. Sonst klingt es womöglich so: »Schatz, ich habe jetzt keine Zeit, mir erklären zu lassen, was dein Bild bedeutet. Und du, zieh dein Kostüm aus, zum Theaterspielen ist jetzt keine Zeit, wir müssen sofort zum Kreativkurs.«

Der vernachlässigte Rest der Welt

»Tatsächlich? Die Welt soll morgen untergehen? Hmm, ist ja interessant, aber ehrlich gesagt muss ich jetzt dringend auflegen, weil ich mit den Kindern noch Erdkunde- und PW-Hausaufgaben machen muss. Wie, das ist nicht nötig, wenn die Erde morgen in Trümmern liegt? Können wir da ein anderes Mal in Ruhe drüber reden?« Und dann verlegen Sie den Zettel, auf dem Sie, mit Kind auf dem Arm, notiert haben, dass Sie Ihre Freundin spätestens morgen mal »in Ruhe« zurückrufen müssen. Nicht so schlimm, denn aus der Ruhe wäre sowieso nichts geworden. Irgendeiner aus Ihrer Meute schreit ja immer.

Und meistens geht die Welt dann doch nicht unter. Oder der Freund ihrer Freundin ist doch nicht fremdgegangen. Oder sie ist längst über ihren Liebeskummer hinweg, wenn Sie sie das nächste Mal anrufen. Das Problem ist nur, dass Sie irgendwann immer seltener einbezogen werden, wenn Sie dreimal hintereinander Ihre schluchzende Freundin unterbrochen haben, weil Sie Ihrem Kind unbedingt den Hintern abwischen mussten.

Mütter neigen fatalerweise dazu, irgendwann nur noch mit anderen Müttern zusammenzuglucken, weil das eben viel einfacher ist: Die verstehen eben auch abgehackte Sätze und plötzliche Absagen, die haben oft Zeit, wenn man selbst Zeit hat, und wälzen ähnliche Probleme. Und ganz ehrlich: Ich liebe diese Mütternetzwerke. So manche andere Mutter hat mich schon vor Organisationsproblemen und trüben Gedanken und Nachmittagen gerettet. Umgekehrt genauso. Und einige dieser Mütter aus Kindergruppen, dem Kindergarten oder vom Spielplatz sind schon zu richtigen Freundinnen geworden. Aber die meisten sind doch eher wie Arbeitskolleginnen. So gerne man sich mag – wenn eine den Job wechselt, ist sie nicht unbedingt aus dem Sinn, aber doch meistens komplett aus dem Sichtfeld verschwunden. Während einem die Freundin aus der Schulzeit immer noch die Treue hält, obwohl man nur noch Kinder, Küche und Karriere im Kopf hat. (Ihr wisst hoffentlich, dass ihr gemeint seid! Danke!)

Etwas Abgrenzung zur Außenwelt ist wahrscheinlich einfach notwendig. Selbst in einer kleinen Familie ist die emotionale Inanspruchnahme oft so heftig, dass die ganze Festung zusammenbrechen würde, wenn man nicht hin und wieder mal die Zugbrücke hochzöge. Und vielleicht fördert diesbezügliche Aufrichtigkeit gegenüber den Menschen, die einem am Herzen liegen, deren Verständnis. Und spätestens, wenn die vernachlässigten Mitmenschen selbst Kinder haben, dürfen sie einem ja alles heimzahlen.

Konzentration auf das Wesentliche sollte jedenfalls nicht dazu führen, dass man irgendwann auf einer einsamen Insel sitzt – zumal selbst bei vielen Kindern irgendwann der Tag kommt, an dem man wieder alleine dasteht. Genauso würde ich mir allerdings wünschen, dass die Menschen, die sich von mir vernachlässigt fühlen, mir das auch mal sagen. So wie eine sehr gute Freundin von mir es getan hat, als sie mal sehr sauer auf mich war, ohne dass ich es gemerkt hätte, weil ich tatsächlich nur noch mit meinem eigenen Kosmos beschäftigt war. Erst tat es weh, aber letztendlich war es genau richtig.

Ich habe es in größeren Feierrunden schon öfter erlebt, dass bei allen Eltern das Strahlen im Gesicht angeknipst wird, sobald sie von ihren Lieblingen erzählen. Wenn dann auch noch jeder sein Handy zückt, um die süßesten Fotos herumzuzeigen, fühlt sich der Rest ausgeschlossen oder langweilt sich mehr als ebenjene Süßen im Erdkundeunterricht.

Dadurch, dass ich mit Anfang 20 als Allererste aus meinem alten Freundeskreis Kinder bekommen habe, war ich glücklicherweise gezwungen, nicht ganz im Familienkosmos unterzutauchen. Manchmal habe ich mich auch zu sehr bemüht, noch voll im Leben drin zu sein. Aber die Türen in beide Richtungen offen zu halten kann selbst im unwahrscheinlichen Fall des Weltuntergangs nicht schaden. Denn einerseits braucht man die Gesellschaft von Menschen, die ähnlich leben, andererseits ist es aber auch schade, wenn man irgendwann nur noch im eigenen Saft schmort. Schon allein deshalb, weil man dann Gefahr läuft, genau das zu tun, was viele Familien Kinderlosen vorwerfen: kein Verständnis für andere Lebenswirklichkeiten zu haben.

Irgendwann ist jede Phase zu Ende

Das Wort »Phase« besitzt für Eltern oft einen magischen Charakter. Zum einen verheißt es Licht am Ende eines langen Tunnels, der wahlweise aus schlaflosen Nächten, vollen Windeln oder Trotzphasen besteht. Zum anderen dient es als Entschuldigung für fast alles: »Das ist nicht sein Charakter. Er reißt seiner Schwester nur die Haare aus, weil er gerade so eine Ablösungsphase hat.«

Und gerade Kleinkinder haben oft Phasen, die ihre Eltern zur Verzweiflung bringen. Unser Jüngster hatte eine Zeit, in der er in jedem unbeobachteten Moment volle Teller und Tassen vom Tisch fegte. Über Wochen. Täglich. Ich nahm einmal von unseren Nachbarn dankbar eine Kiste Kaffeetassen an, nachdem ich ihnen von »unserer« aktuellen Phase berichtet hatte. Die Tassen hatten sie im Keller für den nächsten Polterabend aufbewahrt, sodass es ihnen nichts ausmachte, wenn sie als Scherben endeten. Erziehung half nichts, allerhöchstens Außer-Reichweite-Räumen von Geschirr jeder Art. Ich klammerte mich an den Gedanken, dass es aufhören würde. Es hörte auf. Mittlerweile sitzt Benni äußerst manierlich am Tisch, und erst gestern wunderte ich mich, wie toll er mit der Gabel isst.

Das ist ein Vorteil, den Mehrfacheltern gegenüber »Neulingen« haben: Sie wissen einfach, dass sie nicht für den Rest ihres Lebens jeden Abend zwei Stunden neben einem Baby liegen müssen, ehe es sich erbarmt, endlich einzuschlafen. Und wenn das Kind erst einmal drei ist, erscheint einem die Phase, in der man wegen der Schwangerschaft oder des Stillens keinen Wein trinken durfte, geradezu lächerlich kurz. Dann trinkt das Kind gelassen aus einer Tasse. Dafür guckt es einen für einen Schluck zu trinken aber auch nie wieder mit diesem herzzerreißenden Blick aus den großen Babyaugen an. Bei mehreren Kindern kommt man dann eher noch einmal in den Genuss einer Babyphase und kann sie ganz anders genießen, eben weil man weiß, wie schnell sie vorbeigeht.

Wenn uns alles über den Kopf wächst, malen wir uns manchmal aus, wie wir, wenn alle Kinder groß sind, zusammen durch die Welt reisen. Oder einfach nur mal in Ruhe ausschlafen. Wenn ich allerdings ausrechne, wie alt wir dann sind … Ich muss wohl vorerst den täglichen Wahnsinn in Kauf nehmen.

Wenn unser Jüngster volljährig wird, stecken wir wahrscheinlich gerade mitten in den Wechseljahren beziehungsweise in der Midlife-Crisis. Und hören unsere Kinder raunen, dass ihre Eltern gerade richtig anstrengend sind. Die Hormone. Ihr wisst schon. Aber wer will schon auf seine Phasen reduziert werden? Ich jedenfalls nicht. Schon als Kind mochte ich das nicht. An eine Geschichte erinnere ich meinen Vater in manchen Momenten heute noch gerne: Ich hatte bei irgendeinem Streit recht. Ich weiß nicht mehr, um was es ging, aber ich hatte recht! Ganz sicher! Mein Vater versuchte vergeblich, mich vom Gegenteil zu überzeugen, bis er mit den Worten schloss, dass ich mir nichts daraus machen müsse, dass ich dächte, ich hätte recht. Ich käme jetzt in so eine Phase des Umbruchs, die sogenannte Pubertät. Und das von ihm, einem Menschen, der sonst nie nach irgendwelchen Schablonen urteilt! Ich bin Mitte 30 und habe das Phänomen der Pubertät bis vor ein paar Jahren geleugnet. Die Einzigen, die für mich damals eine komische Phase hatten, waren meine Eltern. Aber doch nicht ich!

Heute bin ich ganz froh, dass einige jugendliche Verhaltensweisen vielleicht doch auch hormonelle Ursachen haben. Schrecklich, wenn ich die Keiner-versteht-mich-ihr-seid-die-strengsten-Eltern-der-Welt-und-alle-anderen-Kinder-haben-es-besser-Attacken komplett persönlich nehmen würde.

Ich habe zwei Mittel gefunden, diese Ausbrüche besser ertragen zu können. Zum einen denke ich an alle, die ihre Pubertät oder Trotzphase erst im Erwachsenenalter durchleben. Mit deren Eltern möchte ich nie, unter gar keinen Umständen, tauschen. All diese Phasen sind nun mal notwendig, um ein reiferer Mensch zu werden. Meine Mutter sagt immer, dass Kinder auch mal ätzend sein müssen, damit man sich irgendwann von ihnen trennen kann. Und will ich wirklich Muttersöhnchen, die immer brav waren, die ich aber nicht mal dann guten Gewissens allein (auf der Welt) lassen kann, wenn ich selbst unter die Erde muss? Wo sollen die Kinder denn sonst lernen, sich abzugrenzen, wenn nicht im geschützten Rahmen der Familie? Wo können sie sonst erfahren, dass sie immer liebenswert sind, auch wenn sie einen gerade zur Weißglut treiben?

Neben dem Versuch, irrationale Anwandlungen (aller Seiten) rational zu erklären, hilft mir noch der optimistische Blick nach vorn: Letztens warf mir eins der Kinder Kontrollzwang vor, weil ich nicht wollte, dass es sehr spät abends allein vom Freund nach Hause ging. Als ich trotz heftigster Gegenargumente darauf bestand, es abzuholen, wurde mir die Absicht unterstellt, es »psychisch brechen« zu wollen.

Ich musste ein Grinsen unterdrücken, gleichzeitig aber plötzlich an die Wehen denken, unter denen ich dieses liebe, süße Kind zur Welt gebracht hatte. Sie hatten entsetzlich wehgetan, mich meinem ersten Kind aber näher und näher gebracht. (Am Ende freute sich mein psychisch gebrochenes Kind übrigens, dass es nicht alleine durch die Dunkelheit musste.)

Ich atmete also innerlich durch und sagte mir, dass mich jeder pubertäre Anfall, in welcher Form auch immer, einem reifen, erwachsenen und selbstständigen Kind näher bringt. Das ist doch unser Job als Eltern. Also Wehen jeder Art aushalten – und sei es mithilfe örtlicher Betäubung – und immer daran denken, dass das Ganze schon irgendeinen Sinn haben wird.

Das mag in Großfamilien besonders schwerfallen, geben sich hier die Kinder doch gern die Klinke in die Hand, was anstrengende Phasen betrifft. In einem *Die Presse*-Online-Artikel schreibt ein achtfacher Vater sehr treffend, »die eigentliche Mühe« liege »nicht darin, so viele Kinder gleichzeitig zu haben, sondern so eine lange Zeit hindurch.«[15]

Schafft es der Erste endlich, alleine auf die Toilette zu gehen, stehen eben immer noch ein paar andere in der Schlange vor dem

Wickeltisch … Wir kommen so locker auf acht Jahre Pamperszeit in unserer Elternkarriere. Aber es gibt Anstrengenderes, als Windeln zu wechseln. Wenn ich etwa angesichts pubertärer Diskussionen zum Thema Bierkonsum und Computerspiele daran denke, dass ich das Ganze noch viermal werde durchdiskutieren müssen, überkommt mich schon ein gewisser Schauder.

Hinzu kommt eine mitunter verkomplizierende Phasenüberlappung. Wer schon mal einen Streit zwischen einem Kleinkind mit Trotzanfall und einem angehenden Teenager schlichten musste, weiß, wovon ich rede. Ich bin jedenfalls heilfroh, dass die Teenagerzeit meiner Tochter nicht mit meiner Menopause zusammenfallen wird.

Mein Mann und ich guckten letztens gemeinsam Fernsehen (eines der seltenen Male). Eine Doku über diese Kombination. Die Töchter hatten für ihre Mütter vor allem eins übrig – Mitleid. So nach dem Motto: »Die kann mit meinem Drang, die Welt zu erobern, nicht fertig werden, weil sie kurz davor ist, in ihrem eigenen, armseligen Leben zu verrotten.« Zum hundertsten Mal nahm ich mir vor, auch mein eigenes Leben zu führen, damit meine Kinder mich später nicht auch noch bemitleiden oder sich gar echte Sorgen machen müssen.

Wenn man das eigene Leben als Doku im Fernsehen verfolgen würde, würde man wahrscheinlich nicht nur jede Menge zu lachen haben, es würden einem auch jede Menge Möglichkeiten ins Auge springen, den Laden zu verbessern. Zu einem versöhnlichen Blick von außen können uns aber auch andere Eltern verhelfen, die die jeweiligen Phasen schon hinter sich haben. In diesem Zusammenhang fällt mir ein Spruch ein, den ich besonders von älteren Müttern immer wieder höre: »Genieße die Zeit, sie ist so schnell vorbei!«

Und tatsächlich: Wenn ich neben den beiden Großen stehe und sehe, dass es nicht mehr lange dauert, bis sie auf mich runtergucken können, denke ich wehmütig an die Zeit zurück, als ich die kleinen Bündel noch mit mir herumschleppte. Und bin froh, dass die Kleinkindphase in unserem Haus noch nicht bei allen vorbei ist. Mit einem oder zwei Kindern wäre mir die intensive Familienphase im Leben einfach viel zu kurz gewesen.

Falls Sie sich also gerade Sorgen machen, dass Ihr Kind vom Klettergerüst fallen könnte, weil es gerade mitten in der Spielplatz-eroberungsphase ist, seien Sie einfach froh, dass es noch kein Profi im S-Bahn-Surfen ist. Und selbst wenn, auch diese Phase geht irgendwann vorbei.

KAPITEL 5

Wie sieht's denn hier aus?

Kampfplatz Haushalt

An alles habe ich bei meinem Kinderwunsch gedacht, nur nicht an »das bisschen Haushalt«. Manche finden das Haushaltsmanagement ja sogar erfüllend. Oder haben einen so gut bezahlten Job, dass sie fast alles outsourcen können. Bei uns allerdings bleibt trotz redlicher Bemühungen immer mehr als genug Chaos übrig.

Nehmen wir nur mal die Geschirrstapel: Wenn wir alle sieben gemeinsam frühstücken und zu Abend essen, bedeutet das am Ende des Tages 14 Teller, 14 Gläser und 28 Besteckteile, dazu kommen jede Menge Töpfe, Pfannen und Schüsseln. Vom Essen selbst liegen nach jeder Mahlzeit mindestens zehn Prozent unter dem Tisch – leider mag unser Dackel nicht alles, was runterfällt, dann könnte ich mir wenigstens das Fegen nach jedem Essen sparen.

Allein schon bei dem Gedanken, dass ausgerechnet ich Haushaltstipps geben soll, überlege ich ernsthaft, ob es nicht besser wäre, mir ein Pseudonym zuzulegen. Andererseits wird man ja durch Schaden klug, und davon hatte ich nun wirklich reichlich.

Selbst wenn Sie den Begriff »Ordnung« sehr locker auffassen und auch kein Problem damit haben, den Kindern (»ausnahmsweise mal«) eine Fertigpizza in den Ofen zu schieben, bleibt der Haushalt mit vielen Kindern ein Vollzeitjob. Etwas besser wird es, wenn beide Partner sich die Arbeit teilen, und geradezu paradiesisch wäre es, wenn auch noch alle Kinder tatkräftig mithelfen würden.

Wenn das bei Ihnen so ist, dann schicken Sie mir doch bitte Ihre Geheimnisse. Für wesentlich wahrscheinlicher halte ich es allerdings, dass dieses Thema auch bei Ihnen immer wieder Stress auslöst. Doch Rettung naht, es gibt tatsächlich Möglichkeiten, den Stress ein wenig einzudämmen. Auch mit vielen Kindern. (Leider haben bei uns noch nicht alle Tipps wirklich Einzug gehalten.)

Die innere Einstellung

Eigentlich ist es kaum verwunderlich, dass sich der Haushalt an Tagen, wo ich die Spülmaschine mit filmreifer Leidensmiene zum dritten Mal einräume und bei jedem umgekippten Glas seufze, als stünde der Tod kurz bevor, wie Sisyphusarbeit anfühlt. In Kombination mit schwermütigen Überlegungen zum Untergang des Abendlandes im Allgemeinen und dem Verkümmern meiner eigenen Persönlichkeit im Besonderen bewirkt die Abwehrhaltung, dass mir die eigenen vier Wände schnell wie ein Horrorkabinett erscheinen.

Kommt dann auch noch die innerfamiliäre Diskussion über die ungerechte Verteilung der Arbeit hinzu, stelle ich alles einfach nur noch infrage. Es geht dann nicht mehr nur um die schnöden Wäscheberge, nein, es geht ums große Ganze, also ums Prinzip. Und geht es mir erst einmal gar nicht mehr um die Arbeit selbst, sondern um die damit verbundene Ungerechtigkeit, empfinde ich es als Kapitulation, wenn ich die Arbeit einfach klaglos erledige. Das ist natürlich prinzipiell auch gut und richtig so, nur: Jammern bringt ja noch mehr Stress.

Als einsamer Krieger auf dem Schlachtfeld Haushalt komme ich mir besonders dann vor, wenn ich den ganzen Tag nichts anderes mache. Wenn ich dagegen ein paar Stunden am Schreibtisch gesessen habe, kommt mir Aufräumen danach gelegentlich fast wie eine meditative Übung vor. Bekanntlich ist ja alles relativ.

So verliert auch die Hausarbeit ihren Schrecken, wenn sie eben nicht der beherrschende (oder gar einzige) Teil ist. Oder wenn man das notwendige Übel mit etwas Angenehmem verbindet. Vor ein paar Jahren habe ich Hörbücher für mich entdeckt. Mit einem Stapel Klassiker oder neuer Bestseller aus der Bücherei in der Tasche freue ich mich richtig auf die Arbeit in der Küche. Gut, freuen ist vielleicht übertrieben, aber an richtig guten Tagen bekomme ich schon gelegentlich eine Ahnung davon, wie Hausarbeit zur Achtsamkeitsübung werden könnte.

Meine Freundin Hana, selbst Mutter von drei Kindern und eine Zeit lang meine Yogalehrerin, erzählte uns mal, wir könnten aus jedem Wäscheaufhängen eine Achtsamkeitsübung machen. Statt also zu denken: Morgen muss ich dieses blöde Shirt sowieso wieder waschen, und überhaupt würde ich gerade lieber die Steuererklärung machen!, während Sie sich noch den Fuß am vollen Wäschekorb stoßen, weil Sie sich so abhetzen, lieber so: Nicht werten. Einfach tun. Aber nichts anderes nebenbei, am besten nicht einmal denken.

Wenn Sie Glück haben, überkommt Sie bei dieser Haltung ein innerer Frieden – egal ob bei der Arbeit an einem Weltraum-forschungsprojekt oder beim Erledigen der Hausarbeit

Ehrlich gesagt, überkommen mich eher selten erhabene Gefühle, wenn ich die herumliegenden Socken meiner Familie aufsammle. (Übrigens: Auch Herr Obama lässt seine Socken angeblich überall herumliegen. Kein Wunder, dass er mit seiner Frau zur Ehetherapie musste ...)

Gut, ich merke schon, der Haushalts-Jammer-Teufelskreis nimmt wieder seinen Anfang. Dabei wollte ich doch gerade nur verdeutlichen, dass eine gelassene innere Einstellung dem Haushalt seinen Schrecken nehmen kann. Und wenn ich schon beim Thema Jammern bin: Das Motto »Love it, leave it or change it!« könnte auch im Haushalt Wunder wirken.

Weniger ist mehr –
gerade in den Kleiderschränken

Meine Freundin Hana ist mir in Sachen Ordnung ein absolutes, bisher leider unerreichtes Vorbild. Eines ihrer Geheimnisse ist der Kleiderschrank der Kinder. Ihre drei Kinder im Alter von drei bis sechs Jahren teilen sich eine Kommode. Keinen Wandschrank, eine Kommode! Jedes Kind besitzt drei Hosen, drei Pullis, vier T-Shirts ...

Waschen muss man mit vielen Kindern sowieso fast jeden Tag, aber wenig zu besitzen ist absolut heilsam. Das wurde mir letztens wieder klar, als ich versuchte, körbeweise Wäsche zu sortieren. Neben aktuellen Stapeln fanden sich schnell Randgruppen wie »passt irgendwann mal«, »müsste ein Knopf angenäht werden«, »gut zum Matschen«, »unpraktisch und hässlich, aber ein Geschenk«, »Single-Socken und -Handschuhe« und »ich finde es schön, aber die Kinder nicht«. Aus den Häufchen wurde ein paar Tage später wieder ein großer Haufen, weil ich nicht wusste, wohin mit den Sachen. Also habe ich irgendwann radikal ausgemistet: gut Erhaltenes gezielt verschenkt oder in die Kleiderspende gegeben, den Rest in den Müll geworfen. Ein großer Sack steht zwar noch immer hier im Arbeitszimmer, aber irgendwann werden wir es schon schaffen, ihn wegzubringen. Bei uns um die Ecke gibt es zum Beispiel das *HöviLand*. Dort wird unter anderem eine Kleiderkammer betrieben, wo man sich für ein paar Cents etwas kaufen kann.

Unsere Kinder, gerade die Kleinen, tragen auch sehr viel Gebrauchtes. Und wir bekommen dauernd kistenweise Klamotten geschenkt. Früher habe ich fast alles aufgehoben, wahrscheinlich, weil ich es genau wie die Schenker als pietätlos empfunden hätte, Brauchbares wegzutun. Aber Dinge, die ungenützt herumliegen, lassen die Wohnung letztendlich nur zur Mülltonne werden. Das bringt Unruhe und Unordnung, die bei großen Familien sowieso in jeder Ecke lauern. Und wie oft ist es bei uns schon vorgekommen, dass ich Lieblingsstücke von den Großen für die Kleinen gesucht habe und feststellen musste, dass sie längst zu klein waren.

Wer geschäftstüchtig ist, macht mit dem Aussortieren auch noch Geld. Kinderflohmärkte und Secondhandläden gibt es überall. Man kann es allerdings auch übertreiben. Vor Jahren fragte mich mal die Mutter einer Kindergartenfreundin meines Sohnes, ob ich noch Sachen gebrauchen könne. Konnte ich. Also ging ich mit Sohn und Tochter zu ihr und sie zeigte mir jede Menge Mädchenklamotten.

Sie fragte mich bei allem, ob ich es schön fände. Ich sagte fast immer Ja – auch aus Höflichkeit. Am Ende packte sie mir alles in eine Tüte und wollte 80 Mark von mir haben. (Ja, Mark; so alt bin ich zwar noch gar nicht, aber ich habe eben früh mit dem Kinderkriegen angefangen.) Ich wusste, dass sie das Geld gebrauchen konnte, und eigentlich konnte ich ja auch alle Sachen gebrauchen. Also gab ich ihr das Geld und nahm die Tüte. Was ich daraus gelernt habe? Auch mal Nein zu Klamotten zu sagen oder nur noch das zu behalten, was ich wirklich brauche.

Kleider, die zur Seele passen lautet der Titel eines genialen Styling-Ratgebers von Olivia Goldsmith und Amy Fine Collins. Ihr Prinzip lässt sich auf alle Bereiche des Haushalts übertragen. Wer braucht schon drei Zitronenpressen, auch wenn er fünf Kinder hat? Goldsmiths und Collins' Rat ist genauso einfach wie genial: von allem das (für mich) Beste, und davon nur wenig. Das Beste heißt, ich muss es lieben. Mit dem Preis hat das zum Glück nicht immer etwas zu tun. Seit ich versuche, mich an diesen Rat zu halten, besitze ich – auch wenn ich gerade im Alltag viele Kompromisse trage – den kleinsten Kleiderschrank aller Frauen, die ich kenne. Meine eigenen Klamotten machen mir fast gar keinen Stress mehr. Sie gehören mir und nicht umgekehrt.

Langfristig will ich das auch den Kindern beibringen. Gerade bei vielen Kindern ist das Geld für Kleidung oft knapp. Und selbst, wenn es das nicht wäre, würde ich mir lieber selbst etwas gönnen oder mit dem Geld die Welt retten, als meine Tochter so auszustaffieren wie Suri. Aber dennoch sollten natürlich auch Kinder das Recht haben, nur Dinge zu tragen, die sie wirklich lieben. Und spart man wirklich Geld, wenn man die fünfte Latzhose in Größe 98 kauft, nur weil sie bei Aldi gerade im Angebot ist?

Nur zu tragen, was man liebt, bedeutet, überhaupt erst einmal herausfinden zu müssen, was eben das ist. Für Teenager bestimmt nicht leicht, da ihnen doch ziemlich viele »Wünsche« von außen aufgedrückt werden. Und die Jüngeren ziehen die abgelegten Sachen des großen Bruders im Moment noch ohne Protest an, meine Tochter hat es als einziges Mädchen in diesem Punkt etwas besser.

Aber als mein Großer mir irgendwann gestand, dass er endlich selbst seine Klamotten aussuchen und nicht so viel von anderen tragen wolle (egal ob geschenkt oder ausgesucht), fand bei mir letztlich auch das Umdenken statt. Viel teurer ist die Angelegenheit aber trotzdem nicht geworden. Wer seinen eigenen Stil erst einmal gefunden hat, muss eben nicht allen Trends hinterherrennen.

Die Ausnahme waren die *Chucks*. Ich bin froh, dass ich sie ihm gekauft habe (obwohl sie für das bisschen Plastik mit Stoff viel zu teuer, schmutzempfindlich und nicht mal wasserdicht sind). Jetzt passen sie ihm nämlich nicht mehr. Aber dafür mir.

Und ist mein Kind auch noch so klein ...

Rita Pohle, Expertin in Sachen Ordnung und Feng-Shui, meint in ihrem Buch *Weg damit*, dass sich glücklich schätzen könne, wer Kinder hat, da er die Haushaltsarbeit auf mehr Leute verteilen könne. Es gibt Tausende Gründe, glücklich über den Kindersegen zu sein, aber die Mithilfe im Haushalt gehört definitiv nicht dazu. Selbst wenn die Kinder helfen, beseitigen sie höchstens Chaos, das ohne sie nie entstanden wäre. Immerhin: Selbst wenn Ihre Kinder nur lernen, ihren eigenen Kram wegzuräumen, entlastet Sie das – auch von der Sorge, dass Ihr Nachwuchs später vom eigenen Haushalt überfordert ist.

Auf dem Vorsorgebogen für Zehn- bis Zwölfjährige werden Dinge abgefragt, wie »Nimmt Ihr Kind Drogen?«, »Trinkt es Alkohol?«, »Hat es ein übertriebenes Ordnungsbedürfnis?«. Ich konnte guten Gewissens überall »Nein« ankreuzen und freute mich, dass ein fehlendes Bewusstsein für den Sinn des Aufräumens anscheinend nicht nur negative Seiten hat.

Trotzdem wünsche ich mir, dass die Arbeit im Haus nicht nur an uns Eltern hängen bleibt. Tut sie ja auch nicht, die Kinder sind durchaus kooperativ, aber so gut wie andere kriegen wir es dennoch nicht hin. Oder räumen die alle auch nur schnell noch auf, wenn Besuch kommt?

Gut, als Erstes sollte man akzeptieren, dass jeder ein anderes Ordnungsbedürfnis hat. Und erst, wenn die Umsetzung diesem Bedürfnis nicht entspricht, besteht Handlungsbedarf. Je mehr ich darüber nachdenke, desto mehr glaube ich, dass dieses Problem (wie die meisten) im Kopf entsteht. Weder Schimpfen noch Belohnen bringt etwas, wenn die Aufforderung nicht wirklich aus dem Herzen kommt. Schließlich gibt es selten Diskussionsbedarf, wenn es um das Überqueren roter Ampeln geht.

Und tief in mir habe ich die Haltung entdeckt, dass eine gute Mutter alles Lästige für ihre Kinder erledigt. Meine Schwestern und ich sind von unserer Mutter total verwöhnt worden, was den Haushalt angeht. Wäre ich meinen Kindern nicht umso mehr dasselbe schuldig, als dass ich doch schon so egoistisch bin und mich selbst verwirkliche?

Ausgerechnet meine Mutter hat mir heute den Kopf wieder gerade gerückt: »Egal wie emanzipiert die Frauen heutzutage sind, ihre Söhne erziehen sie zu absoluten Machos.«

Mist, sie hat recht. Man kann noch so viel von Gleichberechtigung faseln und den Mann zum Kücheputzen einteilen – wenn man den eigenen Söhnen den Hintern hinterherträgt, sind alle Fortschritte spätestens in der nächsten Generation wieder verpufft. Während verwöhnte Töchter ihre Quittung spätestens als Mütter erhalten, erwarten die Jungs, dass sie später von ihren Frauen genauso verwöhnt werden wie von ihrer Mutter.

Und niemand gibt Privilegien freiwillig auf. Als mein Ältester mit zwei Jahren mit dem Waschmittel spielen wollte, nahm ich es ihm weg und zeigte auf die Illustration hinten: ein durchgestrichenes Kind.

»Siehst du, da steht extra, das gehört nicht in Kinderhände!«
Mein Sohn daraufhin unschuldig: »Nein, nur in Frauenhände.«
Über diese Anekdote muss ich heute noch lachen. Als ich ihn jedoch fast zehn Jahre später zum Aufräumen bewegen wollte und mein pseudoemanzipiertes Manifest mit den dämlichen Worten schloss: »Willst du etwa später eine Frau haben, die nichts als den Haushalt im Kopf hat?«, konterte er gelassen: »Sie hat dann noch etwas anderes im Kopf. Mein Wohl.«

Genau dasselbe haben wir doch auch im Kopf. Das Wohl unserer Kinder. Und deshalb müssen, müssen, müssen wir sie zu selbstständigen Menschen erziehen. Unsere Tochter muss definitiv nicht mehr im Haushalt machen als die Jungs, aber gerade bei den Jungs wird mir immer mehr bewusst, dass wir sie auch im Haushalt zu eigenständigen Persönlichkeiten erziehen müssen. Wenn ich mir vorstelle, wie ihnen die dritte Frau abhaut, weil sie sich wie Kleinkinder benehmen, fällt es mir viel leichter, darauf zu bestehen, dass sie ihre Wäsche selbst in den Wäschekorb werfen.

Dieses Hotel-Mama-Gehabe scheint aber nicht nur mein Problem zu sein. Jesper Juul diagnostiziert diese falsch verstandene Elternliebe bei unserer gesamten Generation. In seinem Buch *Nein aus Liebe* stellt er ganz klar fest, dass heutige Eltern Liebe oft mit Service verwechseln. Vor lauter Dienertum kommen sie gar nicht mehr dazu, den Kindern zu geben, was sie wirklich brauchen. Und werden immer frustrierter. Natürlich dienen wir unseren Kindern. Aber eben auch damit, dass wir ihnen etwas abverlangen. Und wir sind die Chefs in dieser Beziehung!

Haben Sie einmal erlebt, dass die Kinder im Kindergarten ihre Spielsachen nicht aufräumen? Ich wundere mich auch manchmal, wenn ich die Kinder abhole und sie mich vertrösten: »Einen Moment, wir müssen noch eben das Duplo wegräumen.«

Klare Ansagen, tägliches Wiederholen und konsequentes Einfordern fallen den Erzieherinnen wahrscheinlich auch deshalb leichter, weil sie genau wissen, dass der ganze Laden zusammenbricht, wenn das mit der Mitarbeit der Kinder nicht funktioniert. Zu Hause brechen allerhöchstens die Eltern zusammen, was für die meisten Mütter eine akzeptable Option ist.

Meine jüngere Schwester richtete sich einmal nach dem Essen an die Kinder: »Hättet ihr freundlicherweise noch Lust, mir eben netterweise beim Tischabräumen zu helfen?«

Natürlich hatten sie keine Lust, aber manchmal muss man eben auch Dinge tun, auf die man keine Lust hat. Zum Beispiel die Erziehungsarbeit dem scheinbar einfacheren Weg des geringsten Widerstands vorziehen. Und eigene Denkmuster aufbrechen. Tief im Inneren glaube ich nämlich leider immer noch, dass es eine Zumutung für die Kinder ist, aufzuräumen. Kein Wunder, dass ich mich oft nicht durchsetzen kann. Gut, dass ich noch ein paar Jahre habe, bis die ersten ausziehen!

Kraftquelle Outsourcing

Selbst mit minimalistischen Ansprüchen ist das Management einer Großfamilie ein Vollzeitjob. Entweder man betreibt also perfektes Jobsharing innerhalb der Familie oder man lagert Aufgaben aus. Komischerweise haben genau davor viele Hemmungen.

Und selbst der von mir hochgeschätzte Jesper Juul begibt sich mit Sprüchen, dass zu viel Service von außen verhindere, dass aus der eigenen Wohnung wirklich ein Zuhause würde, auf Glatteis. Da stecken bestimmt wahre Gedanken drin, aber wir sprechen ja nicht von Vollzeit-Nanny und Haushaltshilfe, die unterm Dach wohnt.

Ohne Delegieren wird die eigene Wohnung für den Hauptverantwortlichen im Haushalt nämlich auch kein Zuhause, sondern ein Knast. Ich verkneife mir jetzt, weiter darüber zu jammern, und teile lieber meine positiven Erfahrungen mit der Arbeitsteilung mit.

Eine der hilfreichsten Investitionen ist auf jeden Fall eine nette Haushaltshilfe. Die meisten müssen erst tief sinken, um fremde Hilfe bei dreckigen Angelegenheiten überhaupt anzunehmen, aber man muss ja auch nichts Unzumutbares an Arbeit übrig lassen. Ich für meinen Teil putze die Toiletten zum Beispiel immer vor. Angst vor Ausbeutung ist meistens auch überflüssig, da der Arbeitslohn in der Regel sogar höher als der tarifliche Mindestlohn ist. Für einen selbst ist das auf den ersten Blick immer noch teuer genug, allerdings ist Zeit schließlich auch Geld. Gerade für den, der arbeitet, ist es viel wertvoller und nervenschonender, wenn er sich nach Feierabend direkt um die Kinder kümmern kann, statt erst mal den Staubsauger starten zu müssen. Mir persönlich ist zwar jede Woche gerade auch zu teuer, aber selbst wenn man nur alle zwei Wochen das Putzen mal abgibt, bedeutet das eine große Entlastung.

Und keine Sorge, Arbeit bleibt für Sie immer noch genug übrig. Aber allein, dass man, bevor die Haushaltshilfe kommt, erst mal aufräumen muss, sorgt schon für mehr Rhythmus und Ordnung in den eigenen vier Wänden.

Eine andere Hemmschwelle ist es natürlich, jemand Fremden so nah an sich heranzulassen. Aber auch das ist in der Praxis meistens kein Problem. Wenn mir die Hilfe allerdings dauernd erzählen würde, was sie so unter den Betten ihrer anderen Kunden findet, würde ich mir Gedanken machen.

Falls Sie jemanden gefunden haben, der zu Ihnen passt, dann seien Sie so nett und großzügig, wie es geht. Dieser Mensch hilft Ihnen immerhin, den Frieden im Haushalt zu wahren und den Stress zu minimieren.

Ein anderer Punkt, der sich, wie bereits an anderer Stelle erwähnt, bequem outsourcen lässt, ist der Einkauf. Natürlich gibt es Zeiten, wo man die Kleinen in den Buggy packt und täglich zweimal in den nächsten Drogeriemarkt latscht, um gemütlich die neuesten Teesorten zu vergleichen. Über den Markt schlendern, zum Bäcker gehen oder mal eben noch was fürs Abendessen holen, kann man ja immer noch zwischendurch machen beziehungsweise wird es oft genug machen *müssen*. Aber für jeden Großeinkauf gehen bei uns mit Fahren, Einkaufen und Auspacken locker zwei Stunden und jede Menge Nerven drauf. Wenn ich die Sachen hingegen bei einem Supermarkt in Köln bestelle, dauert es nur ein paar Minuten für die Einkaufsliste im Internet plus zehn Minuten fürs Auspacken und Einräumen (irgendwie packt der REWE-Mann besser). Auf diese Weise kaufe ich auch viel weniger spontan, was wiederum den etwas höheren Preis als beim Discounter ausgleicht. (Trotzdem fände ich es toll, wenn Aldi auch mit in den Lieferservice einstiege.)

Wunderbar funktioniert diese Art des Einkaufens vor allem bei Drogeriemärkten. Einfach Tür aufmachen und Windelpakete entgegennehmen statt schleppen und mit schreiendem Kind vor hundert verschiedenen Gläschen stehen.

Komplizierter ist es da schon mit der Hilfe, die man nicht kaufen kann. Ohne unsere Eltern wären wir oft aufgeschmissen und ich hoffe inständig, dass sich das Geben und Nehmen langfristig die Waage hält. Aber das ist ein Thema für sich. Dann wäre da noch die Hilfe anderer Mütter oder Väter. So bin ich einer Mutter sehr dankbar, die jedes Mal unsere Zwillinge mitnimmt, wenn sie ihren Sohn zum Gitarrenunterricht bringt. Sonst wäre die ganze Angelegenheit einfach zu kompliziert. Dafür gibt es andere Kinder, die ich öfter übernehme oder irgendwohin mitnehme. Da wir quasi neben der Grundschule wohnen, dient unsere Wohnung öfter mal als Auffangbecken, wenn morgens Stunden ausfallen. Ein Freund meiner Tochter kam auch regelmäßig morgens zu uns, weil für die beiden die Schule erst um zehn losging und die Eltern sonst wegen der anderen Geschwister zweimal hätten fahren müssen.

Natürlich kann sich die gegenseitige Unterstützung nicht immer die Waage halten, aber man kann sich auch manchmal mit etwas anderem als einer Gegenleistung bedanken. Den meisten Helfern reicht ja schon ein freundliches Lächeln und das Gefühl, jemand anderem den Tag versüßt zu haben.

Anständig essen?

Der Suppenkaspar kommt glücklicherweise immer seltener zum Vorschein, je mehr Kinder am Tisch sitzen. Wir sind zwar weit davon entfernt, dass jeder alles isst. Aber manchmal gibt es sogar Mahlzeiten, da kloppen sich die Kinder fast um das Essen. Ich persönlich finde das tausendmal befriedigender, als wenn der Nachwuchs nach drei Nudeln ohne Soße satt ist. (Aber für die drei Nudeln so lange braucht, dass Mama in der Zeit die restlichen 200 Nudeln inklusive Lachs-Sahne-Soße und Brokkoligratin vor Langeweile selbst verspeist. Meine postnatalen Kilos kommen jedenfalls alle vom Resteessen.) Ich koche gerne. Sogar für mich ganz alleine. Aber ich mache es noch lieber, wenn es meinen Gästen schmeckt.

Konkurrenz am Futternapf erhöht den Appetit. Bei unseren Zwillingen hat es sich sogar gelohnt, Brei zu kochen. Selbst der Fisch-Gemüse-Reis-Brei war in fünf Minuten weg, weil der Löffel zwischen zwei hungrigen Mäulern hin und her raste. Und ich könnte schwören, dass sie aus den Augenwinkeln genau beobachteten, ob der Löffel des Brüderchens nicht voller war.

Wir waren zu Hause »nur« drei, aber ich kenne diesen Futterneid sehr gut. Meine Mutter rief uns mal zum Essen und ich war als Erste am Tisch. Ich wartete ewig auf sie und meine Schwestern. Mit mir wartete eine Schüssel sahniger Nudel-Erbsen-Eintopf. Heißer Dampf stieg auf und es roch köstlich. Wer zu spät kommt, den bestraft das Leben, dachte ich mir und aß die ganze Schüssel alleine leer.

Ähnlich war es mit Nutella: Die gab es bei meiner gesundheitsbewussten Mutter nur sehr selten. Falls doch mal ein Glas im Regal stand, war es noch am selben Tag leer, weil sich jeder von uns so viele Nutellabrote schmierte, wie es nur ging. Als jede von uns daraufhin ein eigenes Glas mit Namen darauf bekam, schrumpfte das Verlangen immens.

In jedem Fall war gutes und gemeinsames Essen für mich immer schon einer der Stützpfeiler eines netten Zuhauses. Als Teenager backte ich am Wochenende Torten. Je aufwendiger, desto besser. Erstens konnte ich damals noch essen, was ich wollte, und wuchs trotzdem nur in die Länge. Zweitens war die Küche nur so etwas wie ein Hobbyraum. Jetzt sieht alles anders aus. Die tollen Torten backt nur noch mein Mann, wir beide wachsen nach drei Stücken inzwischen eher in die Breite als in die Länge und empfinden die Küche manchmal eher als Folterkeller denn als Hobbyraum.

Wenn Massenversorgung zum täglichen Pflichtprogramm wird, bleibt die Kür schnell auf der Strecke. Sieben Leute auf gesunde Art satt zu kriegen und dabei noch die verschiedenen Geschmäcker zu berücksichtigen, ist ein riesiger logistischer Aufwand. Von wegen mal eben ein paar Sachen in die Pfanne schmeißen! Als wir endlich unseren eigenen Garten hatten, starteten wir sogar mit dem naiven Gedanken, uns quasi selbst zu versorgen.

Als Luxus sind frische Beeren und Kräuter, Walnüsse und Äpfel eine tolle Sache. Aber auf die Ernte angewiesen sein? Die Feldbestellung glich, Hobby hin oder her, einem Minijob, während der Ertrag schwankte. Unter den Zucchini, die außer mir sowieso keiner mag, hätten wir begraben werden können, Erdbeeren und Salat hingegen haben uns die Schnecken komplett weggefressen. Deshalb ist aus dem Gemüsebeet jetzt erst mal eine naturbelassene Wiese geworden – immerhin sehr zur Freude der Bienen und Schmetterlinge.

An der Supermarktkasse scheitert der Idealismus leider ähnlich schnell wie beim Selbstanbau. Wir versuchen zwar, möglichst oft Bioqualität zu kaufen, aber ganz darauf zu setzen ist bei so vielen Essern schlicht unmöglich. Schon jetzt geben wir locker 1000 Euro im Monat für Verpflegung aus, ohne dass bei uns Luxus herrscht. Banale Dinge wie eine Flasche Ketchup (und den kaufe ich fast nur Bio, weil er dann auch nicht schlechter als Tomatensoße ist) halten bei uns maximal zwei bis drei Mahlzeiten lang.

In unserer Küche hängt eine Postkarte mit der Aufschrift: »Heute mache ich kein Abendbrot. Heute mache ich mir Gedanken.« Also versuche ich immer wieder, mir Gedanken darüber zu machen, wie ich die Lust am Essen(machen) wieder stärker hervorholen kann.

Dazu gehört, dass ich mir ständig Kochbücher ausleihe – aber nicht weiter als bis zur Inspiration komme. Ich habe eine Abneigung gegen Rezepte und Gebrauchsanweisungen. Ich muss die Dinge einfach bei anderen sehen oder ausprobieren. Absolut genial war in dieser Beziehung ein Kochkurs, den ich mit meinem Mann besucht habe. Familienforen bieten so was manchmal an.

Entgegen unseren Befürchtungen war es ein wunderschöner Abend. Das Thema an diesem Tag war Fisch, und in Zweiergruppen wurden die köstlichsten Gerichte zubereitet. Lachsmousse, selbst gemachte Fischstäbchen, sogar die frischen Muscheln (die zu probieren ich mich zunächst wirklich überwinden musste) schmeckten super, und vieles haben wir auch zu Hause oft nachgekocht. Dieser eine Kochkurs (das Ganze ist inzwischen schon wieder fast zehn Jahre her) bewirkte auch, dass wir nie wieder fertige Salatsoßen kauften.

Das erwähnte ich auch, als ich letztens bei einer Freundin (ebenfalls Mutter von fünf Kindern) zu einem fantastischen Abendessen eingeladen war. Während ich mir die handgefertigten Klöße, den zarten Braten, den liebevoll arrangierten Salat und die selbst gemachte Mousse au Chocolat schmecken ließ, schwärmte ich von dem Kochkurs. Die anwesenden Damen fragten neugierig, was ich denn dort Neues gelernt hätte. Ich antwortete stolz: »Seitdem machen wir unsere Salatsoße immer selbst.«

Irgendwie löste ich keine Begeisterung aus.

Noch mehr Kopfzerbrechen als die Frage, was gesund und lecker ist, bereitet mir die Logistik. Wenn wir den Kühlschrank an einem Tag vollgepackt haben, ist er spätestens übermorgen wieder leer. Andererseits passiert es leider auch oft genug, dass der am Montag gekaufte Salat am Mittwoch ungenießbar ist. Um also möglichst nichts wegzuwerfen, aber auch nicht ständig mal eben Zutaten nachkaufen zu müssen, ist ein Essensplan eine gute Idee. Bei dem bereits gepriesenen Online-Lieferservice einiger Supermärkte kann man seine Einkaufslisten abspeichern, sodass man zu verschiedenen Essensplänen gleich die passende Einkaufsliste hat und am Ende viel Zeit spart – beim Kaufen und beim Planen. So ein Plan kann ja immer noch den täglichen Gelüsten oder Umständen angepasst werden, aber Sinn macht er, da Improvisation mit der Menge immer schwieriger wird.

Oder Sie drücken jedem Familienmitglied drei Karteikarten in die Hand, auf denen jeweils ein Lieblingsgericht inklusive Zutaten notiert wird. Bei uns ergeben sieben mal drei immerhin 21 Gerichte zur Auswahl! So braucht man sich nur noch vor jedem Großeinkauf mit den Kärtchen hinzusetzen und einen Plan zu erstellen, der ja immer noch offen für Änderungen ist. Und wer dank guter Planung nichts wegwirft, nicht zu oft Verlegenheitspizza bestellt oder für den dreifachen Preis mal eben Milch am Kiosk nachkauft, spart auch noch richtig viel Geld.

Geld spart man außerdem nicht nur bei selbst gemachter Salatsoße, sondern bei fast allen eigenhändig kreierten Speisen. Denn mal ganz davon abgesehen, dass diese ganzen Fertiggerichte und Gewürzmischungen die Kinder zappelig werden lassen, sind sie absolut überteuert. Und vor allem gibt es die meisten Fertigmischungen nur in kleinen Portionen. Wenn wir also irgendein Maggi-fix-Gericht kochen wollten, bräuchten wir schon drei Tüten Gewürzmischung. Also lieber gleich in hochwertige Gewürze und Öle investieren, die auch in einer Großfamilie nicht so schnell aufgebraucht sind wie die scheinbar praktischen Fertigmischungen. Wenig Fleisch und viel saisonales Obst und Gemüse mit möglichst wenigen Kilometern auf dem Buckel beeinflussen Konto, Umwelt und Gesundheit ebenfalls positiv. Frisch ist natürlich immer gut, aber ein Vorrat haltbarer Zutaten, und wenn es nur hochwertige Tomatensoße und Nudeln, Müsli und Milch sind, schafft Entlastung, wenn andere Sachen gerade wichtiger als Einkaufen und Kochen sind.

Kinder beim Kochen helfen zu lassen, ist auch eine schöne Sache. Zu kochen übernehmen gerade ältere Kinder auch lieber, als die Spülmaschine einzuräumen. Damit die Kinder selbst einmal zu bewussten Essern werden, sollte man sich auch nicht immer auf Kindergeschmacksniveau begeben. Wer schon einmal wochenlang tagtäglich Fischstäbchen, Nudeln mit Tomatensoße oder Pfannkuchen gegessen hat, weiß, wovon ich spreche. Im Großen und Ganzen übernehmen die Kinder doch die Essgewohnheiten ihrer Eltern, also lohnt sich der Aufwand.

Auch wenn ich als Kind manchmal neidisch auf Leute mit Süßigkeitenschublade und Limokiste war, mir schmeckt gesundes Essen einfach besser, weil ich damit aufgewachsen bin.

Mein Mann ist da ein wenig anders konditioniert und hat schließlich auch eine Fritteuse in unserem Haushalt durchgesetzt. Dogmatisch sind wir beide nicht, und von mir aus kann er auch mal mit den Kindern zu McDonald's fahren. Ich war mit zwölf das erste Mal da und auch nur, weil die ganze Schulklasse bei einem Ausflug dort einkehrte. Der kulinarische Teil der Juniortüte vertrug sich nicht mit meinem Ökomagen, dennoch fand ich es toll.

Was das alles mit vielen Kindern zu tun hat? Vor allem die Erkenntnis, dass gemeinsam essen schön ist und dass zu viel Wirbel um gesundes Essen genauso auf den Magen schlägt wie zu viel Zucker.

Apropos Essen –
Die eigene körperliche Instandhaltung

Mehrere Schwangerschaften bedeuten nicht zwangsläufig immer mehr Kilos auf der Waage. Allerdings muss ich gestehen, dass ich die Kilos, die ich nach der zweiten und dritten Schwangerschaft zu viel auf der Waage hatte, immer noch nicht losgeworden bin. Aber wenn ich mich so umschaue, haben die meisten anderen auch nicht mehr dieselbe Figur wie mit 20. Selbst wenn sie keine Kinder haben.

Aber beschäftigen sich Mehrfachmütter überhaupt noch mit so banalen Dingen wie der Figur? Ich fürchte schon (oder sollte ich sagen »hoffe«?). Selbst die scheinbar so emanzipierte Brigitte bringt jedes Jahr eine neue Diät raus. In jedem Babybuch wird über Schwabbelbäuche und Hängebusen gejammert. Mütter gehen nicht nur zur Rückbildung, um Rückenschmerzen und Inkontinenz vorzubeugen, sondern auch, um wieder einigermaßen wie vorher auszusehen. Mich selbst nehme ich da gar nicht aus. Und solange man sich nicht damit quält, Heidi Klum oder die Figur, die man mit 16 hatte, als Maßstab zu nehmen, oder das Aussehen zum Lebensinhalt wird, ist das doch auch völlig okay.

Da ich doch immer wieder höre, dass man mir die fünf Kinder nicht ansehe (solange ich angezogen bin, stimmt das …), verrate ich gerne, was mich einigermaßen in Form hält: Einmal die Woche gehe ich joggen und das, obwohl ich bis zu meinem 30. Lebensjahr immer geglaubt habe, ich würde nach spätestens fünf Minuten zusammenbrechen. Sport ist Mord und Joggen das Letzte, was ich freiwillig tun würde, war lange mein Motto.

Nachdem ich jedoch einmal eine Liste der Vorteile, die das Laufen einem bringt, in die Finger bekommen habe, musste ich es einfach mal ausprobieren. Hier nur ein paar der Punkte: Der Kopf wird frei, das Immunsystem gestärkt, die Konzentrationsfähigkeit erhöht, die Laune hebt und die Muskeln straffen sich …

Wir wohnen auf drei Etagen, und die Zeiten, wo ich nur mit Herzrasen oben ankam, sind seit dem Lauftraining vorbei. Vor allem ist es ein äußerst kinderkompatibler Sport. Bis vor Kurzem bin ich oft mit Kinderwagen joggen gegangen. Benni fand es herrlich, wenn er so schnell durch die frische Waldluft geschoben wurde, und schlief spätestens nach fünf Minuten ein. Da mir Laufen alleine oft zu langweilig ist, jogge ich meistens mit einer Freundin. Beim Quatschen vergehen fünf Kilometer wie im Fluge, und danach laufe ich mindestens zwei Tage lang mit mehr Energie durch die Gegend.

Apropos langweilig. Ich gehöre leider auch zu den Leuten, die sich schon dreimal im Fitnessstudio angemeldet haben und nach einem halben Jahr doch lieber zu Hause bleiben. Meinen letzten Versuch bin ich sehr enthusiastisch angegangen und habe anfangs fleißig trainiert. Die Motivationsmethoden erinnerten mich zwar teilweise an eine Sekte, aber die Hoffnung stirbt zuletzt. Die Speckröllchen allerdings hielten meinem Angriff hartnäckig stand. Und wenn ich mir die Trainerinnen so ansah, fand ich, dass sich der ganze Aufwand eigentlich ohnehin nicht lohnte. Muskeln hatten sie, zugegeben, aber etwas fehlte. Anmut, Haltung und eine gute Form, die nichts mit Alter und Gewicht zu tun hat.

Kurz, all das, was man meistens bei Menschen findet, die intensiv Pilates oder Yoga praktizieren. Mein erstes Yogabuch entdeckte ich in der ersten Schwangerschaft und übe seitdem immer mal wieder. Meistens zu Hause auf einer Matte, gerne nach Übungen aus dem Buch oder mit DVDs, bei denen man nachturnen kann, ohne mitten in der Verrenkung erst mal umblättern zu müssen.

Was aber rein figurtechnisch der absolute Hit im Aufwand-Leistungs-Verhältnis ist, ist das gute alte Callanetics. Die Gymnastikbücher mit den Vorher-Nachher-Bildern aus einer Zeit vor Photoshop fielen mir in den Neunzigern in die Hand und ich trainierte danach meinen damals ohnehin perfekten Teenagerkörper. Irgendwie dämlich, dass sich bei den meisten Frauen die Zufriedenheit mit dem eigenen Körper erst dann einstellt, wenn dessen Vollkommenheit objektiv betrachtet schon wieder nachlässt. Jugend ist eben verschwendet an die Jugend, wie es so schön heißt.

Irgendwann in den letzten Jahren entdeckte ich ein Callaneticsbuch auf dem Flohmarkt und griff zu. Ich kann nur sagen, es stimmt, was der Rückentext versprach: Schon nach drei Stunden Callenetics sieht und spürt man den Unterschied! Als würde der Spiegel Photoshop beherrschen. Ich weiß nicht, warum die Bücher,

VHS-Kassetten und (selbstgemacht wirkenden) DVDs nur noch gebraucht und das zu teils horrenden Preisen gehandelt werden. Vielleicht haben die Erben von Herrn Pilates und Co ihren Finger auf der Wunderwaffe gegen die Schwerkraft. Anders kann ich mir nicht erklären, warum es nicht schon längst ein Revival gegeben hat. Die Vorteile von Gymnastik auf dem heimischen Teppich liegen gerade für Mehrfachmütter auf der Hand: keine Fahrzeit, kaum Kosten, kaum Aufwand. Andererseits kostet es einen natürlich mehr Überwindung, die Übungen regelmäßig zu machen, wenn man jedes Mal erst die Duplosteine beiseiteschieben muss oder einen die Kinder fragen, ob sie mitmachen dürfen, nur um einem dann mit Anlauf auf den Bauch zu hopsen, wenn man gerade die ausgeleierten Muskeln stärken will. Ein Grund für mich, jetzt doch wieder bei einem »externen« Pilateskurs mitzumachen. Terminverbindlichkeiten geben dem inneren Schweinehund schließlich auch einen Tritt in den Hintern.

Was bei mir gar nicht geht, ist weniger essen. Glücklicherweise habe ich nur in Schwangerschaft und Stillzeit Hunger auf Süßes gehabt, ich kann gut auf Schokolade oder Fast Food verzichten. Nicht aber auf die dritte Portion Kohlenhydrate. Gerne auch mit Käse überbacken. Ich habe schon einige Diäten ausprobiert und habe es aufgegeben, die paar Speckröllchen auf diese Weise loszuwerden. Meistens schon nach zwei Tagen. Lieber versuche ich, nicht in die typischen Mamafallen wie Resteessen zu tappen. Außerdem liebe ich tatsächlich Gemüse und Salat, aber Kasteiung? Nein danke! Hat einer von Ihnen mal *Moppel-Ich* gelesen? So möchte ich nicht leben! 14 Nudeln bei einer Mahlzeit! Und Frau Fröhlich sagt selbst, dass es letztendlich nichts gebracht hat. Lieber eine grundsätzlich gesunde Lebensweise als ständigen Jo-Jo-Effekt. Lieber gut essen und ordentlich verbrennen.

Viele Kinder sind sowieso eine gute Gelegenheit, den Alltagsverbrauch anzukurbeln. Ich erledige eigentlich alle Wege mit den Kindern und auch allein zu Fuß oder mit dem Fahrrad – und bin so in der Stadt meistens genauso schnell wie andere, die die gleichen Wege mit dem Auto zurücklegen. Burn fat, not oil! Es geht schließlich nicht nur um den privaten Speckvorrat, sondern auch um die Ressourcen, die wir uns auch mit den kommenden Generationen teilen müssen. Nachdem ich mich jetzt aufgeregt habe (gut für die Fettverbrennung, aber schlecht für die Nerven), möchte ich das Kapitel über die körperliche Instandhaltung mit der Feststellung abschließen, dass ein entspannter Umgang mit den eigenen Maßen für die Attraktivität immer noch das Beste ist. Solange das Grinsen breiter ist als die Hüften (natürlich nur im übertragenen Sinn), ist doch alles gut!

Das habe ich mir letztens auch gedacht, als ich eine Packung Pralinen geschenkt bekommen hatte und meinen Kindern scheinheilig die Espressokugeln, Zartbitterhäppchen und Marzipanstückchen anbot. Welche Überraschung, dass sie mir die angebissenen Dinger nach einmal Probieren wiedergaben. Da blieb mir nichts anderes übrig, als den Rest alleine aufzuessen. Inklusive der angelutschten.

Wohnen mit Kindern statt gegen Kinder

Ich glaube, ich brauche jetzt nicht auszuführen, warum die Anschaffung von weißen Sofas, hellen Teppichen, Loftwohnungen ohne Wände oder Glastischen in Verbindung mit vielen Kindern nur etwas für Masochisten ist. Und die Zeiten, als Architekten Kindern Zimmer in die Häuser malten, die als bessere Hundebox durchgehen würden, sind zum Glück vorbei.

Der Ratgeber *Wohnen mit Kindern** aus den Siebzigern, den mir eine Freundin zur Geburt des ersten Kindes schenkte, bringt die

---

* *Leider gibt es dieses Buch nicht mehr, aktuelle Bücher unter dem gleichen Titel machen Eltern mit Anleitungen für Kinderzimmerparadiese mit Schiffsbetten und Spielinseln eher das Leben schwer.*

141

optimale Wohnphilosophie für Großfamilien auf den Punkt: Man solle sich entscheiden, ob man *mit* oder *gegen* Kinder wohnen wolle. Mit Kindern zu wohnen hieße, eben nicht zu versuchen, eine Angeberwohnung zu präsentieren und so sich und die Kinder zu versklaven. Das heißt natürlich nicht, dass es verkehrt ist, dem kindlichen Entfaltungsdrang gewisse Grenzen zu setzen.

Ich habe lange gebraucht, um zu kapieren, dass es keine Freiheitsberaubung ist, wenn die Playmobilarmee nicht ins Schlafzimmer Einmarsch halten darf. Auch wenn das Kinderzimmer gerade schon voll ist. Auch Kissenschlachten in unserem Bett mit einem Haufen fremder und eigener Kinder, die gerade matschig aus dem Garten kommen, toleriere ich nur noch im Notfall. Und auch, wenn meine Eltern sehr tolerant in dieser Beziehung waren, Kunstwerke auf der Tapete sollten sich auf die Kinderzimmerwände beschränken.

Wohnen mit Kindern propagiert eine altmodische Idee, die an sich genial ist: die gute Stube. Damit ist ein Zimmer gemeint, in dem sich die Eltern entspannen und auch mal spontan Gäste empfangen können, ohne vorher mit einer Schaufel Spielzeug wegzukarren. Als ich noch jünger und entspannter war und wir noch einen Gemeinschaftsgarten hatten, beschwerte ich mich mal bei einer Freundin darüber, dass eine Nachbarin extrem pingelig mit Bobbycars und Sandspielsachen im Garten sei. Ich konnte nicht verstehen, warum abends alles weg sollte, wenn man es am nächsten Tag doch schon wieder brauchte. Meine Freundin meinte, dass viele sich einfach nicht entspannen könnten, wenn der Garten kein absolut ordentliches Bild präsentiere. Heute kann ich das nachvollziehen. Selbst, wenn im ganzen Haus Kindergeburtstag herrschen sollte, irgendwo muss es so etwas wie einen ruhigen Ort geben. Aber das sind alles Details, die jede Familie für sich entscheiden muss.

Viel schwieriger ist es, mit so vielen Leuten überhaupt etwas Passendes zu finden. Seit die sogenannte Gentrifizierung gerade in den großen Städten stärker um sich greift, wird es immer schwieriger, eine große Wohnung oder gar ein Haus zu finden.

Dazu kommt noch die Angst vieler Vermieter, dass viele Kinder nicht nur eine Lärmbelästigung, sondern auch eine Gefahr für die Wohnung darstellen könnten. Oder dass sich die Nachbarn beschweren, die das Trappeln durch die Decke hören. Gerade in Altbauten und Mehrfamilienhäusern bekommt man natürlich mehr voneinander mit – da helfen nur gegenseitige Toleranz und Rücksichtnahme. Die Autorin Petra van Laak sah sich sogar gezwungen, potenziellen Vermietern die Hälfte ihrer vier Kinder vorab zu verschweigen, als sie nach der Pleite ihres Mannes als alleinerziehende Mutter auf Wohnungssuche war.[16] Andererseits ist Offenheit von Anfang an das Beste – sonst beginnt der richtige Stress erst nach dem Mietvertrag.

Wir hatten das Glück, dass unsere letzte Wohnung im Erdgeschoss lag, da brauchten die Kinder nicht auf Zehenspitzen über den Boden zu schleichen, und der Kinderwagen musste auch nur ein paar Stufen hochgewuchtet werden. Da wir uns aber sowohl quadratmeter- als auch kinderzahlmäßig vergrößern wollten, suchten wir etwas anderes. Und hier ist es uns wohl ergangen wie fast allen Großstädtern ohne Lottogewinn auch: Wir stellten fest, dass es kaum bezahlbare Wohnungen mit mehr als drei Zimmern und schon gar nicht mit Garten oder Balkon gibt. Und erst recht nicht in schönen Vierteln.

Aber die Landflucht kann doch auch für die wenigsten eine Lösung sein. Für uns war immer klar, dass wir irgendwo wohnen wollten, wo wir kein zweites Auto, ja am liebsten überhaupt kein Auto brauchten. Wer mit mehreren Kindern jenseits eines dichten Bahnnetzes oder fußläufiger Infrastruktur wohnt, der wird seine Nachmittage hauptsächlich als Taxifahrer verbringen.

Wenn wir dann zwischen den einschlägigen Inseraten etwas fanden, entpuppte es sich bei der Besichtigung dann doch als zu weit weg oder zu teuer. Als wir die Umzugspläne erst mal auf Eis gelegt hatten, schauten wir uns dann doch noch ein Haus an. Und hatten unser künftiges Zuhause gefunden: einen Altbau, den wir fast zwei Jahre lang sanieren mussten, dafür aber mit großem Garten und keine 20 Minuten mit der U-Bahn von der Innenstadt entfernt. Auch wenn andere angesichts des Zustands des Hauses an unserem Verstand zweifelten, war es für uns Liebe auf den ersten Blick. Allerdings hätten wir uns das ohne die finanzielle und praktische Unterstützung von unserer Familie und die Tatsache, dass mein Mann als Bauingenieur sehr viel selbst machen konnte, auch nicht leisten können.

Damit das Einfamilienhaus nicht die einzige Möglichkeit für viele Kinderzimmer ist, wäre es schön, wenn gerade große Wohnungs-baugesellschaften demnächst öfter mehr als zwei Kinderzimmer einplanten. Zwischen Haus und Drei-Zimmer-Wohnung gibt es überall noch viel zu wenig Angebote.

Ob ein eigenes Zimmer für jedes Kind überhaupt nötig ist, ist natürlich auch Ansichtssache. Viele erzählen mir, dass sie es ge-nossen haben, immer jemanden bei sich zu haben. Selbst mit 16 noch. Ich selbst habe mir als Kind nichts sehnlicher gewünscht als ein eigenes Zimmer, und gerade deshalb war es für mich immer sehr wichtig, dass bei uns jeder seine Tür hinter sich zumachen würde können – zumindest ab dem Teenageralter. Die ersten ein, zwei Jahre haben die Kinder sowieso immer bei uns geschlafen und da gespielt, wo wir uns gerade aufhielten. Alex und Emilia haben sich circa acht Jahre lang ein Zimmer geteilt, die Zwillinge eben-falls. Das »übrige« Kinderzimmer war dann reines Spielzimmer mit Gästebett. Erst jetzt haben wir es nach jahrelangem Umziehen und durch mehrere Umbauten im Haus geschafft, dass jedes Kind sein eigenes Zimmer hat. Hinter meinem Schreibtisch steht jetzt zwar auch unser Bett, und ich teile mir mittlerweile mit meinem Mann den Kleiderschrank, für den Familienfrieden ist es trotzdem so am besten.

Gerade bei Kindern ab zehn Jahren, größeren Altersabständen oder verschiedenen Geschlechtern sind eigene Zimmer ideal, während ein Wohnzimmer vielleicht ohnehin kaum genutzt wird.

Das kann man sich ja auch noch zurückerobern, wenn die Kinder ausgezogen sind, und so lange zum Beispiel das Schlafzimmer zur Entspannung nutzen – auf dem Bett liest es sich ohnehin genauso gut wie auf dem Sofa.

Viel wichtiger als das Sofa ist sowieso der Küchentisch. Am besten in einer großen Wohnküche. Gerade als die Kinder noch jünger waren, hat sich bei uns das Leben tagsüber komplett in der Küche abgespielt: spielen, gemeinsam essen, Hausaufgaben machen, mit Freunden Kaffee trinken. In den Babyzeiten hatten wir dort auch immer ein Zweitbettchen stehen und einen Spieltisch für die größeren Geschwister. So lebt es sich viel entspannter als mit Miniküchen neben riesigen Wohn- und Esszimmern.

Spätestens dann, wenn die Kinder anfangen, vor der Schule zu duschen, statt abends zu dritt in der Badewanne zu planschen, sind zwei Badezimmer natürlich sehr großfamilienfreundlich. Worum ich manch andere Familie beneide, ist ein Hauswirtschaftsraum. Bei uns steht die Waschmaschine in der Garage und das Bügelbrett oben im Flur. Das heißt, die Wäscheberge verteilen sich irgendwo dazwischen. Aber alles kann und muss man ja auch nicht haben.

Wozu ich jedem aus eigener und beobachteter Erfahrung jedenfalls nur raten kann, ist, lieber in einem Kompromiss wohnen zu bleiben, bis das Passende gefunden ist, als sehenden Auges in einen Kompromiss umzuziehen. Irgendwann findet doch fast jeder die passende Bleibe, und das sollte sein wie beim Partner: Wenn es das Richtige ist, spürt man es. Wohnungen und Häuser haben auch irgendwie eine Seele. Sich zu binden, weil die Zinsen gerade so niedrig sind, das Baukindergeld nur noch dieses Jahr gezahlt wird oder gerade alle »was Eigenes« suchen, versklavt einen eher noch mehr. Und vielleicht ist die kleinere Wohnung, in der man zwar kein Wohnzimmer, aber eine schöne Wohnküche und vor allem eine tolle Infrastruktur und nette Nachbarn hat, viel besser für die Familiensituation als ein Neubau, für dessen Finanzierung man schuften muss bis zum Umfallen (vielleicht sogar noch, wenn bereits alle Kinder ausgezogen sind).

Egal, ob es um die Innenausstattung oder die Wohnlage geht, es sollte immer klar sein, ob wir etwas für uns tun oder weil wir das Gefühl haben, irgendwo mithalten zu müssen. Für jede Familie gibt es die passende Lösung. Und wenn die Eltern glücklich sind, sind es die Kinder meistens auch, ob nun in der Stadt oder auf dem Land.

Abgesehen von den Kosten und der Arbeit, die so ein Umzug mit sich bringt, bereitet er auch immer jede Menge seelischen Stress. Als ich mit dem fünften Kind schwanger war, erzählte Alex eines Morgens von einem wiederkehrenden Albtraum: Wir mussten umziehen. Kein Wunder, mit jedem neuen Geschwisterchen kam bisher auch ein neues Zuhause. Ich konnte ihn beruhigen – hier bleiben wir, selbst wenn unsere stets gefüllten Wäschekörbe nie ein eigenes Zimmer bekommen werden.

Zeit ist relativ, aber meistens relativ knapp

Selbst kleine Familien finden kaum Zeit für spontane Treffen, geschweige denn dafür, ihre To-do-Listen abzuarbeiten. Wie viele Eltern müssen stundenlang in ihrem Terminkalender blättern, bevor sie ein Zeitfenster für eine Verabredung ihrer Kinder finden. Zurück bleibt das Gefühl, nichts zu schaffen und dennoch von einer Aufgabe zur nächsten zu hetzen. Genau wie bei vielen anderen Eltern, die ich kenne, sind bei uns mindestens 80 Prozent der Meckerei oder Rumschreierei auf Zeitdruck zurückzuführen.

Eine Nachbarin meinte mal zu mir, ich sei ja immer so ruhig trotz der ganzen Kinder. Wahrscheinlich liegt sie zwischen halb sieben und acht noch im Tiefschlaf. Zu Schulzeiten ist das definitiv die Zeit, in der ich, aber auch der Rest der Familie am lautesten ist. Nicht immer – aber viel öfter, als mir lieb ist.

Das eine Kind vermisst den zweiten Sportschuh, das andere schüttet sein Müsli über den letzten sauberen Pulli, das nächste zieht die Decke wieder über den Kopf, obwohl in 20 Minuten die Bahn fährt. Und weil ich gerade noch mit Pausenbroten beschäftigt bin, kann ich nicht zum dritten Mal zwei Treppen hochlaufen.

Ich würde meine Kinder morgens auch lieber schlafen lassen, aber wenn die Großen um halb acht nicht unten sind, reicht es wieder nur für einen Kakao an der Haustür. Und wenn ich dann hochbrülle, dass sie endlich kommen sollen, brüllen sie zurück, dass sie gleich kommen, und irgendeiner brüllt mit Sicherheit, dass nicht alle so laut sein sollen.

Wenn ich es nach so einem blöden Start in den Tag dann mit dem Kleinen erst um fünf nach neun in den Kindergarten schaffe – schließlich kann ich erst duschen, wenn alle anderen weg sind, oder ich müsste um sechs im Bad stehen –, schäme ich mich.

Vor allem, wenn alle anderen Kinder schon im Morgenkreis sitzen, ich also das Bitte-nicht-stören-Schild an der Tür ignorieren und Benni unauffällig in die Gruppe schieben muss. Wenn dann endlich alle Kinder versorgt sind, rennt man vielleicht auch bei Rot über die Straße, um die Bahn zu erwischen. Und setzt sich dann doch verschwitzt auf die Bank, während die Bahn an einem vorbeirauscht. Erfahrungsgemäß verfolgt einen die erste Verspätung den ganzen Tag über, sodass jeder weitere Termin zum Stressfaktor wird.

Aber es gibt auch andere Tage. Heute Morgen zum Beispiel sind alle fünf Kinder pünktlich und entspannt aus dem Haus gekommen, ohne dass einer vorher meckern oder hetzen musste (musste?). Gut, Benni bestand darauf, dreimal zu hüpfen, bevor ich ihm die Hose anziehen durfte. Als aus dreimal zehnmal wurden, habe ich ihn mir doch einfach geschnappt.

Also stelle ich mir, während ich gerade völlig entspannt nach dem ruhigen Start am Schreibtisch sitze, die Frage, was anders läuft, wenn es ohne Hektik läuft.

Theoretisch haben wir alle 24 Stunden Zeit am Tag. Die Frage ist nur, wie wir mit ihr umgehen. Und das beginnt im Kopf. Über Zeitmangel zu jammern bringt nichts, sondern kostet selbst wieder nur Zeit. Nachdem ich mich selbst mal wieder beim Jammern erwischt habe und dann auch noch in *Simplify your time* nachgelesen habe, was unsere Einstellung zur Zeit ausmacht, habe ich jedes weitere Klagelied über die fehlende Zeit einfach hinter verschlossenen Lippen gelassen und mir gesagt, dass ich Zeit habe! Probieren Sie es doch einfach mal aus, es wirkt Wunder. Rückblickend kann ich nur sagen, dass immer, wenn ich über Stress gejammert habe, dieser sich verstärkte. Oder war es umgekehrt? Aber wer sich den ganzen Tag einredet, keine Zeit zu haben, wird auch keine mehr finden. Und sparen Sie sich Ihre Zeit jetzt lieber für etwas anderes auf als dafür zu sagen, ich hätte ja keine Ahnung …

Aber Einstellung hin oder her, ganz ohne konkrete Verhaltensweisen lässt sich das Zeitproblem leider doch nicht in Griff kriegen:

Prioritäten setzen: Zeit ist kostbar, also sollte sie immer auf die Dinge verwendet werden, die gerade wichtig sind. Normalerweise halte ich mir die Vormittage komplett zum Arbeiten frei – auch wenn alle Kinder außerhäusig versorgt sind, heißt das nämlich nicht, dass ich Freizeit hätte. So gern ich mich öfter mal morgens mit einer Freundin zum Kaffeetrinken treffen würde – wenn ich meinen Arbeitsplatz frühzeitig verlasse, bekomme ich meine Aufträge nicht erledigt.

Theoretisch hört sich das einleuchtend an, praktisch funktioniert es meistens, aber nicht immer. Wenn ich mit dem aktuellen Projekt nicht weiterkomme, kontrolliere ich fast automatisch alle fünf Minuten meinen Posteingang. Könnte ja sein, dass es von einem anderen Projekt Neuigkeiten gibt. Falls nicht, gibt es mindestens fünf neue Mails aus einem Autorennetzwerk. Da Netzwerken ja zum Job gehört, schiebe ich das schlechte Gewissen beiseite und lese sie. In der einen Mail ist ein Link zum neuesten Buch der Absenderin, mal schauen, was die zu treibt … Und schon ist wieder eine halbe Stunde rum. Wenn ich die Zeit, die ich so in der Woche verrödle, zusammenrechne, hätte ich mich auch zwei Stunden mit der Freundin treffen können.

Man muss seine Prioritäten, in diesem Fall also Job meistern und Freundschaft pflegen, eben besser im Auge behalten und alles Nebensächliche einfach weglassen, damit sie nicht zu kurz kommen. Klarheit darüber, was die Prioritäten sind, hilft letztendlich auch, die Zeit sinnvoller einzuteilen.

Was den Haushalt angeht, gibt das hilfreiche Buch *Besser einfach – einfach besser. Das Haushalts-Survival-Buch* von Bianka Bleier und Birgit Schilling den entlastenden Ratschlag, dass man auch hier einfach Schwerpunkte setzen müsse. Also entweder gutes Essen oder Ordnung oder Kreativität. Alle Bereiche vernünftig abzudecken wäre selbst für Vollzeithausfrauen oder -männer zu viel. Wer ständig frisch und aufwendig kocht, kann nicht verlangen, dass die Küche nach drei Jahren immer noch so aussieht wie im Möbelhaus.

Egal, wofür Sie Zeit einplanen, überlegen Sie, welchem Ziel sie letztendlich dienen soll. Manchmal muss man auch anfangs mehr Zeit investieren, um diese langfristig zu sparen. Den Kindern zum Beispiel das Kochen beizubringen kostet zwar zunächst mehr Zeit, als es eben mal selbst zu machen. Ist das Ziel aber erst erreicht, sind die Kinder nicht nur selbstständiger, sondern können Sie auch entlasten.

Eins nach dem anderen: Wer das Gerücht in die Welt gesetzt hat, Frauen seien im Gegensatz zu Männern Multitaskingtalente, ist meiner Meinung nach ein fieser Sadist, der nur zusätzlichen Stress ausüben wollte. Die Behauptung, jemand könne etwas besonders gut, zieht nämlich meistens die Forderung nach sich, dass er es gefälligst auch tun solle.

Natürlich telefoniere ich auch mal während des Kochens oder beantworte SMS auf dem Spielplatz. Aber sobald mehr als nur automatisierte Handgriffe gefordert sind, komme auch ich an meine Grenzen. Und nicht nur ich. Es ist mittlerweile wissenschaftlich belegt, dass Multitasking die Effektivität um 40 Prozent senkt.[17]

Ein mediales Symptom für dieses unselige Alles-gleichzeitig-machen-Wollen ist für mich ein bekannter Nachrichtensender. Die eigentliche Sendung wird umrahmt von Börsennachrichten, Uhrzeit, Datum und einem Fließtext am unteren Rand, der jede Meldung als Eilmeldung ankündigt. Diese Art der Informationsverteilung schwappt auch schon in die Kinderbücher über.

Diese Sachbücher mit verschiedenen Klappen, Verweisen, Untertexten et cetera verführen einen dazu, dass man schnell durch die Haupttexte hechelt, statt auf die Details einzugehen. Statt in die Tiefe führt dieser Multitasking- und Infoüberlappungswahn nur zu Oberflächlichkeit und letztendlich zu schlechten Ergebnissen. Auch im Umgang mit den Kindern.

Wenn ich zum Beispiel behaupte, ich spiele jetzt mit den Kindern im Garten, und mich dann mit einer Zeitschrift auf den Sandkastenrand setze, während ich mir hin und wieder halbherzig einen Sandkuchen geben lasse, bekomme ich irgendwann zu Recht den Sand auf die Zeitschrift geschüttet. Wenn ich aber eine halbe Stunde wirklich mitspiele, kann ich den Kindern auch klarmachen, dass ich danach in Ruhe lesen möchte.

Aber auch im normalen Tagesablauf hilft mir der Leitsatz »eins nach dem anderen« weiter. Nachdem morgens oft fünf Kinder und manchmal noch mein Mann mit Fragen wie »Kannst du mal eben den Englischtest unterschreiben?«, »Wo ist ein Kuli, der funktioniert?«, »Wann bist du heute Abend wieder zu Hause?«, »Kann ich heute Nachmittag mit meiner Freundin in die Stadt?«, »Kannst du mir mal eben was für Erdkunde ausdrucken?« auf mich einstürmten, habe ich verkündet, die Anfragen desjenigen zuerst zu beantworten, der zuerst aus dem Haus muss. Zwischen sieben und acht Uhr morgens geht die Tür bei uns nämlich im Zehnminutentakt auf und zu. Wenn die eventuell mit Hilfe verbundenen Verabschiedungen nicht nacheinander stattfänden, würde hier ab- solutes Chaos herrschen.

Vorbereitung ist alles: Der übliche Schulbeginn zwingt leider auch die Morgenmuffel unter den Eltern und Schülern dazu, ent- gegen ihrer inneren Uhr früh aufzustehen. Ich kenne Eltern, die stehen sogar zwischen fünf und sechs auf, um in Ruhe zu duschen und Frühstück vorzubereiten. Für jemanden wie mich, der vor dem ersten Kaffee sowieso nicht klar denken kann, wäre das unvorstell- bar. Ich bin schon froh, dass ich mich daran gewöhnt habe, dass der Wecker bei uns um 6.30 Uhr klingelt.

Aber den nächsten Tag vorzubereiten spart Zeit und Nerven. Abends bei einem netten Hörbuch den Frühstückstisch zu decken, Klamotten und Brotdosen rauszusuchen und kurz zu überlegen, wie der Tag verlaufen soll, ist entspannter, als morgens noch die Brot- boxen zu waschen, weil sie am Vortag nicht in der Spülmaschine gelandet sind, und noch ein paar einzelne Socken von ihrem Single- dasein zu befreien. Jedes Jahr wieder frage ich mich, warum ich die Weihnachtsgeschenke nicht nach demselben Prinzip schon zwei Wochen vorher im Internet bestelle, statt mich drei Tage vor Heilig- abend noch durch die vollen Geschäfte zu quetschen.

Ich gestehe, dass wir auch oft zu denen gehören, die am letzten Ferientag die Liste mit den Schulsachen suchen. Die letzten Jahre habe ich allerdings ein paar Mal die Angebotswoche bei Aldi ge- nutzt, um Schulhefte und Ähnliches auf Vorrat zu kaufen. Für den Schreibwarenladen um die Ecke bleibt immer noch genug Klein- kram übrig, und wir sparen so nicht nur Zeit, sondern auch Geld.

Da ich nicht von Natur aus zu den Leuten gehöre, die ihr Leben und ihre Umgebung strukturieren, ordnen und planen, hat es mich einiges an Zeit und Mühe gekostet, ein organisierterer Mensch zu werden. Wenn Ihnen das ähnlich geht, dann denken Sie daran, dass eine gute Vorbereitung letztendlich viel mehr Zeit für Spontaneität ermöglicht.

Multiplizieren statt dividieren: Mit einer großen Familie hat man überhaupt keine Zeit mehr, könnte man denken. Vor allem die Mutter. Manchmal habe ich selbst das Gefühl, ich müsse meine 24 Stunden am Tag durch sieben teilen. Bleiben noch drei Stunden. So knapp ist meine Zeit glücklicherweise dann doch nicht bemessen.

Ich könnte die Zeit aber auch mit der Anzahl der Familienmitglieder multiplizieren. Sieben mal 24 sind 168 Stunden. Herrlich! Natürlich ist das so rum auch Quatsch, die Rechnung soll aber verdeutlichen, dass die weiteren Familienmitglieder nicht nur Zeit stehlen, sondern auch stiften können.

Sagen wir also mal, es würde sieben Stunden in der Woche dauern, das Haus einmal gründlich zu putzen. Wenn jedes Familienmitglied mithälfe, wäre diese Aufgabe für jeden in einer Stunde erledigt. Selbst, wenn es am Ende für jeden zwei Stunden wären, würde jeder Einzelne weniger Stress haben.

Bis wir praktisch so weit sind, werden wir Eltern bei den Kindern wohl noch eine Menge Überzeugungsarbeit leisten müssen. Aber selbst kleine Hilfen summieren sich. Wenn zum Beispiel einer der Großen mal eben für mich zur Post geht, ist das für mich meistens mehr Hilfe, als es Aufwand für das Kind ist. Entweder ich müsste den Weg sonst in der kostbaren »freien« (das heißt meistens Arbeitszeit) Zeit erledigen oder am Nachmittag den Jüngsten mit einpacken. Sie wissen selbst, dass mit Kleinkindern schon der Gang zum Supermarkt zum Tagesausflug werden kann.

Die passenden Methoden finden: Ich suche ja immer noch nach dem Buch, das mir den Haushalt quasi von alleine schmeißt. Schließlich machen schlaue Bücher ja schon beim Lesen schlau. (Georg treibt seine Geschwister beim Aufräumen gerade öfter auf die Palme, weil er einfach auf dem Sofa sitzen bleibt. Wenn er gefragt wird, warum er nicht helfe, antwortet er: »Ich helfe doch. In meinen Gedanken sortiere ich gerade alle Duplosteine.« Nun ja. Gedanken sind zwar bekanntlich frei, aber immer noch nicht allmächtig.)

Aber welche der vielen praktischen Tipps in den einschlägigen Büchern passen nun zu mir? Ein Blick auf die Auswahl an Zeitmanagement- und Haushaltsbüchern reicht, um zu kapieren, dass es selbst in XL-Familien mehr Methoden als Familienmitglieder gibt. Da helfen wie immer nur Nachdenken und Ausprobieren.

Fangen wir beim Thema Wäsche an: *Besser einfach – einfach besser.* *Das Haushalts-Survival-Buch* propagiert, einen einzigen Waschtag in der Woche einzulegen, selbst wenn dazu eine zweite Waschmaschine und die Anschaffung eines Trockners nötig sein sollte. An diesem einen Tag solle alle Wäsche gewaschen, getrocknet, gebügelt, gelegt und einsortiert werden. Zur Belohnung müsse man die restliche Woche kein Stück Wäsche anfassen, abgesehen von der, die man täglich in die Schmutzwäsche wirft.

In *Kind, Job, Familie – und trotzdem Zeit für mich* dagegen wird die Immer-mal-wieder-nebenbei-Methode propagiert. Jeden Tag mal eben eine Waschmaschine waschen, während die Kinder gerade friedlich spielen oder man noch darauf wartet, dass der Auflauf fürs Abendessen fertig ist, fordere weniger Energie, als einen Nachmittag lang nichts anderes zu machen.

Was für die eigene Familie passt, hängt natürlich auch von der Arbeitssituation der Eltern ab. Wer jeden Tag arbeitet, könnte sich so einen Waschtag gar nicht einrichten. Am besten hält man beim Stöbern in der Ratgeberabteilung und zu Besuch bei anderen Familien die Augen offen und schaut sich überall das Passende ab. Auch wenn die meisten gestressten Familien in ähnliche Haushaltsfallen tappen, die besten Lösungen sind immer individuell.

Schluss mit dem Infoterror: Angeblich erhält man heute innerhalb einer Woche mehr Informationen als noch vor hundert Jahren während des ganzen Lebens. Natürlich ist nichts verkehrt daran, sich über die neuesten Entwicklungen in der Welt auf dem Laufenden zu halten, aber nur solange das unsere eigene Entwicklung nicht behindert – oder uns ganz schlicht und einfach von der Arbeit abhält.

Der Autor des äußerst provokanten, aber auch inspirierenden Bestsellers *Die 4-Stunden-Woche: Mehr Zeit, mehr Geld, mehr Leben*, Timothy Ferris, rät, sämtliches Nachrichtenschauen zu streichen und nur einmal die Woche sein Mailfach zu öffnen. Was wichtig ist, erreiche einen schon früh genug.

Letztens traf mich fast der Schlag, als ich mich an die Arbeit setzen wollte. Statt konsequenterweise direkt Word zu öffnen, klickte ich erst mal mein Mailprogramm an, das mich natürlich sofort nicht nur mit Werbung, sondern auch mit Neuigkeiten bombardierte: »Geiselnahme in Kölner Kita«, stand dort. Also schnell die Seite des *Kölner Stadtanzeigers* öffnen, um zu schauen, ob es auch nicht um unsere Kita ging. Glücklicherweise kamen weder in unserer noch in einer anderen Kita Kinder zu Schaden, dafür blieb ich erst mal 20 Minuten lang im Netz hängen.

Aber selbst bei Themen, die uns tatsächlich persönlich betreffen, ist zu viel Information am Ende doch vor allem eines: ein elender Zeitfresser. Letztens erzählten mir werdende Eltern von ihrem bevorstehenden Kinderwagenkauf, dem eine zu diesem Zeitpunkt bereits wochenlange Recherche vorausging. Leider war das Modell, das praktisch, stylish, bezahlbar und dazu noch individuell genug war, noch nicht gefunden.

In solchen Sachen sind mein Mann und ich glücklicherweise beide recht pragmatisch. Das letzte Mal, als wir einen Kinderwagen brauchten, sprach uns eine Mutter an, dass sie jemanden wisse, der einen gut erhaltenen Kinderwagen verkaufen wolle. Nach einmal Ansehen nahmen wir ihn für 100 Euro mit. Die Farbe passte zwar nicht zu meiner gerade aktuellen Garderobe, aber der Kinderwagen musste schließlich weder mir noch dem Kind die Schau stehlen. Und den Zeitaufwand, im Babycenter 500 Kinderwagen Probe zu fahren oder im Internet ebenso viele Bewertungen zu vergleichen, haben wir uns auch gespart. Meistens steht der Informationsaufwand nämlich kaum im Verhältnis zum Ergebnis.

UND IHR?

Alex, Emilia, Georg, Luis und Benni

Meine Kinder

Bei allen schönen Seiten, die eine große Familie mit sich bringt, ist es für die Kinder auch nicht immer einfach. Egal ob Großfamilien, Patchworkarrangements oder Kleinstfamilien, die Kinder leben mit den Konsequenzen einer Entscheidung, die sie nicht selbst getroffen haben. Also wäre es schön, die Kinder öfter danach zu fragen, wie es ihnen damit geht. Gesagt, getan: Ich fertigte einen Fragebogen für meine Kinder an. Alex, 13 und Emilia, elf, füllten ihn schriftlich aus, während ich die Zwillinge, 7, einzeln interviewte. Georg machte es richtig Spaß, meine Fragen zum Thema Großfamilie zu beantworten, während Luis genervt fragte, wann ich denn endlich fertig sei. Benni, 2, redet zwar schon wie ein Wasserfall, hatte aber überhaupt keine Lust auf meine Befragung.

Trotz der erschwerten Bedingungen habe ich aber einige Antworten bekommen, die mir zum Teil auch zu denken gegeben haben. Allen gerecht zu werden ist eben gar nicht so einfach.

Als Erstes fragte ich die Kinder, was daran nerve, viele Geschwister zu haben. »Dass jeder immer das meiste will. Zum Beispiel dieses Eis«, rief Georg, der mit mir auf dem Sofa saß, prompt. Am Tag zuvor war eine Diskussion um das letzte Eis entbrannt, die Entscheidung, wer es haben durfte, konnte ich vertagen. Und jetzt saß der Glückliche alleine mit Mama und dem letzten Eis zu Hause, während alle anderen in der Schule oder im Kindergarten waren.

Aber nicht nur das Eis ist knapp. Auch Zeit und Aufmerksamkeit müssten ständig geteilt werden, wie unser Alex, der immerhin mal Einzelkind war, betonte. Außerdem finde er es anstrengend, wenn er nach einem langen Schultag nach Hause komme und ihn anstelle von Ruhe Kindergeschrei erwarte. Auch bei den gemeinsamen Mahlzeiten werde es ihm oft zu laut. Emilia nervt der Lärmpegel ebenfalls des Öfteren. Und Luis beschwerte sich darüber, dass seine Geschwister zu oft ungefragt sein Zimmer betreten oder ihn ärgern würden.

In allen Äußerungen steckt der verständliche Wunsch nach eigener Zeit und eigenem Raum – ob mit oder ohne Eltern. Alles Punkte, um die sie Einzelkinder beneiden: »Die können immer allein sein, wenn sie wollen«, meinte Luis. »Die Eltern haben viel mehr Geld für das Kind. Deshalb hat der Leo auch einen iPod«, ergänzte Georg. »Die haben immer Ruhe und müssen nicht so viel teilen«, fasste es Emilia zusammen. »Sie bekommen (von allem) mehr, vor allem mehr Aufmerksamkeit«, wiederholte Alex den Gedanken.

Bei der Frage, worum Einzelkinder sie beneiden könnten, waren sich alle einig: Man habe immer jemanden zum Spielen und es sei immer etwas los.

Genau das finden sie auch schön an vielen Geschwistern, dass immer einer da ist, den man fragen kann, wenn einem langweilig ist. Besonders schön fanden es zum Beispiel die Zwillinge, als ihr kleiner Bruder bei einem Schulfest immer mit den »großen« Kindern spielen wollte und viele Freunde sich ebenfalls mit Begeisterung um ihn kümmerten. Was man hat, fällt leider eben auch oft erst auf, wenn andere es toll finden. Oder wenn man es mal nicht hat: »Wenn alle anderen weg sind und ich mit dir alleine bin«, war auch mit bei den Statements und wurde zum Glück von einem schelmischen Grinsen begleitet. Zusammen toben und die Spielsachen der Großen erben gehört auch zu den Highlights des Großfamilienlebens. Überhaupt bei den Großen mitmischen zu können, etwa in ihr Zimmer zu dürfen, ist für Luis und Georg die Eintrittskarte in paradiesische Gefilde.

»Und auf Feiern hat man immer ein paar Leute dabei, die man schon kennt«, ergänzte Alex.

Trotzdem – so schön es oft ist, je mehr Kinder da sind, desto schneller wächst das Krisenpotenzial. Aber nicht nur die Brüder und Schwester(n) können nerven, sondern auch die Außenwelt. Emilia ärgert sich, wenn manch anderes Kind die Geschwisterzahl skeptisch beäugt oder auch noch fragt, ob es nicht doof mit so vielen Geschwistern sei: »›Können die sich überhaupt um alle Kinder kümmern? Können die überhaupt alles bezahlen, was sie für so viele Leute brauchen?‹, fragen sich bestimmt viele. Dabei klappt das doch meistens!«

Georg antwortete auf meine Frage nach blöden Bemerkungen erfreulicherweise, dass er es gar nicht höre, falls einer was Blödes sage. »Aber manche von meinen Freunden hätten auch gerne so viele Geschwister.« Im Großen und Ganzen hält sich die Umwelt meiner Kinder also wohl mit skeptischen Bemerkungen zurück.

Tja, und die Gretchenfrage lautet natürlich, was wir Eltern besser machen könnten. Ich bin schon froh, dass keiner geantwortet hat: einen Teil der Kinder zur Adoption freigeben.

Dennoch hat mir der Tenor der Älteren zu denken gegeben: nicht den Jüngeren die meiste Aufmerksamkeit schenken – »und nicht nur denen, die Hilfe gerade besonders nötig haben, zum Beispiel weil sie gerade Probleme in der Schule haben«.

Selbst die Zwillinge forderten weniger Aufmerksamkeit für den Jüngsten. Da hilft es den Kindern auch nicht, wenn ich ihnen erzähle, dass bei jedem von ihnen die Zeit bis zum dritten Lebensjahr eigentlich eine Rund-um-die-Uhr-Intensivbetreuung war, die nur durch Tiefschlaf unterbrochen wurde.

Fatalerweise neigen Kinder, die gerade sehr »pflegeleicht« sind, dazu, sich total zurückzunehmen. Das Phänomen erlebten wir bei den Zwillingen schon im Säuglingsalter. Als Georg mal ein paar Tage lang krank und quengelig war, verhielt Luis sich wie eine gut gelaunte Babypuppe. Als wäre er gar nicht da.

Auch andere Eltern berichteten mir, dass die Jüngsten entgegen der landläufigen Meinung meistens nicht einfach nebenherlaufen, sondern sich die Aufmerksamkeit mit aller Macht erkämpfen. Zum Teil ist das gut, aber nur solange die älteren Kinder nicht zu stark in den Hintergrund treten. Gerade wenn die Größten sich (pubertätstypisch) schon zurückziehen, sollen sie im stillen Kämmerlein nicht auch noch denken, es sei sowieso jedem lieber, wenn sie Ruhe gäben.

Für jeden das Gleiche, wahrscheinlich an Zeit und Aufmerksamkeit, aber auch an materiellen Dingen, wünschen unsere Kinder sich ebenfalls. Fast ein Ding der Unmöglichkeit, aber versuchen sollten wir es. Die Forderung, ich solle weniger schlafen, weise ich jedoch zurück. Gut, ich sollte mittags nicht so oft mit dem Kopf auf der Tischplatte liegen, wenn ich mit den Zwillingen Hausaufgaben mache, aber das schaffe ich wohl nur, wenn ich insgesamt mehr schlafe.

Und abgesehen von uns Eltern, was könnte die Politik für Familien tun?

»Ich sollte Chef von Deutschland werden und nicht die Angela Merkel! Dann würde ich die Steuern verdoppeln, damit ich mehr Geld hätte«, sagte Georg.

»Okay, aber davon ginge es auch keinem besser.«

»Mir schon«, antwortete Georg grinsend. Immerhin schlug er schließlich noch vor, dass der Staat alles kostenlos verteilen solle.

Gut, das ist Utopie, aber finanzielle Entlastung täte wohl allen großen Familien gut. Dass selbst bei relativ gut verdienenden Eltern das Geld nicht verschwendet werden kann, bekommen wohl fast alle Kinder großer Familien mit. Die beiden Großen wünschten sich Kindergartenplätze für alle und mehr Gesamtschulen. Das Thema betrifft ja nicht nur Kinder aus großen Familien. Durch dieses überflüssige Gy8 verbringen viele Kinder mehr Zeit am Schreibtisch und in der Schule als so mancher Erwachsener im Büro. Wäre eine Gesamtschule für uns gut erreichbar, wäre das vielleicht eine bessere Wahl gewesen, und wer weiß, vielleicht ist dieses Schulverkürzungsexperiment demnächst genauso Vergangenheit wie die antiautoritäre Rechtschreiberziehung, unter der unsere Jüngeren als Konsequenz aus den neuesten Erkenntnissen nun nicht mehr leiden müssen.

Ein Blick in die weitere Zukunft lohnt sich auch im eigenen Familienkreis: »Wenn die Großen ausgezogen sind, bin ich endlich der Älteste!«, triumphierte Georg.

Und wenn alle ausgezogen seien? Ja, dann habe man immer jemanden, den man anrufen könne, und vor allem immer genügend Gäste für große Familienfeiern: »Vor allem an Weihnachten oder anderen Feiern ist es später bestimmt cool, eine große Familie zu sein.« Natürlich gibt es auch bei großen Familien Geschwister, die eine Wurzelbehandlung einem Kaffeebesuch bei dem Bruder vorziehen würden, aber wenn ich mich bei den Erwachsenen so umhöre, finden die meisten es sehr schön, eine große Familie im Rücken zu haben.

»Manchmal ist es cool, manchmal auch nicht.«

Luis' Satz bringt es auf den Punkt. Es gibt an großen Familien nichts zu idealisieren, aber auch nichts zu verteufeln. Fakt ist jedoch, dass Kinder aus großen Familien um alle Ressourcen stärker kämpfen müssen und Abgrenzung meist nötiger haben, um in der Menge nicht unterzugehen. Vielleicht hilft in vielen Situationen die Frage weiter, wie ich das einzelne Kind behandeln würde, wenn es ein Einzelkind wäre?

Irgendwo habe ich mal den Vorschlag gelesen, sich von den Kindern pünktlich zum Schulzeugnis ein Elternzeugnis ausstellen zu lassen. Wahrscheinlich würden Sie genau wie wir von jedem Kind ganz andere Noten bekommen. Ich wette allerdings, die allermeisten Großfamilienkinder beanstanden dieselben Punkte wie meine und fühlen sich ihren Geschwistern dennoch tief im Innern von Herzen verbunden!

KAPITEL 6

Die würde ich nie mehr umtauschen!

Warum es toll ist, viele Kinder zu haben

Manche glauben ja, als Mutter müsste man den ganzen Tag selig und selbstlos mit dem Baby auf dem Arm durch die Gegend laufen, und vielen Eltern fällt es schwer, anderen und sich selbst einzugestehen, dass die schlaflose Realität oft anders aussieht.

Egal, ob es an den Hormonen oder den Umständen liegt, wir dürfen auch mit Kindern mal unglücklich sein. Ja, sogar die Kinder dürfen bei uns mal unglücklich sein. Mit einem Dauergrinsen durch den Tag zu wandeln ist nämlich für keinen einfach. Es wäre auch ein bisschen viel von einem Kind verlangt, für unser Glück zuständig zu sein.

Ich meine, als halbwegs aufgeklärte Frau erwartet man das doch nicht einmal mehr vom Mann. Und das, obwohl er in den seltensten Fällen stundenlang schreit, den Weg zum Klo nicht findet und sich stattdessen vom Hochbett erbricht (Kotze aus dieser Fallhöhe verteilt sich übrigens an allen vier Wänden) oder einem einen Vortrag hält, warum man zu den engstirnigsten Menschen der Welt gehört (weil man seine Macht dazu ausnutzt, das Internet mit einer Zeitschaltuhr zu versehen).

Nein, die meisten Frauen wissen: Selbst der netteste, attraktivste und klügste Mann kann zwar für eine Menge nette Momente und noch nettere Kinder sorgen, aber für seinen inneren Frieden muss schon jeder selbst sorgen. Wie kann man dann also erst von seinen Kindern verlangen, dass sie einen glücklich machen?

Letztens unterhielt ich mich mit einer Frau, die wehmütig erzählte, dass es bei ihr mit Kindern wohl nichts mehr werde. Sie hatte unsere Kinder gerade damit beglückt, dass sie mit ihnen ein Kartenspiel spielte, dessen Regeln ich einfach nicht kapiere. Wahrscheinlich weil mein Kopf zu voll ist von all dem Stress, von dem ich dieser Freundin erzählte. Zu wenig Zeit für mich, für meinen Mann, für jedes einzelne Kind. Zu viel von der Arbeit, die keinen Spaß macht, und zu wenig von der, die viel Spaß macht. Ich seufzte und verdrehte die Augen, als ich von der Grippewelle erzählte, die alle fünf hintereinander erwischte und mich zur Hobbykrankenschwester werden ließ. Und warum erzählte ich das alles? Irgendwie auch, weil ich mich für das große Glück schämte, das ich habe. Ich wollte sie nicht neidisch machen.

Das sind meine Kinder nämlich für mich: mein größtes Glück – ich liebe sie, egal wie sie sind, egal was sie tun. (Was natürlich nicht heißt, dass sie tun und lassen können, was sie wollen, aber die Liebe bleibt bedingungslos.)

Vielleicht ist dieses Glück umso stärker, je weniger man es einfordert. Und wahrscheinlich ist es eben auch eine Kunst, die wunderbaren Momente mit den Kindern wahrzunehmen und zu genießen. Eltern mit vielen Kindern wissen aus Erfahrung, dass das Leben mit Kindern nicht nur aus einem Endorphinrausch besteht. Dass sie sich trotzdem noch für weitere entschieden haben, spricht doch für sich. Für diese Eltern bedeuten die Kinder eben doch ein riesengroßes Glück. Warum, ist schwer zu vermitteln.

Glück soll ansteckend sein, lässt sich aber schwer beschreiben und wirkt von außen betrachtet schnell debil. Manchmal sind diese Eltern schon anstrengend, die ihr Baby stundenlang verzückt anstarren, wo es doch aussieht wie jedes andere Baby auch. Bei unseren Kindern war das natürlich etwas anderes, die waren wirklich einfach so zuckersüß ... Ja, ja, denken Sie wahrscheinlich, Sie hätten mal meine sehen sollen.

Irgendwer oder -was sorgt also schon dafür, dass das elterliche Belohnungssystem angekurbelt wird. Denn bei all dem Jammern und all dem Stress kenne ich kaum Eltern, die nicht sofort anfangen zu strahlen, wenn sie von ihren Kindern erzählen. Für die meisten Eltern sind die eigenen Kinder (glücklicherweise) nicht das einzige Glück, aber das allerwichtigste. Anders als Bernd Eggen, der in seiner Studie *Kinderreiche Familien* behauptet, dass Kinder Eltern zwar glücklicher machten, das Glückspotenzial aber mit zwei Kindern erschöpft sei, glaube ich, dass ein paar mehr Kinder ein noch größeres Glück bedeuten können. Ich stelle mir zwar nicht ernsthaft die Frage, ob ich mit mehr als fünf Kindern noch glücklicher wäre, aber vor der Geburt jedes Kindes hätte ich nicht einmal ahnen können, wir sehr mich dieses wieder verzaubern würde – nicht nur in der Babyphase, sondern für immer.

Mehrfacheltern dürfen so manche beglückende Erfahrung mehrmals erleben, sei es das erste Lächeln oder das erste »Hab dich lieb, Mama«. Und sie wissen dieses Glück spätestens dann viel mehr zu schätzen, wenn ihre Großen als Antwort allerhöchstens noch »hmmhm« grummeln, wenn sie ihnen ihre Liebe bekunden. Gerade die jüngsten Kinder sind oft wie eine besonders schöne Zugabe nach einem fantastischen Konzert, das viel zu schnell zu Ende geht.

Es gibt Hunderte Gründe, sich wegen seiner Kinder glücklich zu schätzen – das betrifft natürlich das erste genauso wie das fünfte – aber es gibt ein paar ganz spezielle Gründe, warum Sie sich glücklich schätzen können, *viele* Kinder zu haben. Zum Beispiel …

Weil es viel zu schön ist, ein Kind zu bekommen, um es nur einmal zu tun

Viele Geburtsanzeigen ziert der Spruch vom Wunder, das auch in der Wiederholung nichts an Zauber verliere. Tatsächlich verliert so eine Geburt auch beim dritten Mal nichts von ihrem Zauber. Ganz im Gegenteil, mit der Erfahrung wird es fast noch schöner und kostbarer, und wir waren jedes Mal sehr gespannt, wer dieses Mal den Weg zu uns finden würde. Obwohl ich nicht sagen würde, dass wir ansonsten ein langweiliges Leben führen, gab es für meinen Mann und mich selten etwas Schöneres als diese ersten Wochen mit dem neuen Baby. Es war, als ob die Zeit stehen bliebe, damit jedes Familienmitglied in Ruhe das kleine wunderbare Wesen bestaunen konnte, das meistens friedlich in unseren Armen lag und mit großen Augen schaute, in was für eine Sippe es da hineingeraten war.

Skeptiker werden jetzt erwidern, dass Babys in der ersten Zeit noch überhaupt nicht richtig sehen können und die Glücksgefühle der Eltern nur ein billiger Hormoncocktail sind. Sollen sie doch sagen, was sie wollen, ich würde keine Weltreise gegen diese Wochenbettzeit eintauschen! Ganz abgesehen davon, dass ich zu keiner anderen Zeit so viel im Bett liegen kann. (Ja, ja, ich weiß, wenn ich gar keine Kinder hätte, könnte ich das ganze Wochenende im Bett rumfläzen, aber dann würde ich es wahrscheinlich gar nicht zu schätzen wissen.)

Schwangerschaft und Babyzeit haben uns auch als Paar immer wieder neue Nähe und Verliebtheit geschenkt. Vor allem während der Geburt wurde mir immer wieder klar, dass ich niemanden sonst in so einer extremen Situation so gerne bei mir hätte. Abgesehen von der Hebamme. Ich glaube, neben der Tatsache, dass unsere Kinder die wunderbarsten und pflegeleichtesten Babys der Welt waren (nur kein Neid, die Randale hat uns nur mit Zeitverzögerung eingeholt, doch da hatten wir unser Herz schon verloren), hat vor allem die Begleitung durch unsere zwei ganz persönlichen Hebammen dazu geführt, dass wir so schnell nicht genug vom Kinderkriegen bekommen konnten.

Ich kenne einige Frauen, die sich trotz extrem schwieriger Schwangerschaften und Geburten für mehrere Kinder entschieden haben, genauso viele Frauen scheinen von ihren Geburtserfahrungen aber regelrecht traumatisiert zu sein: »Nach der Geburt wollte ich nie wieder im Leben schwanger werden!«, »Der Notkaiserschnitt hat mir für immer gereicht!«, »In so entwürdigender Lage habe ich mich selten gefühlt.«

Es ist schon seltsam, wie ein und dasselbe Erlebnis für den einen eine schöne Erfahrung und für den anderen eine schreckliche Hürde auf dem Weg zum Kind sein kann. Weh tut es, keine Frage.

Und es gibt auch immer wieder Komplikationen, in Anbetracht derer man froh ist, wenn man am Ende überhaupt ein Kind auf dem Bauch liegen hat. Aber die Erfahrung zeigt, dass eine gute Hebamme die Geburt doch fast immer zu einem freudigen Ereignis werden lässt. Dieses Gefühl, etwas Übermenschliches geschafft zu haben, in Kombination mit dem frischen Verliebtsein in das neue Menschlein hilft, über so manche Krise in der ersten Zeit hinwegzukommen. Und macht Lust auf mehr!

Umso wichtiger ist es, dass sich jede Frau eine Hebamme leisten kann, beziehungsweise diese überhaupt noch findet. Die aktuelle Politik hat leider schon dafür gesorgt, dass manches Geburtshaus schließen und etliche freiberufliche Hebammen ihren Job aufgeben mussten. Dabei ist ein guter Start in das Familienleben langfristig mit Sicherheit geburtenfördernder als die Erhöhung des Kindergeldes um zehn Euro.

Ich glaube, dass bei vielen kinderreichen Familien die Erinnerung an einen guten Start ausschlaggebend für den Wunsch nach weiteren Kindern ist. Familie ist man sowieso schon, da passen auch noch ein paar mehr Kinder an den Küchentisch. Unser Tisch ist bereits ziemlich voll; sobald Besuch kommt, müssen wir noch Stühle aus anderen Zimmern heranschleppen. Also reicht es uns mittlerweile, in Erinnerung statt in Sehnsucht zu schwelgen.

Mein Mann bezeichnete das gemeinsame Kinderkriegen letztens als eine Art erfüllendes Projekt, das uns eben auch als Paar immer sehr viel gegeben habe. Und meinte, dass es schade sei, dass dieses Kapitel für uns wohl vorbei sei. Irgendwie hat er recht, andererseits bin ich froh, dass wir langsam wieder mehr Freiraum haben, je älter die Kinder werden. Trotzdem finde ich die Vorstellung schrecklich, dass unser Ältester ein Einzelkind geblieben und in vier Jahren erwachsen wäre. Kinder zu bekommen ist einfach wirklich zu schön, um es nur einmal zu tun.

Weil es fast unglaublich ist,
wie einzigartig jedes Kind ist

Glaube ich wirklich, dass jedes meiner Kinder einzigartig ist? Ich glaube, sie selbst zweifeln manchmal daran, weil ich wie fast alle Eltern mit vielen Kindern seit dem dritten Kind an Namensdemenz leide. Ich konnte nie verstehen, dass sich meine Mutter anscheinend nicht mal die Namen von uns drei Töchtern merken konnte. Wie oft rief sie mich mit irgendeiner Kombination unserer drei Namen, den richtigen meistens an letzter Stelle. Und jetzt bin ich selbst so tief gefallen, dass ich, besonders wenn ich in Eile bin, vor einem meiner einzigartigen Kinder stehe und mir der richtige Name einfach nicht über die Lippen will: »AlBenniLuLu-ne-ich-meine-Luis.«

Das Schlimme ist, dass ich eigentlich ganz genau weiß, mit wem ich gerade rede, und die wirre Aufzählung halber oder ganzer Namen ohne meine Kontrolle geschieht. Vielleicht ist das ja eine neurologische Programmierung, die uns daran erinnern soll, genauer hinzuschauen. Wahrscheinlicher ist aber, dass in Stress-situationen das Elterngehirn deshalb nicht zwischen den einzelnen Individuen unterscheidet, damit keiner bevorzugt wird. Oder *alle* noch pünktlich in die Schule kommen.

Jetzt zum Beispiel, wo gerade alle fünf in der Schule oder im Kindergarten sind, also nicht durcheinanderschreien oder mit-einander kämpfen, bis einer sich den Kopf anhaut, oder mich fünf Minuten vor Schulbeginn fragen, ob ich ihnen mal eben ein neues Matheheft geben könne, fallen mir nicht nur alle ihre Namen, sonder auch die besonderen Eigenschaften und Talente jedes Einzelnen ein, sodass mein Herz vor Liebe überquillt. Und Ihnen geht es bestimmt ähnlich. Schließlich finden doch alle guten Eltern ihre Kinder am allerbesten!

Das Gefühl, der Einzigartigkeit des einzelnen Kindes am nächsten zu kommen, hatte ich ausgerechnet immer dann, wenn die Persönlichkeit des Kindes noch am wenigsten festgelegt ist: in der ersten Zeit nach der Geburt. Nie war es einfacher, das Kind so zu nehmen, wie es ist, und es mit bedingungsloser Liebe einfach nur anzuschauen. Klar, es konnte ja auch noch nicht wegkrabbeln oder die Tür hinter sich zuschlagen.

Doch lange bevor man selbst nach einem Wutausbruch des Kindes dem Partner an den Kopf wirft, dass der Sturkopf nur von seiner Seite vererbt worden sein könne, sorgt die Verwandtschaft schon dafür, dass ein paar Schubladen aufgezogen werden: »Die markante Nase hat sie von der Oma«, »Die hübschen Augen sind vom Papa«, »Ganz das penetrante Schreien von der Mama!«

Interessanterweise proklamiert dabei jede Seite, ob nun väterlich oder mütterlich, die Ähnlichkeit für sich. Mein Vater war bei jedem seiner Enkelkinder immer derjenige, der tapfer widersprach, dass jedes Kind einzigartig sei und wir es nicht in irgendwelche Schablonen pressen sollten, indem wir direkt nach Ähnlichkeiten suchten. Wieso?, dachte ich oft. Was ist denn dabei, festzustellen, dass das Kind meine Intelligenz, Anmut und Lieblichkeit geerbt hat?

Aber er hat natürlich recht. Der Einzigartigkeit eines Menschen wird man erst gerecht, wenn man aufhört, sich ein festgelegtes Bild zu machen. Selbst als Erwachsener fühle ich mich am ehesten von den Leuten verstanden, die eben nicht versuchen, mich zu interpretieren.

Natürlich ist für uns auch bei fünf Kindern jedes einzelne etwas Besonderes. Trotzdem plagt uns manchmal das schlechte Gewissen, ob wir in dem Trubel überhaupt diese Einzigartigkeit wahrnehmen. Die Einzelkinder, die ich kenne, stehen bei ihren Eltern jedenfalls viel stärker im Fokus als die meisten Kinder aus großen Familien. Ich beruhige mich ein wenig damit, dass das auch Vorteile für die Kinder aus Großfamilien hat. Immerhin kann einem zu viel Aufmerksamkeit auch ganz schön auf die Nerven gehen, vor allem wenn mit der Aufmerksamkeit auch ein gewisser Erwartungsdruck verbunden ist.

Ein Fallstrick für Kinder, die in großen Familien aufwachsen, ist leider auch, dass sie sich durch den Vergleich mit beziehungsweise die Abgrenzung zu den Geschwistern schnell ein leider oft auch negatives Selbstbildnis zurechtzimmern. Meine Schwestern sind beide extrem künstlerisch begabt. Obwohl auch ich immer ganz gut zeichnen konnte, war ich irgendwann der Meinung, im Vergleich lohne sich der Aufwand nicht. Irgendwann packte mich jedoch der Ehrgeiz und ich nahm mir ein sehr aufwendiges Projekt vor. Ich zeichnete mit gerunzelter Stirn, bereit, die Hoffnung nicht aufzugeben, während meine kleine Schwester unbeteiligt in meinem Zimmer saß. Scheinbar. Denn irgendwann holte sie unschuldig zum Dolchstoß aus. »Fang doch mal mit etwas Einfachem an«, ermunterte sie mich, als sie wohl erkannte, dass das Bild in meinem Kopf besser als das auf dem Papier sein musste. Und ich? Ich nahm das Papier, knüllte es zusammen, warf es gegen die Wand und beendete meine Künstlerkarriere für immer. Selbst meine Kinder belächeln meine hingekritzelten Autos, Männchen oder Tiere. Allein aus Prinzip male ich wie ein Erstklässler. Nein, das ist noch gestrunzt.

Georg wiederum wollte eine Zeit lang Polizist werden. Als ich seinen Zwillingsbruder fragte, was er denn werden wolle, kam ihm der angehende Polizist zuvor: »Also, der Luis könnte Räuber werden.«

So extrem werden die Aufgaben in der Familie zum Glück selten verteilt. Aber wenn einer eben erst eine Bank überfallen muss, um Aufmerksamkeit zu erlangen, wird er auch das tun. Passend zum elterlichen Bildnisverbot sollte man den Kindern vermitteln, dass die Vorstellungen der Eltern auch nicht alles sind. Klar gibt es ein paar allgemeingültige, aber auch familieninterne Standards. Aber darüber hinaus sollte jedes Kind auf seine Weise aufblühen dürfen.

Und nicht nur einem Pflänzlein, sondern einem ganzen Ensemble von Blüten zuzuschauen ist noch einmal was ganz anderes. Beim ersten Kind denkt man noch, nie wieder etwas so Wundervolles zustande bringen und nie wieder ein Kind so lieben zu können. Spätestens ab dem zweiten Kind weiß man, dass dieses genauso wundervoll und doch wieder ganz einzigartig ist.

Weil Sie Ihrem Kind Geschwister geschenkt haben

Meine Lieblingscousine, die selbst vier Geschwister hat, schenkte meiner Tochter zum Geburtstag das Buch *Brüder* von Bart Moeyaert, von dem ich an anderer Stelle schon geschwärmt habe. Auf dem Klappentext steht etwas von dem großen Glück, sechs Brüder zu haben. Ich konnte es nicht lassen, dies Emilia laut vorzulesen, auch wenn sie selbst nur mit vier Brüdern beschenkt worden ist. Ihr knapper Kommentar war: »Vom Glück, na ja …« (Stellen Sie sich den passenden, genervten Gesichtsausdruck vor.)

Sie hat sich jahrelang eine Schwester gewünscht. Das letzte Mal, als noch Hoffnung für die Erfüllung dieses Traums bestand, saßen mein Mann und die vier Großen um mich herum, während meine Frauenärztin mich mit dem Ultraschallgerät untersuchte. Die Ärztin brauchte gar nichts zu sagen, wir sahen es quasi beim ersten Bild auf dem Monitor selbst – und ich sah, wie meiner Tochter für einen Moment die Gesichtszüge entglitten. Ein Junge!

Gut, dafür würde ihr nie jemand die Klamotten ungefragt aus dem Schrank klauen, nie eine Schwester hübscher, netter oder klüger sein als sie selbst oder sich gar in denselben Jungen verlieben.

Manchmal vermisste sie trotzdem eine Schwester für richtige Mädelsspiele, aber dafür gibt es ja Freundinnen. Und alles andere, wie auf Bäumen klettern, quatschen, Türme bauen, Playmobilwelten kreieren oder im Spiel Pizza backen, konnte sie auch mit ihrem großen Bruder. Ich weiß noch, wie sie beide auf dem Bett saßen und Alex (damals drei) ihr Bücher »vorlas«. Er kannte sie zu ihrer und meiner Freude auswendig. Die beiden reparierten auch mit Hingabe und Plastikbohrmaschine Heizungen oder bauten sich Höhlen aus Stühlen und Decken.

Für die Zwillinge standen wir gerade die ersten Jahre an zweiter Stelle. Sie griffen schon als Säuglinge nach den Händchen des anderen, lachten sich kurze Zeit später an und erfanden, sobald sie ein bisschen brabbeln konnten, Geheimwörter. Ich weiß bis heute nicht, was »okoloku« oder »lupsen« bedeutet. Aber die beiden gackerten nur vor Vergnügen, wenn ich sie nach der Bedeutung fragte. Als die beiden sechs Monate alt waren, beobachtete ich eine Szene, die mein Herz heute noch zum Schmelzen bringt. Sie lagen im Bett und schauten sich in die Augen. Auf einmal nahm der eine seinen Schnuller aus dem Mund, lächelte seinen Bruder herzzerreißend an und steckte ihm den Nuckel treffsicher zwischen die Lippen.

Als der Jüngste da war, wollte jeder ihn auf den Arm nehmen oder bei ihm liegen. Alex, damals zehn, meinte, in seinem Alter könne man ein Baby erst richtig genießen. Das stimmt: Auch wenn es mit dem gemeinsamen Spielen bei größerem Altersabstand schwieriger wird, so ist es für ein älteres Kind wirklich wunderschön, ein Geschwisterbaby bewusst zu erleben. Da kann sich die Liebe aufbauen, bevor der Neuankömmling auch mal zur Nervensäge wird.

Und als wir letztens im größeren Kreis Tabu spielten und die beiden Großen in einer Mannschaft waren, rührte es mich, als sie augenzwinkernd vereinbarten, viele Insidertipps zu nutzen, um die Begriffe zu erklären. Da wurde mir wieder mal bewusst, dass die beiden eben doch eine Menge verbindet, was durch ihr Zusammenleben in einer Familie entstanden ist.

An all diese schönen Momente, die nur Geschwister möglich machen, erinnern sich die Kinder natürlich nicht, wenn Bruder oder Schwester gerade nur als Konkurrent oder Spaßbremse wahrgenommen werden. Aber auch in solchen Momenten lernen sie fürs Leben. Konflikten mit den Geschwistern kann man auch nicht so einfach aus dem Weg gehen wie Streitereien auf dem Schulhof, schließlich haben Kinder bisher kein Recht, ihre Geschwister zur Adoption freizugeben. Ich gestehe, dass ich selbst als Kind hin und wieder gedacht habe: Ach wäre ich doch ein Einzelkind. Und das paradoxerweise, obwohl ich eigentlich immer noch mehr Geschwister haben wollte. Die Gefühle ihrer Kinder untereinander müssen Eltern wohl einfach in ihrer ganzen Bandbreite annehmen. Schließlich kann man sich seine Geschwister ja nicht aussuchen.

Der Kinderarzt Remo Largo (*Babyjahre*) forderte vor Kurzem in einem *Brigitte*-Interview zum Thema Kinderbetreuung, dass Kinder deutlich vor dem dritten Lebensjahr in eine Kita sollten.[18] Und zwar vor allem aus einem Grund: weil sie zu Hause zu wenig oder gar keine anderen Kinder, das heißt meistens Geschwister, um sich hätten. Also liebe Mehrfacheltern, wir fördern unsere Kinder ganz besonders, auch wenn wir vielleicht nicht so viel Zeit und Geld in frühkindliche Bildung investieren wie Familien mit nur einem Kind. (Denen wiederum meistens nichts anderes übrig bleibt, denn wenn keine Geschwister da sind, kann man eben nicht mal eben ein Theaterstück mit mehr als einer Rolle einüben.)

Natürlich müssen sich viele Kinder die elterlichen Ressourcen teilen, dafür lernen sie aber auch zu teilen und sich notfalls ihre Bedürfnisse auch selbstständig zu erfüllen. Oder aber, auf andere Ressourcen zurückzugreifen: Die Mitarbeiterin des Verbandes kinderreicher Familien Frau Brock, Psychologin und Mutter von vier Kindern, munterte mich mit folgendem Statement auf der Website des Verbandes auf: »Insbesondere trägt die Vielfalt an Persönlichkeiten in großen Familien dazu bei, dass Kinder in ihrem Leben auf sozial tragfähige Netzwerke zugreifen können und neben Toleranz für Unterschiedlichkeit auch auf eine hohe Innovationskraft zugreifen können.«[19] Wer braucht schon Xing, wenn allein die Geschwister später ein tolles Netzwerk ergeben? Meine Schwestern gehören jedenfalls zu den Ersten, die meine Texte und Ideen kommentieren dürfen. Umgekehrt stehe ich ihnen auch gerne mit Rat und Tat zur Seite.

Aber auch den Gedanken, dass meine Kinder nicht ganz ohne Familie dastehen, wenn wir Eltern mal nicht mehr sind, finde ich tröstlich. Es mag etwas weit hergeholt erscheinen, sich jetzt schon Sorgen darüber zu machen, was unsere Kinder im Rentenalter so treiben, aber ich bin da offenbar nicht die Einzige. Einer der Väter, die meinen Fragebogen ausfüllten, gab an, dass er auch deshalb viele Kinder wolle, damit diese im Alter nicht allein seien und damit es immer eine Gelegenheit für große Familienfeste gebe. Das kann ich nur unterschreiben: Ich selbst habe als Kind diese großen Feiern mit unzähligen Cousinen und Cousins wahnsinnig geliebt (auch wenn sie für die Erwachsenen oft in Stress ausarteten). Ganz davon abgesehen, können unsere Kinder sich später oder auch jetzt schon gemeinsam über unsere Macken aufregen oder sich die Sorgen teilen, wenn wir mal alt und hilfsbedürftig werden sollten.

Auch wenn große Familien natürlich jede Menge Explosionsstoff bieten: Meistens stimmt der Spruch, dass Blut dicker als Wasser ist. Und die eigenen Geschwister kennen einen meistens so gut, dass man nicht alles erklären muss, wenn man ihnen sein Herz ausschüttet. Vor meinen Schwestern ist mir jedenfalls alles viel weniger peinlich, und ich weiß, dass sie verbale Anfälle jeder Art auch zu relativieren wissen.

Und genau das wünsche ich mir auch für meine Kinder: dass ihre Geschwister zu den besten, krisenfestesten Freunden gehören, die sie haben können. Ein Geschenk, das nur Eltern ihren Kindern machen können und das so manchen Verzicht auf beiden Seiten wieder wettmacht.

Weil Sie den Partner gefunden haben, mit dem es schön ist, viele Kinder zu haben

Ich wage an dieser Stelle einmal die These, dass die Männer, die gerne mehrere Kinder bekommen und sich um diese auch kümmern wollen, allesamt ziemlich coole Typen sind. Und damit meine ich nicht nur Brad Pitt (mit Angelina Jolie hätten bestimmt ziemlich viele gerne sechs Kinder), sondern die allermeisten Mehrfachväter, die ich kenne, meinen eigenen Mann ganz besonders.

Mit steigender Alltagsbelastung steigt auch das Meckerpotenzial innerhalb einer Beziehung an, und es ist nicht so, dass ich nichts zu meckern hätte. Umgekehrt genauso. Aber objektiv betrachtet, sind die meisten freiwilligen Mehrfachväter etwas ganz Besonderes (wahrscheinlich schon die Männer, die sich überhaupt für Familie entscheiden). Sie haben sich entschieden. Für Sie und für Ihre gemeinsamen Kinder. Damit haben sie schon etwas bewiesen, woran es leider vielen Männern heutzutage mangelt: Entscheidungsfreude, Verantwortungsbewusstsein und Bindungsbereitschaft. Und wahrscheinlich liebt ein Mann, der mit einer Frau mehrere Kinder möchte, diese einfach so sehr, dass ihm andere Dinge zweitrangig erscheinen. Mein Mann hat für die Familie auch einige Karriereopfer gebracht.

Klar und deutlich zu sagen, dass man keine Kinder möchte, ist ja auch völlig in Ordnung. Das Recht sollten nicht nur Frauen haben, ohne schief angesehen zu werden. Aber die angebliche Frau seines Herzens so lange hinzuhalten, bis die biologische Uhr ausgetickt hat, ist auch nicht fair. Ein Freund von uns lud seine Freundin, die sich seit Jahren Kinder wünschte, zum Essen ein. Es gäbe etwas zu feiern. Ich kann mir ihren Blick vorstellen, als er ihr endlich den Grund für das gemeinsame Glas Sekt mitteilte: »Michael und Dani bekommen ihr fünftes Kind.«

Ich glaube, seine Freundin fand das weder so feierlich noch so lustig wie er. Glücklicherweise sind sie sich aber doch noch einig geworden.

Eine Bekannte wiederum vermittelte mir klar und deutlich, dass sie sich erst für Kinder entscheiden würde, wenn alles andere perfekt sei. Also nicht so wie bei mir damals, beide am Studieren, Leben wie in der WG … Bei der Trennung warf sie ihrem Ex dann vor, dass mein Mann sich ja schon für das zweite Kind entschieden habe, während er noch nicht mal an das erste denken würde.

Ganz ehrlich, mir wird echt warm ums Herz, wenn ich daran denke, dass sich Michael schon so früh für mich entschieden hat, statt wie viele seiner Altersgenossen noch mit Mitte 30 so zu tun, als hätte er gerade erst die Schule beendet. Er ist eben ein toller Mann!

Wenn die Liebe dann auch noch das Familienchaos über-lebt, dann muss sie etwas ganz Besonderes sein. Nachdem ich im Gegensatz zur restlichen Familie einen besonders fiesen Grippe-winter gesund überstanden hatte, überfiel mich ein Virus, der mich einen Tag lang komplett außer Gefecht setzte. Morgens dachte ich noch, ich würde den Tag noch irgendwie rumkriegen, wollte auch meine Eltern nicht um Hilfe bitten, um sie nicht anzustecken. Die Zwillinge teilten das Sofa mit mir, weil sie auch noch zu schlapp für die Schule waren, und Benni, ebenfalls krank, schaute zum ersten Mal bewusst DVD (Einstiegsdroge *Bob der Baumeister*. Seufz. Yo, wir schaffen eben auch nicht alles!). Doch selbst auf dem kurzen Weg zur Toilette wurde mir übel und flau. Um elf rief ich mit letzter Kraft meinen Mann an, um ihm zu sagen, dass er mich ablösen müsse. Ich war einfach nicht in der Lage, dem nächsten Schulkind die Tür aufzumachen und irgendetwas zu essen zu servieren.

Eine halbe Stunde später war er da. Mit einer roten Rose in der Hand, die er schnell noch gekauft hatte. Im Dämmerzustand be-kam ich mit, wie er Mittagessen kochte, Hausaufgaben betreute und dabei den Jüngsten mit einband (was mir immer nur sehr schwer gelingt, Benni will immer die Hefte der Schulkinder vollkritzeln oder auf meinem Schoß rumturnen), nebenbei noch einen Kuchen backte, mit den Kindern zum Friseur ging, die Küche aufräumte (und da stand nicht nur noch das Frühstück rum) … Natürlich könnte man jetzt einwenden, dass ich die Messlatte für die große Liebe gerade ziemlich tief hänge, weil der Mann sich ja nur an der Beseitigung des Schlamassels beteiligt, den er selbst mit eingebrockt hat.

Wenn alle gesund sind, sieht die Servicesituation dann leider auch anders aus (das gilt nicht nur für Michael, sondern auch für mich selbst), aber es ist schön zu spüren, dass wir uns trotz des Alltagsstresses, der jahrelangen Verantwortung und äußerst sparsamen Zweisamkeit immer noch auf uns und unsere Gefühle füreinander verlassen können. Ohne dieses gegenseitige Vertrauen und das Gefühl, sich *für immer* füreinander entschieden zu haben, hätten wir es wohl niemals gewagt, so viele Kinder zu bekommen. Ich bin mir jedenfalls sicher, dass ich sie mit keinem anderen Mann bekommen hätte.

Weil Sie sich nicht an gesellschaftliche Zwänge halten müssen

Noch als ich rein altersmäßig längst erwachsen, ja sogar schon Mutter war, schwor ich mir, nie auf diese schrecklich langweilige, engstirnige Art erwachsen zu werden, die ich an anderen beobachtete. Wie konnte irgendjemandem auf der Welt der Zustand seines Vorgartens wichtiger sein als die Frage, ob es ein Leben nach dem Tod gibt? Wie konnte man sich bei der Berufswahl fragen, wie viel dabei auf dem Konto landen würde? Was führte dazu, dass man sich, statt sich einfach auf das feuchte Gras zu setzen, Flecken auf der Hose oder eine Blasenentzündung fürchtete? Wie konnte jemand fragen: »Weißt du eigentlich, wie spät es ist?«, wenn man spätabends zum Telefonhörer griff? Wie konnte man jeden Abend gemeinsam Fernsehen gucken, statt sich verliebt in die Augen zu schauen? Wie konnte man aufhören, den Status quo immer wieder zu hinterfragen? Musste man sich da nicht wie lebendig begraben vorkommen?

Heute frage ich mich schon manchmal, ob mich diese Erwachseneinkrankheit nicht auch befallen hat. Zum Beispiel, wenn ich meine Kinder ermahne, dass sie sich bitte direkt die Schuhe ausziehen sollen, statt erst mal zuzuhören, warum sie bis zu den Knöcheln im Schlamm steckten. Oder wenn eines der Kinder begeistert erzählt, dass es später Filme machen will. Und ich, obwohl sie alle ein kreatives Talent haben, entgegne: »Okay, aber mach auch noch was ›Sicheres‹ nebenbei.« Und meine Nierengegend halte ich mittlerweile sicherheitshalber auch lieber warm.

Aber sonst versuche ich schon nach wie vor, nicht ins Fahrwasser von »So macht man es halt« zu geraten. Viele Kinder zu haben, ist dabei eine große Unterstützung. Allein durch die Kinderzahl fällt man aus dem Rahmen des angeblich Machbaren. Wenn es gut läuft, überträgt sich dieses Lebensgefühl auch auf andere Bereiche. Viele Entscheidungen fühlen sich besser an, wenn sie aus dem Bauch und dem Herzen heraus getroffen werden und nicht nach dem gängigen Schema.

Ich bin zum Beispiel sehr glücklich darüber, dass wir aufgrund unserer Jugend damals enthusiastisch und romantisch geheiratet haben, ohne Gedanken ans Steuernsparen, die Tischdeko oder irgendwelche Scheidungsstatistiken zu verschwenden. Es gibt ohnehin wenig Garantien im Leben, aber es gibt genug Leute, die scheitern auch mit scheinbar sicheren, weil vorgezeichneten Wegen. Ich meine damit nicht, dass man aus Prinzip auf alle gesellschaftlichen Regeln pfeifen sollte. Ganz im Gegenteil, es gibt eine Menge Regeln, die die Freiheit des Einzelnen erst ermöglichen. Aber wenn man sich nur deshalb kein drittes Kind vorstellen kann, weil man sich dann ja rechtfertigen müsste, läuft etwas schief. Das gilt natürlich genauso für Leute, die Kinder nur bekommen, weil das von ihnen so erwartet wird.

Eltern mit vielen Kindern sind oft geübt darin, sich zu rechtfertigen oder sich anstarren zu lassen. Bewundernd oder skeptisch.

Sie haben längst kapiert, dass sie nicht wie alle sein müssen, während manch anderer sich noch fragt, ob es peinlich ist, wenn das eigene Kind nur einem Hobby nachgeht, statt Geige, Chinesisch und Tennis zu lernen, oder das Auto mit den anderen Wagen der Neubausiedlung nicht mithalten kann. Unkonventionelle Lebensläufe, hohe Flexibilität und eine kreative Sichtweise der Dinge gehören für Mehrfacheltern einfach dazu – sonst würden sie im ganzen Trubel untergehen.

Weil Ihnen nie wieder langweilig wird

Jedenfalls, wenn Sie erst mal die erste Zeit mit Kleinkind hinter sich gebracht haben. Denn die ist manchmal schon ein bisschen langweilig. Fand ich zumindest – und ich glaube, meine Kinder jeweils auch. Natürlich gab es Tage, die wie im Fluge vergingen, aber an anderen haben wir uns schon zwei Stunden nach dem Frühstück gefragt, wann wir endlich Mittagessen machen können. Die plötzliche Isolation der meisten Mütter nach dem ersten Baby ist ein großes Thema. Auf einmal fallen Arbeitskollegen weg und weder der Partner noch Freunde haben tagsüber Zeit. Bei unserem ersten Kind war das noch kein großes Ding, weil mein Mann damals noch viel zu Hause war. Sobald er aber einen Vollzeitjob hatte, trafen mich diese Kaugummitage mit voller Wucht.

Das Paradoxe am Krabbelalter ist ja, dass sich die Tage ganz schön hinziehen, obwohl man jede Menge Arbeit hat. Arbeit, die man gegen den Widerstand eines unersättlichen, aber süßen Torpedos einfach nicht erledigt bekommt. Fast alle Mütter berichten davon. Die Rettung stellen Gleichgesinnte dar: Zu zweit ist es auf dem Spielplatz einfach netter. Vor allem, wenn man sich seit sieben Uhr morgens darauf gefreut hat, endlich mal wieder ein Erwachsenengespräch zu führen und dabei vielleicht sogar noch einen heißen

Kaffee in der Hand zu halten. (In den Kleinkindphasen sammelte ich abends noch halb volle Tassen mit kaltem Kaffee ein, die im ganzen Haus verteilt rumstanden. Im normalen Alltagstrubel zu Hause kam ich nicht mal dazu, meinen Kaffee zu trinken, solange er noch heiß war.)

Diese völlig unverplante Zeit hat auch ihr Gutes, ich möchte sie nicht missen. Und manchmal würde ich mich ganz gerne mal wieder drei Stunden lang entsetzlich langweilen.

Aber spannender ist es heute! Gut, die Arbeit wächst, aber der Input ist bei mehreren Kindern in verschiedenen Altersgruppen viel höher. Die Kinder werden immer mehr zu interessanten und ebenbürtigen Gesprächspartnern und entfernen sich immer mehr von der Rolle des hilflosen Wesens, das rund um die Uhr versorgt werden muss. Und ich finde, genau an diesem Punkt kippt die Stimmung bei Einzelkindern oft.

Wenn mir gerade alles über den Kopf wächst, muss ich nur daran denken, wie sich 13-Jährige in so mancher Kleinfamilie abends mit den Eltern zu Tode langweilen. Sich alleine vor den Computer setzen dürfen sie aber auch nicht. Diese Grabesstille, die in Einzelkindfamilien mit älterem Kind oft herrscht, empfinde ich geradezu als bedrückend.

Eltern mit vielen Kindern neigen vielleicht öfter dazu, gerade die Großen zu vernachlässigen. Eltern mit nur einem oder zwei Kindern hingegen neigen dazu, diese, wenn sie im Teenie-Alter sind und gerade mit aller Macht versuchen, sich abzugrenzen, mit ihrer Sorge zu erdrücken. Bei mehreren Kindern muss man gedanklich so viele Phasen und Ansprüche koordinieren und so vielen Bedürfnissen gerecht werden, dass (selbst mit einem Klein-kind zu Hause) der Tag so schnell wie ein Wimpernschlag aus kind-lichen Bambiaugen vergeht.

Viele Kinder halten einen nicht nur körperlich, sondern auch geistig in Bewegung. Während das erste Kind vielleicht noch ver-sucht hat, die »vernünftige« Position einzunehmen, stellt das zweite wahrscheinlich alle Ansichten, die man so hat, infrage. Und da jedes Kind gern eine eigene Meinung hat, wird es mit der Zeit immer bunter. Lustig, aber auch manchmal anstrengend ist es vor allem, wenn die Kinder meinen, sie würden ihre Geschwister viel besser erziehen als wir selbst.

Auch wenn viele Entscheidungen natürlich bei uns Eltern liegen müssen, sollten wir ihren Ansichten gegenüber immer offen sein und ihnen nicht unsere Meinung überstülpen.

Das Schöne ist, dass die Kinder sich tatsächlich jede Menge voneinander abgucken und Sie sich als Eltern dann ganz entspannt zurücklehnen und zuschauen können, wie die Großen den Kleinen alles erklären, was Sie ihnen zuvor beigebracht haben. Wahrscheinlich sind die Geschwister auch oft einfach die besseren Spiel- und Sparringpartner als die Eltern.

Gerade an unserem Jüngsten, der durch den Altersabstand zu den anderen am ehesten wie ein Einzelkind aufwächst, merke ich, wie sehnsüchtig er immer auf seine Geschwister wartet. Sobald er laufen konnte, bestand er darauf, die Tür zu öffnen, wenn es klingelte.

Abgesehen von der Haustür öffnen einem Kinder aber auch im übertragenen Sinne jede Menge Türen. Ich habe es immer als riesengroße Bereicherung empfunden, durch die Kinder Leute kennenzulernen, deren Lebenswelten so anders sind, dass man sich sonst nie begegnen würde. Auch, wenn ich mich grundsätzlich als offen empfinde, weiß ich, dass ich ohne unsere Kinder viel eher auf einer Insel leben würde, die vor allem aus meiner eigenen, kleinen Welt besteht. Über die Kinder haben sich schon Freundschaften ergeben, für die ich wirklich dankbar bin. So wichtig die Familie ist, bieten gerade viele Kinder die Gelegenheit, sich auch nach außen stärker zu öffnen. Die Dinge einfach mal kommen zu lassen und zu schauen, wohin sie einen führen. Wenn man sich jahrzehntelang nur im Dunstkreis des gleichen Jobs, der gleichen Hobbys und der gleichen Menschen bewegt, neigt man irgendwann zu autistischen Anwandlungen.

Mit Kindern beschäftigt man sich automatisch mit Themen, zu denen man sonst überhaupt keinen Bezug hätte, und wird so ganz nebenbei zum idealen Kandidaten für jede Quizshow. Alex brachte mir mit drei Jahren den Unterschied zwischen einem Radlader und einem Bagger bei. Ohne ihn hätte ich nie erfahren, dass bei dem einen die Schaufel von unten und bei dem anderen von oben kommt. Auch das Detailwissen über Ritter, Dinosaurier und Indianer wäre mir ohne einen Haufen wissbegieriger Kinder für immer vorenthalten geblieben. Vor Jahren fragte mein Mann bei den Großen nach, wer um alles in der Welt denn Hannah Montana sei. Mit einem vielsagenden, vorpubertären Blick erwiderte Emilia: »Das ist eine von heute.« (Subtext: »Im Gegensatz zu euch.«)

Je älter die Kinder werden, desto mehr kennen sie sich auch mit den neuesten technischen Entwicklungen und Kommunikationswegen aus – auch wenn das für viele vielleicht albern klingt, ich muss Alex öfter fragen, wie dies oder das am Computer funktioniert. Und komplizierte Rechnungen und naturwissenschaftliche Fragen aller Art gebe ich gleich an meine Tochter weiter. Als sie letztens zuhörte, wie ich den Zwillingen aus einem Weltraumsachbuch vorlas, unterbrach sie uns. Die Ansichten zur Anzahl der Planeten seien längst überholt …

Kinder sind wie eine Mischung aus Facebook und Wikipedia, nur ohne Nebenwirkungen: Suchtpotenzial ist zwar auch vorhanden, führt aber nicht zu einsamen Stunden vor dem Computer und Bewegungsarmut.

Also: Auch wenn es hin und wieder wunderschön und vor allem auch nötig ist, Zeit allein mit jedem Kind zu verbringen, ist das Leben mit mehreren Kindern einfach lebendiger. Klar, optimistische Eltern werden Chaos eben einfach als Lebensfreude umdeuten, während mancher schon Kopfschmerzen bekommt, wenn er mit zwei Kindern in einem Raum ist.

Ich will auch nicht behaupten, dass es außerhalb des Familienlebens nicht auch eine Menge zu entdecken gäbe. Aber mit jedem

Kind mehr nimmt eben auch die Vielfalt innerhalb der Familie zu. Man muss sich nur vor Überforderung in Acht nehmen, damit man auch in der Lage ist, die schönen Seiten überhaupt wahrzunehmen. Aber das gilt ja meistens schon beim ersten Kind.

Weil Sie die Meisterin (nicht nur) der Gelassenheit werden können

In ganz dunklen Momenten stelle ich mir oft vor, wie einfach ich es hätte haben können. Wäre ich bei den durchschnittlichen ein bis zwei Kindern geblieben, wäre mein Leben soooo entspannt. So einfach, dass es schon fast langweilig wäre. Aber wäre es das wirklich?

Höchstwahrscheinlich nicht. Der Stress würde wohl nur anders verkleidet daherkommen. Wenn ich mir die Eltern um mich herum so angucke, deren ein oder zwei Kinder gerade an der Schwelle zum Teenagerdasein stehen, wundere ich mich schon manchmal, wie sie immer noch über ihre Schwierigkeiten stöhnen, Job und Kind unter einen Hut zu bringen. Oder darüber, dass die Kinder gerade ganz merkwürdig werden. Und viele Mütter, die zehn oder zwölf Jahre komplett zu Hause waren, werden spätestens dann extrem unruhig, wenn die Kinder ihnen klarmachen, dass sie die Gesellschaft Gleichaltriger vorziehen.

Hin und wieder fragt mich eine der extrem gestressten Mütter, warum ich trotz allem so entspannt aussehe. Dass ich mich frage, warum sie überhaupt gestresst ist, behalte ich dann lieber für mich. Ich weiß ja selbst, dass ich mit ein oder zwei Kindern oft genauso am Anschlag war wie jetzt mit fünf. Manchmal entgegne ich also, das sei keine Entspannung, sondern Resignation. Das stimmt zum Glück nur selten; wahr ist aber, dass ich mich über viele Dinge einfach nicht mehr aufrege.

Wenn ich das Gefühl habe, eins der Kinder leidet, etwa unter ungerechter Behandlung in der Schule, versuche ich zu handeln. Und rege mich auf. Über verhauene Vokabeltests, vergessene Hausaufgaben oder ein zusammengefaltetes Zeugnis in der Jackentasche ärgere ich mich dagegen nicht (wenn es insgesamt gut läuft).

Auch wenn die Belastung auf den ersten Blick viel größer ist, die Mütter, die ich kenne, die so zwischen drei und fünf Kinder haben, sind im Großen und Ganzen kein bisschen gestresster als die Mütter mit ein oder zwei Kindern. Woran könnte das liegen? Zum einen natürlich am Naturell. Es gibt einfach auch Mütter mit einem dickeren Fell. Andererseits scheinen auch die Kinder selbst, die doch eigentlich ein potenzieller Stressfaktor sind, für mehr Gelassenheit zu sorgen. Die Kinder lehren einen mehr, als jeder Guru es könnte. Vorausgesetzt, man lässt sich darauf ein.

Allein die Erfahrung, dass schon so viele brenzlige Situationen gut ausgegangen sind, schafft Vertrauen und macht einen resistent gegen banale Stressfaktoren (wie den nächsten Verwandtenbesuch). Vor zwei Tagen machte ich mich mit den drei Kleinen auf den Weg zu einem etwas entfernteren Supermarkt, um noch ein paar Zutaten fürs erste Grillen im Garten zu besorgen. Die Zwillinge nahmen bei dem schönen Wetter ihre Fahrräder, während ich zwecks Lademöglichkeit Benni im Kinderwagen transportierte. Für solche Fälle haben wir die Vereinbarung, dass die schnelleren Radfahrer an jeder Kreuzung auf mich warten. Normalerweise kann ich mich blind darauf verlassen, sodass ich mich auch nicht stresse, wenn ich keinen der beiden mehr sehe. Als ich aber dieses Mal auf den letzten Metern vor der Haustür um die Ecke bog, hörte ich Reifen quietschen: Luis stand mit seinem Fahrrad schon halb auf der Straße, neben ihm ein Auto, das gerade noch rechtzeitig gebremst hatte. Im Vergleich zu dieser Situation war der vorhergehende Einkauf mit drei Kindern, inklusive Spielzeug-aus-den-Regalen-Räumen und Fangen-Spielen-in-den-Gängen, Firlefanz. Gut, dass ich mich dort nicht darüber aufgeregt habe, dass der Kleine alles in den Korb werfen wollte, den Georg über dem Arm trug. Oder dass Luis mich vor der Kasse in eine Diskussion verwickelte, warum ich ihm nicht noch Geld für irgendeinen sinnlosen Plastikkram made in China leihen konnte. Eigentlich gibt es wenige Dinge, über die es sich wirklich lohnt, sich aufzuregen.

Die ewigen Stillzeiten bei meinem Ersten nutzte ich auch dazu, Mütterratgeber zu lesen. Mir leuchteten die Erkenntnisse des Buches *Auf der Suche nach dem verlorenen Glück* von Jean Liedloff absolut ein. In dem Klassiker stellt die Autorin unsere gestresste, unglückliche Gesellschaft einem glücklichen Naturvolk gegenüber, in dem die Kinder am Körper getragen werden, bis sie krabbeln können. Natürlich wollte ich, dass Alex ein glücklicher Mensch würde. Also schleppte ich ihn permanent mit mir herum. Außerdem sind Babytragen ja gerade in den öffentlichen Verkehrsmitteln sehr praktisch, zumal damals in der Großstadt Köln barrierefreies Fahren an vielen Haltestellen noch Zukunftsmusik war. Als ich also einmal im vollen Bus stand, das Baby selig schlummernd an meiner Brust, sprach mich eine Frau an: »Darf ich Ihnen etwas sagen?«

»Natürlich.«

»Meine Tochter ist Kinderärztin und hat mir erzählt, wie gefährlich diese Tragevorrichtungen sein können. Die Kinder bekommen viel zu wenig Sauerstoff. Das Gehirn kann in Mitleidenschaft gezogen werden. Ich an Ihrer Stelle würde mein Kind nicht so transportieren.«

Was sollte ich auf diesen Expertenrat hin antworten? Ich rechtfertigte mich halbherzig und bedankte mich gleichzeitig. Die Frau hatte es ja nur gut gemeint. Das Gedränge im Bus, das warme Baby an der Brust und die Gedanken an ein lernbehindertes Kind trieben mir dennoch den Schweiß auf die Stirn. Vielleicht machen Tragetücher ja deshalb so glücklich, weil zu viel Denken der Unbekümmertheit am meisten im Weg steht?

Heute würde ich mich nicht mehr so irritieren lassen. Komischerweise werde ich auch weniger mit ungefragten Ratschlägen be-

lästigt. Vielleicht ist es die Souveränität, die sich alle Mehrfachmütter zwangsläufig erarbeiten, die Besserwisser auf Abstand hält.

Ich würde mich heute auch nicht mehr so unter Druck setzen
lassen, um irgendwelchen Idealen zu entsprechen. Als ich mit den
Zwillingen schwanger war, entdeckte ich tatsächlich die Anleitung
für ein Doppeltragesystem zum Selbernähen. Ich zog es nicht einmal in Erwägung, auch auf die Gefahr hin, dass meine Kinder im
Kinderwagen einen Knacks erleiden könnten. Allerdings ist mir in
der Bahn tatsächlich mal eine Frau begegnet, die so ein Machwerk
benutzte. Ein Baby vorne, eins hinten. Das waren mit Sicherheit
ihre ersten Kinder.

Vor einiger Zeit besuchte die aktuelle Familienministerin
Kristina Schröder mal unseren Kindergarten. Beim Austausch über
diese Neuigkeit meinte eine Mutter: »Schade, ich hätte viel lieber
Ursula von der Leyen getroffen. Von der wüsste ich zu gern, wie sie
das so hinkriegt mit sieben Kindern.«

Eine andere Mutter erwiderte: »Frag doch die Dani. Die kriegt
das doch auch super hin und steht quasi neben dir.«

So viele unverdiente Lorbeeren ließen mich fast rot werden. Also
den Stress der von der Leyen würde ich nicht überleben, dachte
ich bei mir. Andererseits war etwas Wahres dran: Jede Mutter mit
vielen Kindern hat eine Menge gelernt, auf das sie ruhig mal stolz
sein kann. Und die Anerkennung der eigenen Stärken macht eben
auch gelassen. Sie haben schon so manchen Sturm überlebt und
werden sich auch durch den nächsten kleinen Regenschauer nicht
aus der Ruhe bringen lassen.

Weil sich Ihre Verlustangst und Sorgen
auf mehrere verteilen

Auch wenn ich in praktischen Dingen relativ gelassen bin, sobald es um Leben und Tod geht, gehöre ich zu den schrecklichsten Müttern der Welt. Und damit meine ich nicht, wenn es wirklich um Leben und Tod geht, solche Situationen sind uns bisher Gott sei Dank erspart geblieben (oder wir haben sie nicht als solche registriert).

Leider gehöre ich zu den Leuten, die sich schon Sorgen machen, bevor klar ist, dass etwas passiert sein könnte. Gepaart mit einer blühenden Fantasie treibt das meinen Adrenalinspiegel ständig in die Höhe. Aber glücklicherweise wird es besser. Wahrscheinlich eine Schutzmaßnahme, sonst wäre ich längst durchgedreht. Bei den ersten beiden lebte ich das Motto »Nur eine wache Mutter ist eine gute Mutter«. Ich konnte sehr schlecht schlafen, wenn ich wusste, dass meine Kinder schliefen. (Wenigstens war ich so jung, dass ich den Schlafmangel kaum spürte, mit Anfang 20 machen andere schließlich auch die ganze Nacht Party.) Ein Grund mehr, warum wir gerade am Anfang das Bett mit den Kindern teilten. So brauchte ich wenigstens nicht aufzustehen, um fünfmal in der Nacht zu fühlen, ob der Brustkorb sich noch hob und senkte.

Eine Cousine von mir ist leider am plötzlichen Kindstod gestorben und ich hatte anfangs wirklich Panik davor. Das führte auch dazu, dass ich meine armen Kinder des Öfteren fast schockgefrostet habe, aus Angst, sie könnten eine gefährliche Überhitzung erleiden. Wenn ich Kinderwagen anderer Eltern sah, in denen man unter riesigen Daunenkissen nur ein Baby vermuten konnte, malte ich mir schon das Schlimmste aus.

Fieber war ebenfalls ein heißes Thema. Bei jedem Fieber fürchtete ich eine lebensgefährliche Hirnhautentzündung und riss den armen Patienten alle paar Minuten hoch, um zu testen, ob der Nacken auch nicht steif sei. Ängstlich wachte ich über jede Stelle hinter dem

Komma auf der Anzeige des Digitalthermometers, das ich jetzt seit mindestens sechs Jahren nicht mehr benutzt habe.

Als unsere Tochter mit sechs Monaten die halbe Nacht lang 41 Grad Fieber hatte, blieb ich seltsamerweise relativ ruhig. Wir mussten vier Stunden in der Notfallpraxis warten (Karneval), bevor der Arzt eine dicke Angina diagnostizierte und uns mit den merkwürdigen Worten entließ: »Zur Zeit besteht keine Lebensgefahr.« Genau das Richtige, um Eltern zu beruhigen. Emilia wollte die ganze Nacht hindurch gestillt werden, und ich spürte, wie sie kämpfte. An diesem Abend zog ich mich nicht mal aus, als wir nach Hause kamen, sondern legte mich mit meinem Baby in voller Montur ins Bett, bis es ihr am nächsten Morgen besser ging.

Wenn heute eines der Kinder einen heißen Kopf hat, denke ich mir meistens nur: Das wird schon wieder. Statt das Thermometer rauszuholen, fühle ich kurz und teile das Fieber nur noch in drei Kategorien ein:

1. Abwarten
2. Fiebersaft oder Wadenwickel
3. Zum Arzt gehen

Die mütterliche Intuition wird mit der Erfahrung eben auch immer treffsicherer. Macht aber auch leichtsinniger: Bei dreien von unseren fünf Kindern wurde bei einer Routineuntersuchung ein Herzgeräusch festgestellt. Beim ersten Mal googelte ich noch nach Informationen zu herzkranken Kindern, beim dritten Mal überlegte ich, ob ich überhaupt zum Kardiologen gehen sollte, wo doch die anderen aufwendigen Untersuchen alle negativ gewesen waren. Und ausgerechnet bei diesem Kind wurde dann ein leichter Herzfehler festgestellt. (Bevor Sie sich für mich mitsorgen: Es ist schon besser geworden, und wenn er Glück hat, hat es auch keinen großen Einfluss auf sein Leben.)

Was ich daraus gelernt habe, ist in jedem Fall, dass das Ergebnis in keinem Verhältnis zu den Sorgen steht, die man sich macht. Als ob man mit seiner Panik irgendetwas abwenden könnte! Im Gegenteil, man stresst die eigene Psyche, als hätte man es tatsächlich schon durchgemacht.

Als ich bei meiner acht Monate alten Tochter einen Knoten spürte, rief ich sofort beim Kinderarzt an. Der Weg dorthin war lang genug, um mir auszumalen, wie wir die Chemotherapie durchstehen würden. Mir blieb fast die Stimme weg, als ich dem Kinderarzt von meinem Verdacht erzählte. Ja, und er? Ich hatte das Gefühl, dass er meine Angst belächelte. Immerhin erklärte er mir, welche Art von Knoten meistens völlig harmlos ist.

Krankheiten sind das eine Thema, ein anderes ist die Freiheit der Kinder. Zwischen Schulschluss und dem Klingeln an der Tür durchlebte ich während der ersten Jahre Horrormomente, sobald die Zeit, die die Kinder für den Nachhauseweg brauchten, überschritten war. Wie oft bin ich schon losgestiefelt, weil ich meinte, meine Kinder einem Entführer entreißen zu müssen. Peinlicherweise liegt die Grundschule keine 100 Meter von unserem Haus entfernt. Aber man weiß ja nie! Zum Glück haben sich die Kinder durch meine Sorgen nicht einschränken lassen; gerade die Großen haben inzwischen relativ viel Freiheit. Und bei den Zwillingen, die jetzt die erste Klasse besuchen, schaue ich fast gar nicht mehr auf die Uhr. Nachdem ich schon Tausende Male erlebt habe, dass die Kinder gut nach Hause kommen, lasse ich sie auch leichter ziehen.

In unserer alten Wohnung wohnten übrigens zwei Extrembeispiele, was das betrifft, über uns. Die eine Familie hatte zwei Töchter, die durften sogar allein in den Kindergarten gehen. Obwohl der Weg nicht gerade kurz und anheimelnd war. Sogar einen Mord hatte es dort schon gegeben (allerdings nachts und an einem Erwachsenen). Die Mutter meinte dennoch: Was soll schon passieren? Die andere Familie wiederum hatte zwei Kinder, die schon zur Schule gingen. Auf eine Privatschule, sie wurden abgeholt und gebracht. Die Eltern vertraten die Meinung, dass das Leben so gefährlich sei, dass sie ihre Kinder nirgends allein hinlassen könnten. Die Kinder von der ersten Familie sahen irgendwie glücklicher aus, auch wenn ich den

Mut definitiv nicht gehabt hätte. Der goldene Mittelweg ist wohl wie immer der beste.

Und elterliche Sorge ist ja gut und normal, aber sobald man anfängt, das Leben der Kinder und das eigene einzuschränken, wäre es schon ganz gut, die Mutmuskeln zu trainieren. Theoretisch habe ich die negativen Folgen der Überängstlichkeit schon immer verstanden, mein Herz war aber noch lange nicht so weit. Ich erinnere mich daran, wie ich Eltern beneidet habe, die es nicht nur schafften, ihr Kind ohne Angst ziehen zu lassen, sondern die Zeit auch noch zu genießen, in der die Kinder unterwegs waren. Heute bin ich sogar so weit, dass ich komplett vergesse, mir Gedanken zu machen, wenn die Kinder unterwegs sind. So weit wäre ich wohl nie gekommen, wenn es bei zwei Kindern geblieben wäre.

Theoretisch bedeuten mehr Kinder auch ein höheres Risiko, dass einem von ihnen etwas passiert. Meine Eltern erzählen noch, dass man früher, zu einer Zeit, als viele Kinder selbstverständlich waren, die Möglichkeit einfach hingenommen hat, dass eines von ihnen nicht überleben könnte. Das war einfach die Realität. Als Mutter von vielen Kindern finde ich den Gedanken immer noch schrecklich und auch nicht nachvollziehbar, denn kein Kind wäre ein wirklicher Trost für den Verlust eines anderen. Und trotzdem wäre jedes weitere Kind ein Grund, nach vorne zu schauen. Glücklicherweise erfüllen sich die schlimmsten Befürchtungen sowieso selten. Und ich brauchte vielleicht ein paar Kinder mehr, bis ich kapiert habe, dass Kinder nicht wie rohe Eier behandelt werden dürfen, wenn ihnen irgendwann einmal Flügel wachsen sollen.

Weil Sie vom Trainingseffekt profitieren

Letztendlich funktioniert alles wie ein Muskel. Training optimiert das Können und das erste Kind ist fast so wie ein Testlauf. Ein bisschen so wie die ersten Schritte bei den süßen Kleinen. Sobald sie laufen können, haben sie vergessen, wie anstrengend es ist, sich überhaupt auf zwei Beinen zu halten.

Bevor mir jetzt alle Ein-Kind-Eltern an die Gurgel springen: Probiert es doch einfach aus! Ich kann mich selbst noch gut daran erinnern, wie schwer es war, das erste Mal allein mit Kind das Haus zu verlassen. Nass geschwitzt zurrte ich meinen Erstgeborenen schließlich gewickelt und gefüttert in der Babytrage fest, nichts ahnend, dass schon beim zweiten Kind alles einfacher werden würde. Das legt sich quasi selbst in den Kinderwagen. Es ist fast wie beim Autofahren: Am Anfang irritiert einen noch die Schaltung, irgendwann sieht man nur noch die schöne Landschaft. (Okay, wer mich kennt, weiß, dass diese Analogie bei mir nur bedingt zutrifft, aber es geht ja nicht nur um mich.)

Auf jeden Fall sind bei der Wiederholung des Zaubers oft viel mehr Kräfte für andere Dinge frei, zum Beispiel für Kind Nummer drei! Man wird nicht automatisch mit jedem weiteren Kind zur besseren Mutter, aber gelassener und geübter allemal. Mir ging es beim ersten Kind wie allen anderen Müttern in den Babygruppen. Jedes Thema wird hochstilisiert, der eigene Standpunkt ständig abgeglichen mit dem der anderen und Tipps fürs reine Überleben ausgetauscht, zum Beispiel: Wie soll man noch so grundlegende Dinge wie Duschen auf die Reihe kriegen, ohne einen Babysitter zu engagieren?

Beim fünften Kind kam ich nicht mehr auf die Idee, mein bisschen Freizeit mit solch banalen Fragen zu verschwenden. Ich räumte einfach den Badezimmerboden frei und legte Benni auf eine Decke. Tür zu, Dusche an. Klappte wunderbar, bis er sich am Klo hochziehen und den Deckel hochklappen konnte. Aber wie suggeriert uns die Werbung bestimmter Putzmittel? In der Küche lauern viel mehr Bakterien als an einer Kloschüssel. Seit er jedoch auf die Toilette klettern und das Regal leer räumen kann, dusche ich doch lieber alleine. Vor allem seit ich mal mein Make-up aus dem Klo fischen musste.

Aber nicht nur der Alltag, sondern auch die Geburt klappt ab dem zweiten Mal viel besser. Ausnahmen bestätigen leider die Regel, aber mit Kindern muss man sich eh darauf einstellen, dass nicht alles nach Plan läuft. Mit dem Alter nimmt die Fantasie bezüglich unvorhergesehener Komplikationen zu, und so wollte ich bei der letzten Geburt alles ganz genau wissen. Trotz aller Erfahrung fühlte ich mich ausgerechnet bei meinem letzten Kind schwangerschafts-technisch wieder auf null gesetzt. Ich habe bei keinem Kind vor-her so viel über Geburten gelesen wie bei unserem Jüngsten. (Und Sachen wie »Wahrscheinlichkeit von Gebärmutterriss bei Spontan-geburt nach Kaiserschnitt« gegoogelt.) Das hat mich trotzdem nicht davon abgehalten, wieder in mein geliebtes Geburtshaus zu gehen. Und mich dort für einen Geburtsvorbereitungskurs anzumelden. Aber extra den ohne Männer. Kein Problem.

»Und ich würde gerne meine Freundin ebenfalls anmelden«, sagte ich am Telefon.

»Gerne«, antwortete die nette Frau vom Geburtshaus.

Ich sagte noch, dass meine Freundin circa zeitgleich entbinden würde.

»Was für ein Zufall!«

Wieso Zufall, fragte ich mich? Das tun doch alle Teil-nehmerinnen? Ob sie so nett sein könne, für meine Freundin eben-falls eine Bescheinigung für die Krankenkasse auszudrucken.

Leider nicht, war die Antwort. Der Partner müsse selbst be-zahlen. Langsam schnallten wir beide das Missverständnis: Sie hatte gedacht, wir seien ein lesbisches Paar.

Aber die Kursbeschreibung war wohl auch ein Missverständnis. An dem Wochenende waren wir die Einzigen ohne Mann. Bei der Abschlussrunde sollten wir alle ein Bild wählen, das zu unseren Wünschen für die Zukunft der Partnerschaft passte. Ein Mann wählte ein Bild, auf dem dick »Sex« stand. Ja, das sei was für ihn. Aus eigener Erfahrung (mit seiner Exfrau) wisse er schließlich, dass das nach so einer Geburt oft brachläge. Seine neue, schwangere

Frau schaute betreten zu Boden. Vielleicht lag es ja an seinem mangelnden Feingefühl und nicht an der postnatalen Körperbaustelle seiner Ex! Manchmal sind getrenntgeschlechtliche Kurse vielleicht doch besser, um offene Fragen zu klären.

Bei der letzten Geburt habe ich auch versucht, diesmal wirklich alles in meine Tasche zu packen, was auf der Checkliste in diesen Heftchen beim Frauenarzt steht. In der Liste wird auch ein Lippenpflegestift aufgeführt. Gehört es zu den neuesten Erkenntnissen der Wissenschaft, dass ein Labello die Wehen verkürzt? Irgendetwas muss dieser Stift bewirken, dachte ich, und besorgte mir (zum vielleicht fünften Mal im Leben) tatsächlich einen. Im Nachhinein hätte ich mir lieber etwas zu lesen eingepackt, weil sich die Zeit vom Eintreffen im Geburtshaus bis zu richtigen Wehen doch ziemlich hinzog. Von wegen, es geht immer schneller!

Im Endeffekt war es natürlich die bisher leichteste Geburt. Vollgepackt mit Wissen und Erfahrung, wird alles einfacher, und wahrscheinlich fragen Sie sich als Mehrfachmutter genauso: »Wie konnte ich mit einem Kind je gestresst sein?«

Sie sind wahrscheinlich schon lange Meisterin darin, die Fäden zusammenzuhalten, wenn die sorgfältig konstruierte Organisation zusammenbricht. Sie suchen nicht gleich die Frühförderstelle auf, weil das Kind Ihrer Nachbarin schon mit eineinhalb Drei-Wort-Sätze beherrscht. Sie wissen, dass es ganz gut ist, wenn Ihr Kleinkind den Wortschatz Ihrer Großen nicht zu früh eintrainiert. Sie lachen trotzdem, wenn Ihr Einjähriger »Du Asloch« sagen kann, und schieben es einfach auf die großen Geschwister. Sie können vielleicht ebenfalls ein Baby auf dem linken Arm tragen und mit der rechten Hand Brote für Ihre Schulkinder schmieren. Und können nur müde darüber lächeln, wenn jemand fragt, ob er auch 250 Milliliter Wasser zum Milchpulver geben darf, obwohl dort »220 Milliliter« steht. Fünf Kinder sind eben nicht so anstrengend wie fünfmal ein Kind. Denn Sie haben einfach schon eine Menge mehr Mama- beziehungsweise Papamuskeln, auf die Sie stolz sein können.

KAPITEL 7

Dann machst du jetzt wohl gar nichts anderes mehr als Kinder?

Von einem Job zum nächsten

Von den Eckdaten her bin ich quasi unvermittelbar. Zumindest als Angestellte. Geisteswissenschaftliches Studium ohne Taxi-Schein, fünf Kinder, Jahre raus aus dem Job (wenn man von den unverlangt eingesandten oder eben noch nicht mal eingesandten Buch- und Drehbuchprojekten absieht), zeitlich unflexibel, ortsgebunden und dann auch noch mit völlig illusorischen Berufsvorstellungen.

Wenn ich noch mal von vorne anfangen könnte, würde ich meinen beruflichen Weg strategischer angehen und auf die Hälfte der Praktika und Studentenjobs, die ich gemacht habe, verzichten. Vor den Kindern tat ich so, als hätte ich alle Zeit der Welt, und habe neben wirklich tollen Praktika, wie einem Regiepraktikum bei einem Kinofilm oder im Kölner Filmhaus, Monate damit zugebracht, zum Beispiel Nachrichtenfilme aus den Siebzigern neu zusammenzukleben, damit die Tonspur passt. Knapp daneben ist auch vorbei, andererseits lernt man durch so was ja auch, was man nicht will oder kann.

Ich wollte damals Filme machen und Bücher schreiben. Die Filmhochschule lehnte mich mit 19 ab, ich sammelte also erst mal praktische Erfahrungen und verzettelte mich. Andererseits wurde ein Drehbuch von mir, ein 50er-Jahre-Familiendrama, von einer großen Agentur direkt unter Vertrag genommen. (Sie haben es zwar nicht verkauft, mir dafür aber andere Drehbuch-Jobs vermittelt, wie für die ZDF-Serie *Streit um Drei*.) Als einer großen Produktionsfirma mein Drehbuch gefiel, fragten sie mich, ob ich nicht etwas Ähnliches, aber Zeitgenössisches schreiben könne. Die andere Geschichte sei zu aufwendig. Ich versprach, mich zu melden, falls mir etwas Passendes einfiele. Ich habe mich nie gemeldet.

Heute würde ich mich hinsetzen und eben was Passendes schreiben! Ich glaube, fast alle Mütter, die ihren Job gerne machen, arbeiten viel effizienter und zielstrebiger als vorher, was längere Babypausen und eingeschränkte Flexibilität letztendlich locker wettmacht. Manchmal frage ich mich allerdings schon, wie mein Leben verlaufen wäre, wenn ich ehrgeiziger an den Bewerbungen für die Filmhochschule weitergearbeitet hätte. Und als ich dann auch noch geplant schwanger war, traf mich schon die Bemerkung, ich hätte das jetzt doch nur gemacht, weil meine Pläne nicht so aufgingen.

Die Schwangerschaft habe ich jedenfalls nie bereut, und keine Kinder zu haben, ist in den ohnehin schwierigen kreativen Berufen auch nicht automatisch ein Karrierebeschleuniger. Wie viele stecken alles in ihre beruflichen Ziele und es wird trotzdem nichts. Und gerade die Kinder haben mir letztendlich beigebracht, mich zu fokussieren. Ich schraubte mein Berufsziel auf »Autorin« runter (oder rauf) und beschloss, »was Richtiges« zu studieren, damit ich nicht irgendwann ohne Abschluss dastand. Irgendwann pausierte ich mit dem Schreiben schweren Herzens ganz und konzentrierte mich neben den Kindern auf das Studium. Immerhin schrieb ich meine Magisterarbeit zum Thema Drehbuch.

Mit 28 und vier Kindern im Alter von sieben, fünf und zweimal einem knappen Jahr hatte ich endlich den Magister und kam auf die für mich im Nachhinein ziemlich überflüssige Idee, noch den Doktor dranzuhängen. Ich merkte jedoch schnell, dass ich an meine Grenzen kam und dass mir der Doktortitel zudem für meinen eigentlichen Berufswunsch nichts bringen würde. Nachdem das Thema durch war, erholte ich mich ein paar Monate lang als Vollzeitmutter. Aber so richtig als Erholung empfand ich diese Zeit nicht. Ich wollte endlich wieder arbeiten und eben auch Geld verdienen. Hier und da an einer Serie zu schreiben wäre schön, es sollte schon irgendetwas sein, bei dem ich vorzugsweise zu Hause arbeiten könnte. Aber auch im Bereich Redaktion wollte ich mich bewerben.

Ein Seminar beim Arbeitsamt, ein Jobcoaching und der Stellenmarkt machten mir allerdings klar, dass ich es vergessen konnte. Gleichzeitig begann ich wieder, an einem Roman zu arbeiten, besuchte Autorentreffen und Seminare. Aber ich hielt es nicht mehr aus, nur im stillen Kämmerlein zu arbeiten. Irgendjemand sollte auch lesen, was ich schrieb. Ein alter Freund erzählte mir von einem Kinoportal, für das er selbst schrieb. Unentgeltlich. Dafür durfte er alle Filme kostenlos sehen. Vormittags, inklusive Milchkaffee.

Die Zwillinge waren mittlerweile auch im Kindergarten, sodass ich mir dachte: Das wäre doch eine gute Übung. Also schrieb ich Filmkritiken. Irgendwann meldete sich ein Redakteur bei mir. Er habe meine Texte gelesen, ob ich nicht für sein Magazin schreiben wolle. Ich glaube, er weiß überhaupt nicht, welches Geschenk er mir da gemacht hat. Es war der erste Schritt raus aus den Zweifeln, der Unsicherheit und dem Gefühl, beruflich nie mehr auf die Beine zu kommen. Während des ganzen Studiums hatte ich nie Zweifel, danach etwas zu finden. Als es endlich so weit war, verpasste mir die sogenannte Realität erst mal einen Dämpfer.

Heute denke ich, dass ich einfach noch nicht genau wusste, wie und was ich arbeiten will. Wenn ich nicht im Kino oder an den Kritiken und Filmwerbetexten saß, schrieb ich an meinem Roman weiter. Ich wollte ihn unbedingt zu Ende schreiben und wusste, wenn ich mich wieder verzettle, wird das nie was mit den eigenen Geschichten.

Als ich dann wieder schwanger war, hatte ich lange an der Bemerkung einer sehr guten Freundin zu knabbern, ob ich jetzt wieder flüchten wolle. Das wollte ich nämlich ganz bestimmt nicht. Und, oh Wunder, auf einmal war es ganz leicht. Kurz vor der Geburt fand ich eine Agentur für meinen Roman. (Outsourcing kann nicht nur im Haushalt ein Segen sein!) Nach vergleichsweise wenigen Absagen hatte ich schließlich die schwere Wahl zwischen drei Verlagen. Und der Vertrag für ein zweites Buch ließ auch nicht lange auf sich warten. Natürlich weiß keiner, wie sich die Bücher entwickeln, die Zwischenbilanz ist durchaus ermutigend. Und die Freiberuflichkeit entspricht mir genau, ganz davon abgesehen, dass sie sich wunderbar mit den Kindern verbinden lässt.

Ich möchte einfach allen anderen Mut machen, die an ihren beruflichen Träumen festhalten oder noch auf der Suche sind. Die Zeit für die Karriere ist nicht so schnell vorbei wie die Zeit für Kinder. Trotz aller Umwege und Sackgassen bereue ich auch in beruflicher Hinsicht keines der Kinder. Wenn man irgendetwas wirklich gerne und damit meistens auch gut macht, wird sich ein Weg finden, die eigenen Talente auch umzusetzen. Manchmal hilft der Zufall (oder auch das Schicksal), manchmal muss erst ein Knoten platzen. Aber gerade Kinder vermitteln einem Klarheit, Organisationstalent und Effizienz, was vieles wieder ausgleicht.

Mit Kindern wird einem klar, dass man zu wenig Zeit hat, um sie an die falschen Jobs oder Strategien zu verschwenden.

Wäre ich allerdings für das Einkommen der Familie allein verantwortlich gewesen, hätte die Situation auch noch einmal anders ausgesehen. Petra van Laak erzählt in ihrem Buch *1 Frau, 4 Kinder, 0 Euro (fast): Wie ich es trotzdem geschafft habe*, wie sie von der reichen Unternehmergattin zum Sozialfall wurde. Was sie rettete, war schließlich der Sprung in die Selbstständigkeit. Und wenn man ihr Buch so liest, dann spürt man, dass sie an ihrer Arbeit richtig Spaß hat. Auch sie beschreibt die Selbstständigkeit als die einzig vernünftige Alternative für Vielfachmütter, die häufig einen aussichtslosen Ritt durch den herkömmlichen Arbeitsmarkt hinter sich haben. Wer einen Haufen Kinder managen kann, der kann eben noch ganz andere Sachen auf die Beine stellen. Andererseits gibt es bei vielen Kindern auch gute Gründe, sich eine Zeit lang voll auf den Nachwuchs zu konzentrieren. Auch dafür sollte man sich nicht rechtfertigen müssen. Egal, ob die Konzentration auf der Arbeit zu Hause oder außer Haus liegt, einen 08/15-Lebenslauf werden die wenigsten Mehrfachmütter zu bieten haben.

Heimarbeit

Was mir wie Tausenden anderen Freiberuflern und Selbstständigen die Vereinbarkeit von Job und Kindern ermöglicht, ist das Arbeiten von zu Hause aus. Trotzdem beneide ich die Mütter manchmal ein bisschen, die morgens von der Kita ins Büro weiterziehen. Schließlich müssen sie auf dem Weg zum Schreibtisch nicht über Duplo-steine klettern, können in einem Motivationstief die Kollegen zu Rate ziehen oder sich gegenseitig einen Kaffee bringen und haben immer einen Grund, sich ein wenig aufzubrezeln. Sie tauchen einfach mal ein paar Stunden in eine andere Welt ein.

Ich gehe vom Kindergarten in mein Homeoffice und fühle mich oft überhaupt nicht, als würde ich »arbeiten gehen«. Anscheinend bin ich da nicht die Einzige: Eine Kindergärtnerin berichtete mir einmal amüsiert von einer Unterhaltung Luis. Er habe ihr erzählt, dass ich ihn später abholen würde, weil ich arbeiten müsse. Sie habe daraufhin nachgefragt: »Wirklich? Was denn?« – Und nun raten Sie, was mein Sohn antwortete: »In der Küche.«

Genau hier liegt auch der Knackpunkt beim heimischen Arbeitsplatz. Um sich einen frischen Kaffee zu holen, muss man hin und wieder an unsortierten Wäschebergen oder der vollen Spülmaschine vorbei. Gerade bei schwierigen Job-Aufträgen erscheint es da unheimlich reizvoll, mal eben das Geschirr auszuräumen. Oder mit der Freundin, die nur mal kurz was fragen wollte, eine Stunde lang zu telefonieren. Wie schnell ist dann der Arbeitstag rum, ohne dass die Arbeit fertig ist. Da helfen nur Disziplin und ein Anrufbeantworter.

In der Startphase oder bei schlechterer Auftragslage ist es besonders wichtig, vor sich selbst und der Außenwelt ganz klar Position zu beziehen: Sie würden bei Ihrer Freundin ja auch nicht einfach in ein Meeting platzen, um mit ihr einen Plausch zu halten. Und falls doch, würde niemand Ihre Freundin für hartherzig halten, wenn sie Sie darum bäte, das Gespräch auf den Feierabend zu verschieben. Heimarbeiter müssen sich viel eher dafür recht-fertigen, dass sie nicht ständig für andere zur Verfügung stehen. Und mancher Angestellte mit Homeoffice-Tagen muss sich von seinen Kollegen des Müßiggangs bezichtigen lassen.

Ob der Schreibtisch im Großraumbüro oder im Wohnzimmer steht, Hauptsache, das Ergebnis stimmt! Und das lässt sich in den meisten Fällen doch messen. Vor allem Abgabetermine sorgen mindestens für genauso viel Arbeitseifer wie der Chef im selben Bürogebäude.

Aber immer nur zu Hause arbeiten ist auch frustrierend. Und je nach Branche wirkt es auch unprofessionell, wenn man seine Kunden in der Küche empfängt. Wer nicht gleich ein Büro langfristig mieten möchte, kann gerade in Großstädten auf einige Coworking-Angebote zurückgreifen. Hier kann man auch mal kurzfristig und oft auch noch mit perfekter Ausstattung einen Arbeitsplatz mieten. Ein paar Jahre habe ich mich selbst in eine Bürogemeinschaft ein-gemietet, weil mir zu Hause die Decke auf den Kopf fiel. Auch wenn sich das Atelier längst aufgelöst hat und die Fluktuation hoch war, gibt es seit über zehn Jahren fast jedes Jahr ein gemeinsames Weih-nachtsessen – fast wie in einer richtigen Firma, nur dass alle frei-willig kommen.

Hin und wieder sehne ich mich wieder nach netten Mitstreitern und »richtiger« Arbeitsatmosphäre. Allerdings bedeuten viele Kinder mit ganz unterschiedlichen Schul- und Kindergartenzeiten zurzeit auch ein recht kleines Zeitfenster, das ich durch Arbeitswege nicht noch mehr einschränken möchte. Natürlich ist es auch eine Kostenfrage: Durchgehend Miete zu zahlen, obwohl ich realistisch gesehen dank Ferien, Brückentagen, plötzlichem Schulausfall und (natürlich immer schön versetzten) Krankheitstagen der Kinder sowieso weitgehend am heimischen Schreibtisch bleiben müsste, ist mir einfach zu teuer.

Meistens genieße ich es ja auch, mich direkt vom Frühstückstisch an meinen Schreibtisch setzen zu können, wenn alle im Kindergarten und der Schule sind. Trotzdem freue ich mich, hin und wieder auch mal berufliche Termine außer Haus zu haben.

Als ich mich vor einiger Zeit in den frühen Morgenstunden in den ICE nach Frankfurt setzte, um zur Buchmesse zu fahren, gab ich mich wenigstens für einen Tag mal dem Gefühl hin, eine coole Karrierefrau zu sein. Und mal in einer Arbeitswelt unterwegs zu sein, die auch aussieht wie eine Arbeitswelt. Wie alle anderen breitete ich in herrlicher Stille, schick und schwarz gekleidet, meine Unterlagen aus. Immerhin musste ich mich für *Kino & Co* auf ein Interview mit Roland Emmerich vorbereiten. Auch das erste persönliche Treffen mit meinem Agenten stand an.

Plötzlich klingelte mein Handy. Ich musste meinem Mann erklären, wo der Badeanzug unserer Tochter liegt. Fünf Minuten später rief er wieder an. Also in *der* Schublade sei er nicht … Ich glaube, irgendwie hat sie es dann doch noch pünktlich und mit Schwimmsachen in die Schule geschafft.

Als ich selbst dann am Abend wieder zu Hause war, platzte die nächste Illusion bezüglich meiner Arbeitswelt. Allerdings bei meinen Zwillingen. Als ich ihnen begeistert von meinem Agenten erzählte, wollten die beiden unbedingt Bilder sehen. Ich wunderte mich zwar etwas über den Wunsch, rief aber gehorsam die Homepage der Agentur auf.

»Das sind ja ganz normale Leute! Die haben ja nicht mal 'ne Knarre!«, kommentierten sie die Fotos auf der Seite, die mit James Bond natürlich so wenig zu tun hatten wie Homeoffice mit Zu-Hause-Abhängen.

Und gerade weil solche falschen Assoziationen eben auch bei Erwachsenen vorkommen, tut es so gut, sich als Einzelkämpfer mit anderen Einzelkämpfern auszutauschen. Ein Glück, dass es für fast alle freiberuflichen und selbstständigen Berufe Stammtische und Verbände gibt, um sich gegenseitig zu unterstützen. So etwas funktioniert eben nicht nur bei Mutter-Kind-Gruppen!

Gleichberechtigungsfalle Kontostand

Alex wollte mich einmal wortreich davon überzeugen, ihm etwas Verbotenes zu erlauben. Sein Vortrag war klug, emotional und sogar voller taktischer Raffinesse. Ich blieb trotzdem beim Nein und erzeugte damit eine Menge Ärger. Emilia stand gelassen daneben und fragte ihren Bruder: »Warum diskutierst du so lange mit der Mama? Mach doch einfach, was du willst!«

Ich finde, von dieser Antwort kann man eine Menge lernen. Apropos »man«, als Teenager(in?) kam ich im Deutschunterricht in den Genuss einer Referendarin, die uns die geschlechtsspezifischen Ungerechtigkeiten der Sprache nahebrachte. Ihre Argumente waren stichhaltig. Trotzdem hatte sie hart mit der Ansicht der meisten Mädchen, dass Frauen wie Alice Schwarzer von vorgestern seien, zu kämpfen. Ich muss gestehen, dass ich wie die meisten Frauen meines Alters damals glaubte, man müsse über Gleichberechtigung nun wirklich nicht mehr sprechen. Die aktuelle Familienministerin ist ungefähr in meinem Alter und ihr Buchtitel *Danke, emanzipiert sind wir selber! Abschied vom Diktat der Rollenbilder* spiegelt die Haltung unserer Generation wider.

Doch häufig scheitert der theoretische Fortschritt an der praktischen Umsetzung. Und das passiert leider fast immer noch genau dann, wenn Kinder ins Spiel kommen. Die Eltern unserer Generation unterstützten ihre Töchter fast alle darin, zu studieren oder eine andere gute Ausbildung zu absolvieren. Frauen, die uns klarmachen wollten, dass uns das Patriarchat immer noch knechtet, waren für uns verschrobene Emanzen, die man hin und wieder in den Hexenkessel schleichen sah. (So hieß der konspirative Feministinnentreff bei uns um die Ecke.) Und dann studierten viele von uns irgendetwas Geistreiches oder Kreatives, um in dem Moment, wo es darum ging, sich die Familienarbeit gerecht zu teilen, zu merken, dass Emanzipation spätestens am Kontostand scheitert.

Das fängt schon beim ersten Kind an. Zu dritt braucht man mehr Geld als zu zweit, gleichzeitig hört meistens einer (zeitweise) auf, Geld zu verdienen. Und zwar aus pragmatischen Gründen immer der, der weniger verdient. Spätestens beim zweiten Kind ist das fast immer die Frau. Bei allen Paaren, die ich kenne, bei denen die Frau der Hauptverdiener ist, hat die Frau schon vorher besser verdient.

Was bei einem oder zwei Kindern oft schon ins berufliche Aus führt, ist bei vielen Kindern erst recht eine Herausforderung. Das Modell Großfamilie gilt also nicht umsonst als Rollenfalle. Es gibt viele Mütter und bestimmt auch ein paar Väter, die in der Familienarbeit ihren Traumjob sehen und gerne auf eine andere Arbeit verzichten. Das kann sich aber nur derjenige leisten, der genug Geld hat. Mein Mann kennt ein Paar mit zwei Kindern. Beide Eltern kümmern sich den ganzen Tag um sich und ihre Kinder. Die beiden leben davon, dass einer ihrer Vorfahren der Allgemeinheit etwas hinterlassen hat, wofür die Erben immer noch Geld bekommen. Aber wer lebt schon von Urheberrechtsansprüchen oder Erbschaften? Für die meisten ist die Frage »Arbeiten oder nicht arbeiten« weniger eine ideologische als vielmehr eine pragmatische Frage.

Egal ob Mann oder Frau, wer gerne zu Hause bleibt und sich um die Kinder kümmert, wird sich deswegen auch nicht als abhängig und genauso wenig als unemanzipiert empfinden. Wer den Job zu Hause aber nur macht, weil er meint, er müsste, oder weil er nicht nur an den privaten, sondern auch an den öffentlichen Rahmenbedingungen scheitert, bei dem wird sich ziemlich viel Groll anstauen. Vorzugsweise auf den Partner, der sich noch munter selbst verwirklicht, egal wie viele Kinder zu Hause am Tisch sitzen.

Wobei es mit Sicherheit auch den einen oder anderen Mann gibt, der seine Frau darum beneidet, dass sie bei den Kindern ist, während er im Schweiße seines Angesichts arbeitet. Ein warnendes Beispiel war mir eine Bekannte der Familie, die ich kurz nach unserer Hochzeit traf. Sie hielt mir, eben aus ihrer Erfahrung, einen

Vortrag, dass sie nie wieder alles auf die Mutter-und-Ehefrau-Karte setzen würde. Ich glaube, sie wollte mich warnen, bloß nicht zu früh mit Kindern anzufangen. Ich behielt es lieber für mich, dass ich schon schwanger war, und nahm mir vor, alles besser zu machen. Als reiche Unternehmergattin war es neben den Kindern nicht nur ihr Job, ihrem Mann den Rücken freizuhalten, sondern auch noch seine Kunden zu bewirten. Als ich sie zehn Jahre später wiedertraf, war ich schockiert. Sie wirkte total verbittert, obwohl sie, seit die Kinder erwachsen waren, wieder stärker ihre eigenen Belange verfolgte. Nach fünf Minuten Small Talk war sie wieder bei ihrem Lieblingsthema: die arme, geplagte Mutter, die alles aufgibt, damit es der Familie gut geht, und der Ehemann, der das Opfer mit Desinteresse belohnt. Sie lebten anscheinend immer noch komplett aneinander vorbei. Irgendwann seufzte sie, dass sie sich so gern ein eigenes Atelier in den großen Garten bauen lassen würde. Aber das könne sie ja nicht einfordern, da sie kein eigenes Geld verdiene.

Spätestens da war mir klar, dass die meisten Probleme in ihrem Kopf stattfanden. Einmal erkennt sogar der Staat an, dass selbst in einer Alleinverdienerehe das Vermögen von beiden erwirtschaftet wird. Zum anderen bin ich mir sicher, dass sie ihr Recht auch hätte einfordern müssen. Und das von Anfang an.

Ich halte auch nichts davon, dass man über jeden Euro oder jede gewechselte Windel Strichliste führt, um ja in kein Rollenklischee zu verfallen. Aber mit stillem Groll zu warten, dass der andere schnallt, was schiefläuft, ist noch schlimmer. Und wenn schon die wirklich geteilte Elternschaft an unterschiedlichen Gehältern scheitert, so sollte wenigstens das Selbstwertgefühl nicht am Geldbeutel hängen.

Tut es aber leider häufig. Nicht nur für Mütter mit vielen Kindern. Ein Gehaltsgefälle wird immer noch als Machtgefälle empfunden. Vor allem in Beziehungen. Aber egal, ob gemeinsames oder getrenntes Konto, Garnicht-, Gleichviel- oder Alleinverdiener, die Entscheidung sollte jede Frau (selbst)bewusst fällen dürfen, ohne nachher als Rabenmutter oder Hausmütterchen beschimpft zu werden. Für die meisten, die vor der Frage nach der Teilung der familiären Arbeit stehen, sind die Weichen in Bezug auf den eigenen Kontostand allerdings schon lange vor dem ersten Baby gestellt: Frauen, die sich Jobs suchen, in denen sie wenig verdienen (im geistes-, statt naturwissenschaftlichen Bereich), beziehungsweise Männer, die mehr verdienen als sie selbst (Arzt statt Krankenpfleger), haben von Anfang an einen eingeschränkteren Spielraum als ihre Partner. Mein Mann würde auch gerne Teilzeit arbeiten. Dass er es noch nicht tut, liegt eben leider auch daran, dass ich bisher viel weniger verdiene als er.

Meinen Kindern würde ich jedenfalls raten, dass sie sich frühzeitig einen Businessplan zur Familienplanung zurechtlegen. Dann klappt es auch mit der Gleichberechtigung.

Rabenmüttergeschnatter oder: Warum bekommst du überhaupt Kinder, wenn du sie gleich wieder abgibst?

Der viel diskutierte Begriff »Rabenmutter« flattert über allen Müttern und löst dabei manchmal ähnliche Empfindungen aus wie der Vogelschwarm bei Hitchcock.

Dieses Getier ernährt sich einzig und allein von unserem schlechten Gewissen. Natürlich gibt es Gründe, ein schlechtes Gewissen gegenüber den Kindern zu haben. Wir machen alle Fehler. Mütter wie Väter. Aber das Rabenmutterphänomen bezieht sich oft auf das schlechte Bild, das andere von uns haben könnten, und nicht darauf, wie es den Kindern wirklich geht.

Solange manche Leute so tun, als wäre jede Mutter, die sich selbst verwirklicht – egal ob im Job, durch ein Hobby oder vielleicht mit mehr Kindern als üblich –, eine egoistische, schlechte Mutter, sind wir weit von einer mütterfreundlichen Gesellschaft entfernt. Wenn es so etwas wie eine in uns angelegte Wirklichkeit gibt, die wir in unserem Leben erst herausarbeiten müssen, dann ist es doch eine Beschneidung des Menschenrechts, irgendjemanden an der Verwirklichung seines Wesens zu hindern. Auch Mütter! Diese Menschenrechtsverletzungen kommen täglich vor, und meine Kinder haben nicht ganz unrecht, wenn sie ihre Würde hin und wieder schon im Schulsystem verletzt sehen, O-Ton: »Es ist, als würde die Lehrerin wie bei *Asterix und Kleopatra* mit einer Peitsche hinter uns stehen und wir müssen den ganzen Tag Steine schleppen.«

Dass die Freiheitsbeschränkung in der Schule allerdings irgendwann die Freiheit ermöglicht, eben nicht den ganzen Tag Steine schleppen zu müssen, leuchtet den Schülern oft erst ein, wenn sie ihre eigenen Kinder motivieren müssen. So richtig entfalten können wir uns ja auch erst als soziales Wesen, inklusive aller Kompromisse und Einschränkungen. Und dazu gehört es eben auch, noch in der Klasse sitzen zu bleiben, wenn man sich langweilt, weil man das Thema schon nach fünf Minuten durchschaut hat.

Nun geht jede Mutter von Kleinkindern tagtäglich Kompromisse ein und erledigt beziehungsweise erträgt mehr oder weniger gleichmütig Dinge, die andere als schrecklich bezeichnen: Schlafentzug, Beseitigung von Exkrementen aller Art, Stunden der Monotonie … Das meiste davon machen Mütter sogar gerne für ihre Kinder. Erstens geht es vorbei, zweitens überwiegen die schönen Momente.

Mir macht das alles auch nichts aus, solange ich das Gefühl habe, die anderen Dinge, die *mich* ausmachen, nicht aus den Augen zu verlieren. Gerne verzichte ich auf Fernreisen inklusive Luxushotel, Fernsehen, Durchschlafen, Manolos, rauschende Partynächte und eine perfekte Wohnzimmerausstattung – aber niemals auf meinen Beruf! Selbst wenn ich gerade sehr eingeschränkt arbeite, gar nicht zu arbeiten würde mich kaputt machen. Natürlich spreche ich nur für mich. Jeder hat andere Bereiche, die er nicht verkümmern lassen kann.

Aber genau das erwarten immer noch viele von einer »guten Mutter«. Sie soll wohl am besten zum wunschlosen Roboter werden. Es macht mich wütend, wenn andere mir auch noch sagen wollen, was mein wahres Wesen ausmacht. Selbst wenn ich als kinderreiche Mutter für viele von außen betrachtet ein konservatives Klischee lebe, so kann doch nichts und niemand, auch kein Eva-Prinzip, mir vorschreiben, was mich in Wirklichkeit erfüllt. Frau Hermans Appell, dass wir alle dem Ruf der sogenannten Weiblichkeit folgen sollen, zu der in ihrer Auslegung die vollständige Abhängigkeit vom Mann und die Konzentration aufs Muttersein gehört, finde ich anmaßend, diskriminierend und vor allem unrealistisch. Sie fordert doch auch nicht von allen Männern, Banker zu werden, weil der Beruf des Altenpflegers zu unmännlich wäre. Jede Familie muss doch selbst entscheiden, welches Modell für sie das beste ist.

Für uns war klar, dass wir beide weiterhin unsere beruflichen Ziele verfolgen wollen. Mein Mann hat genauso wie ich einige berufliche Kompromisse gemacht. Beruf und Familie zu vereinbaren ist auch für Männer nicht immer einfach. Das Pendant zur Rabenmutter ist dann das Weichei, das lieber auf dem Spielplatz als auf dem Chefposten sitzt. Leider werden Leistungen für die Familie von der Masse immer noch danach bewertet, welches Geschlecht der hat, der sie erbringt.

»Machst du das jetzt nur für dich?«, fragte mich zum Beispiel eine zweifache Mutter. Ja klar, Geld, das ich verdiene, kann ich nur als Dekoration an die Wand hängen, das Gehalt meines Mannes dagegen wird auch an der Supermarktkasse akzeptiert.

»Ich bekomme doch kein Kind, um es gleich wieder abzugeben«, sagte eine andere Mutter, nachdem ich ihr erzählt hatte, dass unser Jüngster *schon* mit zwei in den Kindergarten kommt. Und dann werden Müttern, die ihr Kind mal für ein paar Stunden fremdbetreuen lassen, irgendwelche Statistiken und Sprüche um die Ohren gehauen. Gerne wird ein berühmter Franzose zitiert, der im vorvorletzten Jahrhundert lautstark forderte, dass Mütter sich gefälligst um ihre Kinder kümmern sollten! Der meinte aber keine Mütter, die um zwei vom Büro in den Kindergarten hechten, sondern solche, die ihr Kind nach der Geburt einer Amme überließen, die wiederum nicht selten zwei Stunden Kutschfahrt entfernt lebte. Und sie holten das Kind nicht nach Büroschluss, sondern nach dem zweiten Geburtstag ab.

Den Müttern, die ein paar Jahre zu Hause bleiben, geht es auch nicht besser. Eine Studie des University College London prophezeit ihren Kindern, vor allem den Töchtern, später mehr psychische Schäden[20]. Den Wissenschaftlern sei noch nicht klar, woran das läge – an der fehlenden tollen Kinderbetreuung oder dem Zusammensein mit einer frustrierten Mutter.

Ich glaube, für jede Entwicklung lassen sich die passenden »Beweise« heranziehen. Die Arbeitswelt kann genauso zur Falle werden wie der Job zu Hause. Also bleibt die einzige Chance, neben praktischen Erwägungen auf die eigene Stimme zu hören. Ich würde jedenfalls zur verbitterten, fiesen Schwiegermutter, wenn ich meine beruflichen Pläne aufgeben würde. Bei vier Jungs keine schöne Vorstellung. Ach was, ich würde vorher schon (und sei es in Gedanken) auf denen rumhacken, die machen würden, was ich mir versagt hätte. Vielleicht ist die Krähenmutter das Pendant zur Rabenmutter. Einen verletzenden Schnabel haben sie beide. Wahrscheinlich sind sie selbst verletzt, haben jede Menge Federn gelassen und müssen ihre Sicht der Dinge deshalb so vehement verteidigen. Auf anderen herumzuhacken dient doch vor allem dazu, die eigenen Fehlschläge herunterzuspielen und das eigene Lebensmodell in ein besseres Licht zu rücken. Oder Ideale hochzuhalten, die einen davon abhalten, selbst überhaupt Kinder zu bekommen (»Also wenn ich einmal Kinder habe, dann werde ich mich auch komplett auf sie konzentrieren …«).

Komischerweise sind einige der Experten, die alle Mütter, die arbeiten gehen, als Rabenmütter bezeichnen, selbst Männer, die einen Vater schon engagiert finden, wenn er die Kinder morgens zum Kindergarten bringt und einmal die Woche mit ihnen Fußball spielt (»Der Arme – der arbeitet so viel und nimmt sich trotzdem noch Zeit!«). Andererseits fallen mir unter den Missionarinnen zwei Mütter ein, die ihre Berufung an nur einem Kind ausleben. Natürlich erst, seit der größte Stress vorbei ist. Eva Herman wurde Vollzeitmutter, als ihr Sohn zwölf war. Jede Mutter von Teenagern weiß, dass in diesem Alter der emotionale Aufwand zwar hoch, der zeitliche aber eher gering ist. Christa Müller, die Exfrau von Oskar Lafontaine und ebenfalls Mutter eines Sohnes, argumentiert in Bezug auf ihre Entscheidung, zu Hause zu bleiben, mit der fragwürdigen Forderung, man solle doch die Kinder danach fragen, was ihnen diesbezüglich am liebsten sei.[21]

Meine würden jedenfalls freiwillig auch nicht jeden Tag zur Schule gehen. Grundsätzlich ist es zwar gut, die Kinder in die Entscheidungen mit einzubeziehen, aber sie können für uns nicht die Entscheidung treffen, wie wir unsere Familie managen.

Jedes Modell hat seine Vor- und Nachteile, und je weniger wir uns selbst darüber im Klaren sind, ob wir dahinterstehen, desto öfter kommen von allen Seiten Rabenmutteranfechtungen. Allerdings beobachte ich nach 13-jähriger Rechtfertigungserfahrung, dass sich die Stimmung wandelt. Elterngeld und U3-Betreuung* haben die Vereinbarung von Beruf und Familie machbarer und salonfähiger gemacht. Zum Glück. Allerdings erhöhen die gestiegenen Lebenshaltungskosten und die neuen Unterhaltsgesetze den Druck auf die Mütter immer mehr, möglichst bald wieder voll zu arbeiten. Dazu ein paar Sprüche zum Thema frühkindliche Bildung, und die Mütter, die zu Hause bleiben, sind auf einmal die Rabenmütter.

Damit will ich nur zeigen, wie wichtig es ist, seinen eigenen Weg zu finden. Denn das Rabenmutterbild ist auch nur ein Produkt der aktuellen gesellschaftlichen Ansichten. So hat Ursula von der Leyen dank ihrer sieben Kinder Gelegenheit gehabt, verschiedene

---

* *Betreuung für unter Dreijährige*

Modelle, ob nun Teilzeit, Vollzeit oder Hausfrau, zu erproben. In den Medien wird sie aber ganz besonders gern als die dargestellt, die der Karriere wegen nie bei ihren Kindern ist.

Viele Kinder verleihen einem glücklicherweise aber auch ein dickeres Federkleid, an dem die Sprüche der Umwelt abperlen. Man hat einfach kapiert, dass es beim angeblichen eigenen Rabenmutterverhalten weniger um Ideologie als um praktische Belange geht.

Frauen, die ihr Kind mit einem halben Jahr ganztags in die Kita geben, werden mich wahrscheinlich belächeln, weil ich mir Gedanken darüber gemacht habe, ob unser Sohn mit zwei Jahren nicht zu jung dafür ist. Nicht nur ich, sondern auch der Rest der Familie litt darunter, dass ich meine Arbeit vor allem abends und am Wochenende erledigen musste. Die Arbeit komplett ruhen zu lassen, wäre auch keine Alternative gewesen. Als Freiberuflerin war ich froh, dass ich ein paar gute Aufträge hatte, und das Geld brauchten wir. Bei den beiden Großen habe ich vor lauter schlechtem Gewissen einmal einen Übermittagsplatz im Kindergarten ausgeschlagen. Keine Ahnung, ob das für die Kinder besser war. Für mich war es damals jedenfalls ein Drahtseilakt.

Und auch jetzt erlebe ich, wie sich einige meiner Freundinnen mit Kindern das Hirn darüber zermartern, ob sie ihr Kind nicht zu viel weggeben. Die Frage objektiv zu beantworten ist für jede von uns schon schwer genug. Deswegen sollten wir uns nicht noch gegenseitig die Augen aushacken. Besser wäre es, all die Müttervögel täten sich zum Schwarm zusammen und lehrten mal diejenigen das Fürchten, die für die ganzen Miseren zuständig sind.

Gute Betreuung auch für die älteren Kinder, Männer, die Teilzeit arbeiten, vernünftige Gehälter, unbefristete Arbeitsverträge und flexible Arbeitgeber würden viele Diskussionen und ein schlechtes Gewissen oft überflüssig machen.

Warum hast du denn studiert,
wenn du nur zu Hause rumhängst?

Genauso wie die Mütter, die arbeiten, müssen sich die Mütter oder auch Väter, die eine lange Zeit komplett bei den Kindern bleiben, Kritik anhören. Bei dem Wort »Vollzeitmutter« tauchen sofort Klischees von der unbedarften Hausfrau auf, die abhängig vom Mann und dem nächsten Supermarkt ein langweiliges Vorstadtdasein fristet. Das gibt es mit Sicherheit, aber genauso gibt es richtig gut ausgebildete Frauen, die sich freiwillig und aus vollem Herzen für den Vollzeitjob mit Kindern entschieden haben. Und das obwohl diese Arbeit weder angemessen anerkannt und noch weniger angemessen entlohnt wird.

Wir arbeiten wahrscheinlich alle sowieso so lange, dass keiner von uns mit dem Job ins Rentenalter eintreten wird, mit dem er ins Berufsleben eingestiegen ist. Warum sollte man sich dann nicht ein paar Jahre Elternzeit gönnen, wenn man es gerne tut und sich leisten kann? Eigenständigkeit, vor allem im Kopf, nur von der Erwerbssituation abhängig zu machen, ist wirklich kurzfristig gedacht. Und mal ganz ehrlich, nicht nur Erwerbstätige nehmen an der Gestaltung unserer Gesellschaft teil, kein Grund also, auf Leute herabzusehen, bei denen sich das gerade nicht auf dem Bankkonto auszahlt. Die finanzielle Unabhängigkeit ist dennoch ein Knackpunkt.

Selbst wenn man sich darauf einigt, dass das Geld des verdienenden Partners als gemeinsames Geld angesehen wird, kann der Partner immer noch die Scheidung einreichen, arbeitslos werden oder sterben. Ich kenne einige leidenschaftliche Vollzeitmütter, die diese Erfahrung irgendwann machen mussten und es dann sehr schwer hatten, wieder auf die Füße zu kommen. Aber nur, weil man kein Geld verdient, heißt das noch lange nicht, dass man nicht an dieser Gesellschaft teilhat. Ich kenne zwei Hausmänner, auf die pauschale Urteile genauso wenig zutreffen wie auf arbeitende

Mütter. In beiden Fällen verdiente die Frau sehr gut und arbeitete viel. Der eine Mann, Vater von zwei Kindern, machte seinen Job von außen betrachtet super, begann sich aber anscheinend zu langweilen, als die Kinder älter wurden. Wenn ich ihn mit diesem Ach-lass-uns-doch-noch-ein-bisschen-quatschen-der-Tag-zieht-sich-so-Blick gesehen habe, tat er mir immer etwas leid. Da haben es Vollzeitmütter schon einfacher. Die finden meistens jemanden zum Kaffeetrinken, falls sie mal zu viel Zeit haben sollten. Der andere Vater mit drei Kindern kümmert sich nicht nur um die eigenen Kinder, sondern gleich ums ganze Viertel. Er ist dermaßen engagiert als Initiator von Projekten, dass seine ganze Nachbarschaft froh sein kann, dass seine Energie nicht durch irgendeinen Vollzeitjob gebunden ist.

Es kommt eben immer darauf an, was man aus seiner Situation macht. Eine Bekannte von mir war mit ihrer Situation als Hausfrau und Mutter ganz glücklich, weil sie dadurch sehr viel Zeit für ihre Musik hatte. Weil sie tagsüber viel zu Hause war, plagte sie bei abendlichen Auftritten auch kein schlechtes Gewissen.

Mit mehreren Kindern ist der Job zu Hause alles andere als anspruchslos. Es muss ja nicht gleich für immer sein und Berufsplan B kann ja weiter den Stein mit stetem Tropfen höhlen. Aber keine Mutter und kein Vater sollen als Dummchen oder Weichei abgestempelt werden, nur weil sie sich dafür entschieden haben, die Betreuung der Kinder während der ersten Jahre selbst zu übernehmen. Den ganzen Tag mit Kleinkindern zu Hause zu sein ist anstrengend genug, da braucht man nicht auch noch blöde Sprüche. Und es ist etwas ganz anderes, wenn man sagt, für mich wäre das nichts, als zu sagen, mit solchen Müttern kann ich nichts anfangen, wie letztens eine prominente Moderatorin verkündete.

Vielleicht sollte sie sich mal mit Frau Marie Theres Kroetz-Relin unterhalten, die, wie sie sagt, der Liebe wegen Karriere als Mutter gemacht hat. Die Liebe, zumindest die zum Mann, hat zwar nicht gehalten, dafür hat sie aufgrund ihrer Erfahrungen die Hausfrauenrevolution ausgerufen. Mittlerweile sind die drei Kinder größer und die Tochter von Schauspiellegende Maria Schell zum Beispiel als Autorin beruflich wieder recht aktiv. Für die vernachlässigte Gruppe von 20 Millionen Hausfrauen setzt sie sich aber weiterhin sehr unterhaltsam und humorvoll ein (*www.hausfrauenrevolution.com*).

Trotz allem – die Zeit ist kostbar

Ein großer Gewinn durch viele Kinder ist die Fokussierung auf das Wesentliche. Und die Erkenntnis, dass Zeit kostbar ist. Manches Zeitfenster schließt schneller als bei manchen Leuten die Rollläden, sobald die Sonne untergeht. (Vielleicht haben wir deshalb keine, weil wir uns noch ein paar Möglichkeiten offen halten wollen.) Und das sage ich jetzt nicht, um irgendjemanden unter Druck zu setzen. Frei nach dem Motto: Wenn Sie nicht ab dem ersten Geburtstag ihres Kindes Vollzeit arbeiten, sind Sie für immer raus aus dem Job. Oder: Wenn Sie Ihr Kind nicht bis zum dritten Geburtstag zu Hause betreuen, bekommt es eine Macke.

Aber eine pragmatische Herangehensweise entschärft manchen Konflikt. »Ich möchte auf jeden Fall ganz zu Hause sein, damit ich nicht das erste Lächeln, die ersten Schritte oder den ersten Drei-Wort-Satz verpasse«, habe ich schon oft gehört. Aber was ist, wenn das Kind das erste Mal den Papa anlächelt, weil man mal in Ruhe einkaufen wollte? Für einen selbst wird es trotzdem ein erstes Mal geben.

Andererseits habe ich immer gespürt, wie bei mir Distanz zu den Kindern wächst, wenn ich sie zu wenig sehe. Ganz extrem habe ich das empfunden, als ich nach dem Zwillingskaiserschnitt fünf Tage lang im Krankenhaus lag und die Großen uns besuchten. Es war, als säßen fremde Kinder dort auf der Bettkante. Oder als ich mit Georg für ein paar Tage im Krankenhaus war. Mein Mann besuchte uns zwar jeden Tag, aber irgendwie kam der Kleine auf seinem Arm mir gar nicht vor wie mein Baby. Und Benni klammerte sich, obwohl er sonst ein absolutes Mamakind ist, lieber am Papa fest. In beiden Fällen war es einfach notwendig, einen Teil der Kinder ein paar Tage »allein« zu lassen. Wahrscheinlich haben die »zurückgelassenen« Kinder das sogar schmerzhafter empfunden, als wenn wir beruflich unterwegs gewesen wären. Dann wäre wenigstens kein Geschwisterkind bevorzugt worden.

Und die Eltern? Die machen sich natürlich umgekehrt ein schlechteres Gewissen. Es ist ihr Leben und ihre Zeit, und sie müssen selbst herausfinden, was für sie wichtig ist. Mit vielen Kindern kann man es sich nicht leisten, seine Zeit mit Lebensentwürfen zu vergeuden, die ein anderer für einen geschrieben hat. Tue ich das jetzt, weil die Gesellschaft das von mir erwartet oder weil es für unsere Familie das Richtige ist?

Viele ältere Frauen schieben dem Blick in den Kinderwagen den Spruch hinterher: »Genießen Sie es! Es ist so schnell vorbei.«

Als Mehrfacheltern haben sie genau das wahrscheinlich schon selbst erfahren. Die 40 kann noch so sehr die neue 30 sein, mit 13 hat Ihr Kind wahrscheinlich keine Lust mehr, mit Ihnen Mensch-ärgere-Dich-nicht zu spielen. Alex meinte letztens, dass man, wenn man erwachsen wäre, ja sicher wieder mehr Lust auf die Eltern hätte. Ich sah ihn fragend an.

»Ja, so in unserem Alter macht man lieber was mit Freunden.« Das sagt ausgerechnet der, für den Zeit mit Mama alleine das Wichtigste der Welt war. Ich hoffe, dass ich ihm und allen Geschwistern, solange sie noch Lust auf gemeinsame Unternehmungen hatten oder haben, genug Zeit geschenkt habe und schenke.

Der Ex-Seniorchef meines Mannes fragte mich mal auf einer Feier, wie es denn jetzt so sei, wo Michael einen Vollzeitjob habe. Ich entgegnete, dass es schöner gewesen sei, als er mehr Zeit hatte. Daraufhin er mit selbstgefälliger partriarchaischer Miene: »Da gewöhnen Sie sich schon dran.«

Ich habe mich nie daran gewöhnt. Natürlich wird es rein praktisch mit der Zeit leichter, im Alltag alleine klarzukommen, aber ich träume immer noch von einem Leben, in dem wir beide mehr Zeit für uns und die Familie haben.

Warum wird es als völlig normal angesehen, dass wir alles in die Lebensmitte quetschen, nur um dann, falls wir Herzinfarkt oder Burn-out überleben, alles auf ein geruhsames Rentenalter zu setzen? Wer körperlich hart arbeitet, ist wahrscheinlich schon vor 65 nicht mehr einsatzbereit, aber wie viele würden lieber bis 70 moderat arbeiten und dafür mit 35 mehr Zeit für die Kinder haben? Wir jedenfalls gerne! Wann kapiert endlich jeder, dass Zeit nicht gleich Leistung ist? Es gibt einige Branchen, Firmen und Berufe, in denen Eltern durch ihr tägliches Effizienztraining ihre Leistung im Job in weniger Zeit erbringen könnten, viele müssen aber im Büro sitzen bleiben, während der andere Partner zu Hause nicht weiß, wie er das Vokabellernen, den Arztbesuch und die Planung für den Kindergeburtstag unter einen Hut bringen soll? Wo sind die Chefs, die das nicht mehr als Gedöns abtun?

»Ich ärgere mich jedes Mal, wenn manche Kollegen nur noch quatschen oder im Internet surfen, während keine Arbeit mehr ansteht, aber ich nicht einfach nach Hause zu meinen Kindern kann, weil noch nicht offiziell Schluss ist«, ärgerte sich ein befreundeter Vater, als wir uns darüber unterhielten, wie familienfreundlich unsere Jobs sind.

Ein anderer guter Freund von uns dagegen hatte während seiner Arbeitszeit noch nicht mal Ruhe für eine Mittagspause. Das Sandwich wurde, wenn überhaupt, zwischen zwei Telefonaten in zwei Minuten verdrückt. Er rackerte sich von Montag bis Samstag in der Firma ab, weil sein Chef ihm suggerierte, dass er andernfalls die Verantwortung dafür mittragen würde, wenn die Firma zusammenbräche. Sie ist noch nicht mal zusammengebrochen, nachdem er gekündigt hat, um mehr Zeit mit seinen Kindern zu verbringen.

Es kann nicht nur daran liegen, dass die Ausgaben wachsen, dass Väter immer mehr Zeit bei der Arbeit verbringen, je mehr Kinder sie haben. Dabei sind Überstunden noch nicht einmal immer bezahlt. Teuer sind sie in jedem Fall, vor allem dadurch, dass die Lebenswelten der Paare so immer mehr auseinanderdriften und im schlimmsten Fall ganz auseinanderbrechen. Auch wenn mir mein Beruf immer sehr wichtig war, ich bin froh, eine einigermaßen goldene Mitte gefunden zu haben, durch die ich relativ viel Zeit mit den Kindern habe. Bei vielen Kindern werden ja nicht nur der Job und der Partner zum Zeitkonkurrenten, sondern auch noch die Geschwister.

Heutzutage sind Eltern statistisch gesehen eine viel längere Zeit im Leben ohne Kinder als mit Kindern. Und das, obwohl viele Kinder erst mit Mitte 20 ausziehen. Auch wenn einem die schlaflosen Nächte gerade endlos vorkommen, sollte der Blick auf die Zukunft mit in die Entscheidungen einfließen. Allerdings nicht nur in die Richtung, für die Kinder da zu sein; auch die Frage »Wie will ich leben, wenn die Kinder ihr eigenes Leben leben?« sollten wir bedenken.

Manchmal überlagert das Großfamilienmanagement alles andere. Wenn man zwischen Elternabenden, Wäschebergen, Großeinkauf, Hausaufgabenhilfe, Job und Zahnarztbesuch mal Zeit für einen Kaffee hat, hat man meistens keine Lust auf Fragen, die in Lebenskrisen münden könnten. Aber sobald alle Kinder in der Schule sind, wird es zunehmend ruhiger; Sie können die Früchte von Plan A ernten und sich Zeit für Plan B nehmen.

Zeit ist genug da, wir müssen sie nur umverteilen. Und die Schranken im Kopf abbauen. Die Exchefin meines Mannes meinte immer spöttisch, wir würden im Wolkenkuckucksheim leben. Gerne! Da ist zwar auch noch nicht alles aufgebaut, aber besser als in So-ist-es-nun-mal ist es allemal!

Tut sich was im Staate?

Unser erstes Kind wurde in einer Zeit geboren, als Elternzeit noch Erziehungsurlaub hieß. Kinderwagen wurden noch in DM bezahlt und mussten in erster Linie funktionieren, statt als modisches Accessoire herzuhalten. Und die Väter kannte man nur aus den Erzählungen der Mütter. Allerhöchstens am Wochenende krochen sie mal aus ihren Bürolöchern heraus.

Als ich mit Alex, damals noch im Krabbelalter, eine Spielgruppe besuchte, saß dort tatsächlich ein Mann. Während wir alle im Kreis saßen, um uns vorzustellen, fragte ich mich besorgt, ob seine Frau vielleicht bei der Geburt gestorben war. Ich hatte doch vor einiger Zeit von dem tragischen Fall in einem der umliegenden Krankenhäuser gelesen. Glücklicherweise lebte die Frau noch und verdiente das Geld, während ihr Mann als freier Künstler sich um das gemeinsame Kind kümmerte.

Wer von den Müttern noch nebenbei arbeitete oder studierte, hatte entweder Großeltern in der Nähe oder verdiente so viel, dass er auf die wenigen privaten U3-Gruppen zurückgriff. Vereinzelt gab es auch staatliche Kindergärten, die Plätze für Jüngere anboten. Diese waren aber, berechtigterweise, für Härtefälle (also zum Beispiel Kinder von Alleinerziehenden) reserviert. Ich bewarb mich zwar sicherheitshalber bei einem Kindergarten mit U3-Platz, aber im Grunde war es klar, dass mein Sohn nicht mal mit zwei einen Platz bekommen würde. Die Warteliste war länger als die Schlangen, die früher vor dem Aldi kampierten, wenn der Discounter mal einen Computer anbot. Und zwar länger als die Schlangen von allen Kölner Aldis zusammen. Ein bisschen wunderte mich das, wo doch alle Mütter auf dem Spielplatz oder in Kindergruppen so taten, als würden sie nie im Leben ihr Kind vor dem dritten Lebensjahr in den Kindergarten stecken! Dass ich noch nebenbei studierte, wurde schon oft mit hochgezogenen Augenbrauen registriert. Später, als Alex dann im Kindergarten war, stand jeden Mittag um zwölf eine

Traube Mütter vor der Tür, um ihren Nachwuchs endlich abzuholen. Deswegen sagte auch keiner »Kindertagesstätte« oder »Kita«, der Kindergarten war nämlich meistens maximal eine Halbtagsangelegenheit.

Und wenn die Kinder in die Schule kamen, wurde es noch schlimmer. Ende der Neunziger gab es gerade mal für vier Prozent der Kinder eine Übermittagsbetreuung in der Grundschule. Wo keine Großeltern einspringen konnten, blieben die Eltern zu Hause oder die Kinder wurden zu »Schlüsselkindern«. Trotzdem erschien gerade älteren Generationen schon da alles viel paradiesischer als früher. Die Oma meines Mannes, heute 85, erzählte uns, dass zu ihrer Zeit die Väter nicht einmal den Kinderwagen schoben, weil das »Frauensache« war. Sie musste, schweren Herzens, allerdings sogar schon in der Stillzeit volle Tage und manchmal sogar eine Woche am Stück beruflich unterwegs sein, während die Uroma meines Mannes auf die Kinder aufpasste. An ihren freien Tagen standen all diese Mütter, die von anderen damals noch stärker als Rabenmütter angesehen wurden und ihre Arbeit auch noch ohne staatliche Unterstützung organisieren mussten, dann den ganzen Tag in der Küche, um die Herren zu bedienen. Vernünftig abgesichert waren sie im Alter deswegen trotzdem nicht unbedingt.

»Kinder kriegen die Leute immer«, soll Adenauer einst gesagt haben. Der benötigte Nachwuchs kam von alleine, also konnten Männer und männliche Politiker die ganze Arbeit getrost den Frauen überlassen. Es geschieht allen Verantwortlichen, auch wenn ein Großteil dazu nicht mehr Stellung nehmen kann, also ganz recht, dass viele Frauen in den Gebärstreik getreten sind!

Die wenigsten Frauen werden sich zwar aufgrund sozialpolitischer Strukturen gegen Kinder entscheiden, und keine Frau wird wegen einer Kindergelderhöhung oder des Betreuungsgeldes mehr Kinder bekommen, aber die bewusste Entscheidung für ein drittes oder viertes Kind würde bei besserer Vereinbarkeit von Beruf und Familie mit Sicherheit öfter gefällt werden.

Bessere Vereinbarkeit heißt nicht unbedingt eine flächendeckende Betreuung von morgens bis abends, sondern vor allem, dass auch die Männer endlich bereit und in der Lage dazu sind, die Hälfte der Familienarbeit zu übernehmen. Das funktioniert nur, wenn im Umkehrschluss die Frauen die Möglichkeit haben, finanziell die andere Hälfte zu stemmen. Und zwar ohne dabei auf die Verwandtschaft oder Freunde angewiesen zu sein.

Doch auch wenn noch lange nicht alles ideal ist, die staatlichen Maßnahmen beginnen zu greifen. Die Zahl der Betreuungsplätze wächst und immer mehr Väter nehmen aktiver am Familienleben teil. Wenn ich jetzt beim Kinderarzt sitze oder den Jüngsten von der Kita abhole und hier wie dort fast immer auch Väter treffe, fürchte ich jedenfalls nicht mehr, dass ihre Frauen verstorben oder abgehauen sind. Gerade in Szenevierteln sieht man immer mehr gut aussehende, nette Männer den Kinderwagen schieben. Es ist zwar albern, auf solche Äußerlichkeiten und Trends hinzuweisen, aber solange immer noch zu viele glauben, Rambo wäre der Inbegriff der coolen Männlichkeit, eifern die jungen Männer lieber ihm als – ja wem eigentlich? – Brad Pitt nach.

Auch wenn drei Monate gemeinsame Elternzeit beiden Elternteilen nur mal eben zeigten, wie schön das Leben sein könnte, oder ein Vätermonat das Bewusstsein für das Leben mit Kindern schärft, ist es immerhin ein Fortschritt, dass immer mehr Männer überhaupt Elternzeit nehmen. Dafür sei von der Leyen und Co also auch einmal von Herzen gedankt. Immer nur meckern bringt schließlich auch keinen weiter. Vielleicht sollte die aktuelle Familienministerin die Elternzeit noch mal reformieren: doppeltes Geld, Väterzertifikat mit Sternesystem und die Umbenennung in Elternarbeit. Funktioniert beim Kochen doch auch super. Männer stellen sich bei entsprechender Anerkennung und Bezahlung doch gern an den Herd. Beim Wickeltisch wird es nicht anders sein.

Nach einem Riesenschritt vor gibt es nun wieder ein paar Tippelschrittchen zurück, etwa wenn es um das Betreuungsgeld geht. Ent-

weder, man gibt Mutter oder Vater das Geld, das so ein Betreuungs-
platz wirklich kostet, dann können Eltern ihre Aufgabe wirklich
als Job annehmen. Oder man lässt den Schwachsinn ganz. Am
besten wird dieses Geld in die Ausbildung und Bezahlung von Erzieherinnen gesteckt – dann müsste man auch nicht mehr mal eben
Leute umschulen, die vielleicht gar keinen Bock auf Kinder haben.

Aber es tut sich was. Vielleicht sogar dadurch, dass ehemals
scheinbar verlässliche Größen wie Karriere, Wirtschaftswachstum
und Planungssicherheit immer mehr ins Wanken geraten. Auf die
Liebe der Eltern zu ihren Kindern kann sich fast jeder verlassen.
Und die besten Investitionen, die ein Staat treffen kann, sind doch
die in glückliche Familien, weil diese dem Staat letztendlich jede
Menge Arbeit abnehmen – Menschen mit einem guten Start werden
höchstwahrscheinlich als Erwachsene friedlicher, seelisch und
körperlich gesünder, eigenständiger und produktiver sein. Davon
profitiert die gesamte Gesellschaft, und der Staat spart langfristig
auch noch Geld.

An dieser Stelle möchte ich einfach mal betonen, dass die
Situation hinsichtlich Betreuung oder Flexibilität bei der Arbeit
sich innerhalb der letzten 13 Jahre deutlich verbessert hat und ich
die feste Hoffnung habe, dass spätestens unsere Söhne und Töchter
Arbeit und Familie locker miteinander verbinden können.

Also, liebe Verantwortlichen im Staat und in der Arbeitswelt,
hier kommen ein paar besonders dringliche Wünsche, die nicht
nur großen Familien weiterhelfen:

- Investiert in richtig gute Betreuung. Eltern sollten nicht mehr
  das Gefühl haben müssen, dass die Betreuung in der Kita oder
  OGTS* eine Notlösung ist. Und kontrolliert, ob die Qualitäts-
  ansprüche eingehalten werden. Gerade jetzt, wo der Ausbau so
  schnell erfolgt, sind schlampigem Arbeiten Tür und Tor geöffnet.

---

* *Offene Ganztagsschule*

- Lasst alle Kinder, etwa im Rahmen der Nachmittagsbetreuung, je nach Neigung ein Instrument lernen oder Extrasport machen. Die Bildung darf nicht vom Gehalt der Eltern abhängen.
- Das Leben mit Kindern muss, etwa durch Familiensplitting, günstigen Wohnraum und kostenlose Bildung und Betreuung, bezahlbarer werden! »Die Zahl der Kinder (beeinflusst) die ökonomische Situation einer Familie in wesentlich höherem Maße als die Zugehörigkeit zu einer Berufsklasse.«[22] Da bleiben mir aktuelle Werbeslogans wie »Bildung ändert alles« echt im Halse stecken. Kinder dürfen kein Armutsrisiko mehr sein!
- Eltern brauchen Sicherheit durch unbefristete Verträge und angemessen bezahlte Jobs. Wer nicht weiß, wie er sich selbst durchbringen soll, bürdet diese Last ungern auch noch mehr Kindern auf. Eltern brauchen wirklichen Gestaltungsspielraum, ohne Angst haben zu müssen, den Job zu verlieren oder arm zu werden, wenn sie etwa durch Teilzeitarbeit oder Auszeiten mehr Zeit mit ihren Kindern verbringen möchten.
- Arbeitszeiten müssen viel flexibler werden und Teilzeit in jeder Position und für jedes Geschlecht an Anerkennung gewinnen. Die Diskussion sollte sich nicht nur um Vollzeit drehen, vielmehr müssen Vätern und Müttern in Elternzeit Brücken gebaut werden, sei es durch Weiterbildung oder Karriere auf kleiner Flamme, sodass sie beruhigt länger bei den Kindern bleiben können und nachher trotzdem nicht den Anschluss verlieren. Wer sagt, das ginge nicht, der soll bedenken, wie viele für den Job alles opfern und nachher trotzdem vor dem Arbeitsamt stehen.
- Egal ob in der Schule oder im Job: Menschen dürfen nicht mehr nur als (zukünftige) Leistungsträger gesehen werden. Wenn alle Entscheidungen immer unter dem Gesichtspunkt der Wirtschaftlichkeit getroffen werden, kann sich keiner entfalten. Weder im Job noch in der Familie. Und vieles, was vordergründig nur dem Wohlbefinden dient, zahlt sich nachher trotzdem für alle aus.

UND IHR?

Andreas, Marc, Gerald und Frank

Vier Väter, 20 Kinder

Was sich Mütter von Vätern wünschen, habe ich nicht nur zwischen den Zeilen schon öfter erwähnt. Und die allermeisten anderen Aspekte gelten ohnehin für beide Geschlechter. Die perfekte Männerversteherin bin ich zwar nicht, aber der Blick auf das allgemeine väterliche Befinden lässt mich meistens auch sensibler für meinen eigenen Mann werden. Einmal die Perspektive zu wechseln kann also nie schaden.

Vier Väter aus dem Chat des *Verbandes kinderreicher Familien* haben mir einen Einblick in ihr Großfamilienleben gewährt:

Andreas (35) hat drei Kinder im Alter von zwei bis sechs Jahren und ist Hausmann. Marc (36) ist Angestellter mit sechs Kindern von einem bis 13 Jahren. Frank (35), ein Lehrer, erwartet mit seiner Frau das siebte Kind. Das erste ist neun Jahre alt. Gerald (38) hat vier Kinder im Alter von einem bis neun Jahren.

Wie reagiert euer Umfeld darauf, dass ihr viele Kinder habt? Gibt es dumme Sprüche?

Gerald: Dumme Sprüche von jungen Menschen, vor allem von Frauen, von Älteren hier und da auch mal Anerkennung.

Marc: Unterschiedlich. Die Familie hat sich an den Zustand gewöhnt – so bei zwei bis drei Kindern hieß es noch, das würde jetzt wohl reichen. Inzwischen bestärken uns aber mehr oder weniger alle, weil sie merken, dass die Kinder bei uns gut aufgehoben sind. Meine Mutter vergab letztens sogar das höchstmögliche Lob: Die Kinder seien alle gut erzogen.

Bei der Arbeit ist es ebenfalls unterschiedlich. Klar gibt es immer ein paar Frotzeleien, die man aber grinsend wegnickt. Aber inzwischen beantworte ich Fragen nach weiteren Kindern ganz souverän mit: »Was kommt, kommt.« Es gibt aber auch eine Kollegin, die schon nach Kind Nummer drei gesagt hat, ich hätte ja wohl einen an der Klatsche.

Im Freundeskreis entwickelt sich hingegen eine klare Tendenz, sich nurmehr mit den Leuten zu umgeben, die selber (mehrere) Kinder haben. In der Nachbarschaft gibt es einige, die uns sozusagen als Vorbild nehmen und selbst gerade das vierte Kind erwarten, aber auch andere, denen die üblichen Großfamilienklischees quasi ins Gesicht geschrieben stehen. Aber man erlebt auch immer wieder Überraschungen. Positiv wie negativ.

Frank: Es gibt beide Reaktionen – es gibt die Menschen, die nicht verstehen, warum wir »so viele« Kinder bekommen haben, und es gibt Menschen, die es toll finden. Oftmals hören wir: »Schön, dass ihr die Kinder bekommt. Das finde ich mutig, aber für mich wäre das nichts.« Ältere Menschen freuen sich und fühlen sich an ihre Kindheit erinnert, als Familien mit mehreren Kindern normal waren.

Andreas: Auf der Straße passiert es schon ab und zu, dass jemand starrt oder stehen bleibt und mit dem Finger zeigt. Die Großeltern wechseln zwischen Überfordertsein, Desinteresse und Das-hättet-ihr-vorher-wissen-müssen-Vorwürfen. Auf der Arbeit reagieren viele auf die Kinderzahl mit Entsetzen, weil sie sich nicht vorstellen können, dass wir uns drei Kinder gewünscht haben.

Was gibt euch den Mut, die Kraft und Zuversicht, so viele Kinder großzuziehen?

Andreas: Die Hoffnung auf den Kollaps der Rentenkasse. Und wenn die Kinder uns sagen, wie lieb sie uns oder ihre Geschwister haben. Und wenn sie immer neue Herausforderungen meistern. Oder wenn sie sich mal nicht streiten.

Frank: Wir glauben, dass es richtig ist, den Kindern eine Familie mitzugeben. Meine Frau hat nur eine Schwester und ich selbst habe weder Eltern noch Geschwister; unsere Kinder sollen einander haben, wenn es uns eines Tages nicht mehr gibt. Sie sollen große Familienfeste feiern und nicht alleine sein, wenn sie einmal alt sind.

Marc: Manchmal wundere ich mich selbst, wie wir den Mut aufbringen konnten. Aber irgendwie klappte immer alles so gut, die Kinder waren eine Freude, und nach einem Schlüsselerlebnis mit unserem dritten Kind war uns klar, dass wir auch weitere Kinder großziehen können.

Wichtig ist auch, dass wir uns aufeinander verlassen können. Jeder hat seinen Teil zum Familienleben beizutragen.

Außerdem hilft uns unser Glaube. Ich würde nicht sagen, dass wir eine frömmelnde Familie sind, und auch die Kirchenbesuche könnten regelmäßiger sein, aber unser gemeinsamer Glaube an Gott und an Jesus verbinden die Mahlzeiten und die Abendrituale. Jonathan ist ein großer Freund davon, seinen Geschwistern mit dem Daumen ein Kreuz auf die Stirn zu zeichnen und »Gott segne dich« zu sagen.

Gerald: Wir haben Kinder sehr gerne, Kinder sind unsere Zukunft und eine absolute Bereicherung!

Inwieweit schafft ihr es, euch Zeit für die (einzelnen) Kinder zu nehmen? Welche Aufgaben übernehmt ihr?

Frank: Individuelle Aufgaben – je nachdem, welches Kind gerade welche Aufmerksamkeit benötigt. Vielleicht, weil es zum Friseur muss, ein Arztbesuch ansteht oder weil das Kind krank zu Hause ist, Hilfe bei den Hausaufgaben braucht oder auch einfach nur reden möchte.

Andreas: Ich bin mit den drei Kindern zu Hause (für den Ältesten beginnt allerdings ab Herbst die Grundschule), kümmere mich um Erziehung und Kurse der Kinder, Haushalt, Papierkram und Finanzen. Mal ein Kind intensiv einzeln zu betreuen geht für uns eigentlich nur, wenn meine Frau zu Hause ist oder ich die beiden anderen vor den Fernseher abschiebe. Gerade der Zweijährige beschäftigt sich nur kurz allein und fordert ständige Aufmerksamkeit.

Marc: Das würden wir gerne mehr schaffen, als es aktuell der Fall ist. Immer wieder kommt es aber zu neuen Konstellationen, die eine Neueinteilung der Zuständigkeiten erfordert. Der eine hängt in der Schule gerade ziemlich durch – also besteht mein Feierabendprogramm in zusätzlicher Lernunterstützung. Die andere fühlt sich von einer Freundin gegängelt, also braucht sie ein wenig mehr Kuscheleinheiten. Der Dritte schläft schlecht, sodass das Fußballspiel auf ARD zugunsten einer Runde Schlafliedsingen unterbrochen wird. Ganz wichtig für uns: Die Kinder fordern diese Zeit auch ein. Der Älteste will mit Papa am PC spielen, Emma will eine Geschichte hören und Lukas will den Rücken massiert haben. Die Kinder sollen sagen, was sie brauchen.

Grundsätzlich ist die Aufgabenteilung aber so: Mama macht den Haushalt, Papa geht arbeiten und ist für den Papier- und technischen Kram verantwortlich. Außerdem bringt er die Größeren ins Bett, damit Mama in Ruhe den Kleinsten stillen kann.

Gerald: Ich versuche, mit jedem Kind einzeln etwas zu unternehmen, das Kind wird aus der Gruppe genommen und einzeln betreut. Ab und zu Hausaufgaben betreuen, von der Schule abholen, am Wochenende gestalten wir ein gemeinsames Programm.

In welchen Bereichen bringt euch die Kinderzahl an eure Grenzen?

Andreas: Mobilität: Wegen schmaler Bürgersteige können wir selten alle nebeneinander laufen (wir haben auch zwei Hunde). Öffentliche Verkehrsmittel nutzen wir nur selten, weil zum Beispiel im Winter das Anziehen der extra warmen Sachen zum Warten an der Haltestelle zu lange dauern würde.

Wohnung: Ein eigenes Zimmer für jedes Kind würde ihnen guttun, ist aber kaum bezahlbar.

Öffentlichkeit: Manche Leute halten mehrere Kinder für eine Attraktion und reagieren wie oben beschrieben.

Kurse und öffentliche Angebote: Sind häufig nicht darauf ausgelegt, dass das teilnehmende Kind auch noch Geschwister hat. Diese dürfen dann nicht teilnehmen oder müssen die improvisierte Spielecke im Eingangsbereich nutzen.

Frank: Früher im Bereich des Autos und immer wieder, wenn es um Eintritte geht. Oftmals wird uns vorgeschrieben, wie eine Familie auszusehen hat (zum Beispiel ein Erwachsener und zwei Kinder oder zwei Erwachsene und ein Kind), und manchmal muss eine Großfamilie anhand der mitgebrachten Geburtsurkunden beweisen, zu wem die Kinder gehören.

Gerald: Wenn ich nach dem stressigen Job nach Hause komme und dann alle Kinder etwas von mir möchten, bevor ich so richtig angekommen bin. Vor allem wenn die Kinder klein sind.

Marc: Ganz banal erst mal raummäßig in unserem Haus. Wir haben zwar im letzten Jahr den Dachboden ausgebaut und sind nun stolze Besitzer von fünf Kinderzimmern. Die Anforderungen der Großen werden nicht mehr kleiner, sodass wir unsere beiden jüngsten Kinder absehbar in ein Zimmer stecken müssen (noch schläft der Jüngste bei uns im Elternschlafzimmer).

Anstrengend ist die Erziehung allemal. Aber an meine Grenzen hat mich das noch nicht gebracht. Es sind eher die anderen, die überfordert sind, wenn wir mit acht Leuten um die Ecke kommen. Sicher gibt es Tage, an denen ich geschafft bin und die Kinder als Mitnehmartikel bei ebay einstellen möchte, aber wenn ich dann eines meiner Kinder schlafend im Bett sehe, dann muss ich lächeln und weiß wieder, wofür die ganze Plackerei gut ist. Es gibt doch nichts Schöneres als einen Kuss vom eigenen Kind mit Nutella-schnute und Marmeladenfingern.

Wie viel Raum und Zeit habt ihr noch für eigene Hobbys und Entspannung?

Gerald: Gar keine(n), weil die Kinder klein sind und ständig beschäftigt werden wollen.

Marc: Diesen Raum fordern wir relativ strikt ein. Am Wochenende gehören die »Mittagspausen« Mama und Papa. Die kleinen drei sind im Bett, die großen drei können quasi machen, was sie wollen, das heißt im Zimmer Playmobil oder Barbie spielen, Fernsehen oder – das Hobby der beiden Ältesten – Minecraft spielen. Dazu ist auch abends nach der Bettgehzeit um 20 Uhr Ruhe im Haus. Die Ältesten können bis etwa 21 Uhr in ihren Zimmern machen, was sie wollen, aber das Wohnzimmer ist »Erwachsenenzone«. Die Kinder wissen diese strenge Trennung zu schätzen, zumal sie auch wissen, dass keines der Geschwister dann in ihre Zimmer kommt und nervt (außer, es ist vorher erlaubt worden, zum Beispiel gemeinsam noch Lego zu spielen oder so). Wenn dann eines der Kinder etwas von uns will, dann ist es auch etwas Wichtiges.

Frank: Nicht mehr viel, eventuell abends ein wenig. Ich bin Lehrer und muss abends meinen Unterricht vorbereiten, also bleibt nicht mehr viel Zeit übrig.

Andreas: Ich kann den Tag über, wenn mal alle Kinder eine Beschäftigung gefunden haben, so etwa zehn Minuten am Stück etwas tun. Ansonsten während des Mittagsschlafs oder wenn die Kinder im Bett sind.

Wie gestaltet ihr die Rollenverteilung in eurer Familie?

Gerald: Traditionell.
Andreas: Meine Frau verdient das Geld zu relativ geregelten Arbeitszeiten, und sie konnte in den letzten Jahren häufig auch drei freie Tage in der Woche realisieren. Es ist für mich immer noch schwer, dass meine Frau an gemeinsamen Aktivitäten nicht teilnehmen kann.
Marc: Mama ist zu Hause und kümmert sich als ständige Ansprechpartnerin um alle Problemchen, und Papa, der von acht bis 17 Uhr im Büro ist, bringt das Geld nach Hause und ist für alle Dinge zuständig, die mit Hammer, Pinsel, Luftpumpe oder Rasenmäher zu beheben sind. So weit das Grundgerüst. De facto kann ich aber auch bügeln, die Spülmaschine ausräumen oder einkaufen. Einige Aufgaben erledigen wir immer zu zweit (Wochengroßeinkauf zum Beispiel), andere Sachen sind fest zugeordnet. (So ist es meine Aufgabe, die allabendliche Waschmaschine zu entleeren und den Inhalt auf die Leine zu bringen, weil meine Frau abends immer friert und sie mit der klammen Wäsche auf Kriegsfuß steht.)
Frank: Meine Frau, die auch Lehrerin ist, bleibt zu Hause und kümmert sich um das Grobe; eben das, was täglich anfällt. Garten, Auto, im Haus etwas reparieren – das sind meine Aufgaben.

Seid ihr mit dieser Verteilung beide zufrieden?

Andreas: Ja, im Wesentlichen. Am liebsten würde meine Frau auch mit den Kindern zu Hause sein, das geht finanziell aber nicht.
Marc: Ja. Absolut. Der einzige Punkt, an dem wir beide immer wieder anecken, ist der, dass wir mit der Art und Weise, wie der andere die Aufgabe erfüllt, nicht immer zufrieden sind. Dies erledigt sich aber spätestens dann, wenn der Nörgler angeboten

bekommt, die fragliche Aufgabe – so er sie denn besser erledigen kann – doch einfach auch zukünftig zu übernehmen.

Gerald: Ja.

Frank: Ja, meistens. Meine Frau ist manchmal unzufrieden, denn ab und an würde sie schon gerne wieder unterrichten. Aber eine Schule ist nicht mehr so flexibel, wie sie es früher einmal war, daher bleibt sie zu Hause.

Wie familienfreundlich ist euer Job?

Andreas: Mein Job ist die Familie.

Frank: Es geht so … Es gibt Konferenzen, Elternsprechtage et cetera. Das sind Termine, die fix sind und die wir nicht verlegen können. Manchmal ist das schon sehr anstrengend! Zumal ich als Kollege mit sechs Kindern nicht so flexibel bin wie ein älterer Kollege, der schon Enkelkinder hat.

Marc: Ich kann mich nicht beschweren. Ich habe einen gut bezahlten Job mit Gleitzeit, und als Krönung darf ich an meinem Heimatort arbeiten und habe gerade mal 300 Meter zu meinem Arbeitsplatz zurückzulegen. Wenn etwas zu Hause sein sollte – Kind hingefallen und verletzt –, dann hat es bisher noch nie Schwierigkeiten gegeben, wenn ich den Platz verlassen musste. Von der Struktur selbst ist der Job schon familienfreundlich. Dennoch: Luft nach oben ist immer, wenn ich da an übernommene Kindergartenbeiträge oder Kinderzuschüsse denke.

Gerald: Da ich selbstständig bin, kann ich meine Zeit selbst einteilen.

Was würdet ihr an der Arbeitssituation ändern, wenn ihr die freie Wahl hättet? Zum Beispiel Teilzeit arbeiten? Zu Hause bleiben? Eventuell sogar eine neue Ausbildung machen?

Andreas: Im Moment würde ich gern Teilzeit arbeiten, wir finden aber keine finanzierbare Betreuung für unsere Kinder. Zumal zumindest ein Kind erhöhten Betreuungsbedarf wegen einer nachgewiesenen Hochbegabung hat.

Wenn nur noch ein Kind nicht zur Schule geht, will ich noch ein Masterstudium machen, um nach acht Jahren zu Hause eine Qualifikation nachweisen zu können. Vollzeit werde ich aber sehr wahrscheinlich nicht arbeiten können, bevor der Jüngste zwölf ist.

Frank: Eventuell würde ich gerne die Stunden reduzieren, aber dann würde das Geld nicht reichen.

Gerald: Da habe ich noch nicht drüber nachgedacht.

Marc: 16-Stunden-Woche bei vollem Lohnausgleich! Nein, ernsthaft: Sicher wäre es toll, nur vormittags zu arbeiten, aber das ist finanziell überhaupt nicht drin. Nur zu Hause bleiben – damit würde ich nicht glücklich werden. Immerhin habe ich etliche Fortbildungen und Studiengänge besucht, die mich in meine jetzige Position gebracht haben, und es wäre zu schade, das alles hintenüberfallen zu lassen. Aber die Anforderungen in der Familie sind groß: Ein dreistelliges Überstundenkonto wird man bei mir nicht finden.

Was würdet ihr euch von eurem Chef wünschen, um die Arbeit familienfreundlicher gestalten zu können?

Marc: Vielleicht ist das selten, vielleicht hab ich auch nur Glück: Da habe ich nichts auszusetzen. Wie oben schon geschildert: Nach oben hin geht immer was, aber das wären rein finanzielle Unterstützungswünsche.

Gerald: Man könnte mehr Aufgaben umverteilen.

Frank: Ich bin an einer netten Schule, die Arbeitszeiten respektive Konferenzzeiten sind schon recht human; da gibt es schlimmere Schulen.

Gibt es etwas, was im Arbeitsleben besonders gut läuft, sodass ihr es anderen Firmen oder Vätern empfehlen könnt?

Marc: Wichtig ist doch, dass man seine Arbeit schafft. Ob man dafür nun acht Stunden am Tag oder 60 Stunden die Woche braucht – das Ergebnis muss stimmen. Wenn ich also meinem Chef sage: »Die Unterlagen sind zum Wunschtermin fertig, aber ich muss trotzdem eben meinen Sohn ins Krankenhaus bringen«, dann ist es toll, wenn er erwidert: »Okay, gute Besserung, ich verlass mich auf deine Zusage!« Viel besser als: »Ich hab heute wieder 37 Überminuten gemacht.«

Andreas: In dem Jahr vor der Geburt unseres Dritten habe ich eine Zeit lang halbtags gearbeitet, weil ich zusätzlich zum Arbeitslohn dadurch mein zukünftiges Elterngeld erhöhen konnte. Mein Teilzeiteinkommen ist zum Großteil für die Betreuung draufgegangen, ich habe aber mein Elterngeld fast um den gleichen Betrag erhöht.

Gerald: Ein Homeoffice ist sehr zu empfehlen.

Habt ihr selbst schon »Karriereopfer« für die Familie gebracht? Wie beurteilt ihr diese im Nachhinein?

Andreas: Wir haben uns für Kinder entschieden und wussten, dass drei Kinder nicht nebenbei gehen. Dass es so werden würde, wie es sich jetzt entwickelt hat, wussten wir nicht, aber es bleibt trotzdem die Konsequenz unserer freien Entscheidung.

Es gibt aber auch nicht viele Leute, die sich am Ende des Lebens wünschen, mehr Zeit auf der Arbeit verbracht zu haben!

Marc: Meine Frau war mit unserem fünften Kind schwanger. Ich war aufgrund einer internen Umsetzung in eine andere Bankstelle gekommen – 20 Kilometer Arbeitsweg – und wurde dort als stellvertretender Abteilungsleiter eingesetzt. Die Aufgaben waren das, was ich seit Jahren gerne mochte. Dennoch merkte ich, wie der neue, ungewohnte Arbeitsweg den Familienalltag belastete. Vorher war ich in der Mittagspause zu Hause gewesen, hatte die Kleinen ins Bett gebracht, beim Aufräumen geholfen et cetera. Nun war ich morgens viel früher aus dem Haus, über Mittag weg und abends später als gewohnt wieder da. (Kurze Bemerkung: Ich weiß, dass viele Väter IMMER so arbeiten. Es mag sich wie Jammern auf hohem Niveau anhören, ja, aber für uns war dies nichtsdestotrotz eine Belastung.)

Nun wurde intern eine neue Stelle ausgeschrieben: ganz anderer Aufgabenbereich, aber zurück in die Heimat. Kurzum: Nach einer Weile Bedenkzeit habe ich mich darauf beworben. Die Reaktionen waren vielseitig: von erstaunt über belächelnd bis zu Kopfschütteln. Und das Beste: Meiner Bewerbung wurde stattgegeben.

Meine geliebte Arbeit habe ich für eine andere eingetauscht, die ich zwar auch gerne mache, aber eben weniger gern. Dafür bin ich nun mittags wieder zu Hause und kann meine Tochter vor der Arbeit zu Fuß zur Logopädie bringen. Diese Entscheidung würde ich wieder so treffen.

Frank: Nein, aktuell bin ich normaler Lehrer. Später kann ich eventuell noch einmal aufsteigen, aber dazu müssen die Kinder etwas älter sein.

Wofür seid ihr eurer Partnerin besonders dankbar, vor allem im Hinblick auf die gemeinsame Familie?

Marc: Dafür, dass sie mich immer – und ich meine immer – unterstützt hat und mir manches Mal rechtzeitig den Kopf gewaschen hat. Allerdings auch dafür, dass sie mir zuhört, auch wenn ich was zu kritisieren habe.

Frank: Dass sie zu Hause bleibt und alles zu Hause erledigt: Arzttermine, Papierkram (wir sind zu siebt privat versichert), Treffen mit Freunden, einkaufen und so weiter.

Andreas: Dass sie auf viel Teilnahme am Familienleben verzichtet, um uns finanziell abzusichern. Und wenn sie früher von der Arbeit kommt.

Gerald: Meine Frau hält mir den Rücken frei und kümmert sich um die täglichen Aktivitäten der Kinder.

Wie schafft ihr es, euch auch noch Zeit und Raum für die Beziehung zu nehmen?

Andreas: Unterstützung von Verwandten oder Bekannten erhalten wir kaum, und einen Babysitter, der mit drei kleinen Kindern klarkommt, zu finden und zu bezahlen haben wir gar nicht erst versucht. Wenn die Kinder im Bett sind, tauschen wir uns über den Tag aus.

Marc: Ich habe es oben schon gesagt: Wir nehmen uns die Zeit. Weil wir wissen, dass eine Familie nur dann wirklich funktionieren kann, wenn es auch zwischen Mama und Papa funktioniert. Es ist für keinen von Vorteil, immer nur zurückzustecken. Das müssen auch die Kinder lernen: Manchmal machen Mama und Papa auch was alleine.

Frank: Das geht meist nur abends, wenn die Kinder schlafen (und auch dann nur, wenn ich keinen Unterricht vorbereiten muss). Aber zum Glück gibt es ja auch noch Ferien!

Gerald: Abends nehmen wir uns Zeit, und einmal im Jahr fahren wir für ein Wochenende weg. Einmal in der Woche versuchen wir, abends etwas ohne die Kinder zu unternehmen.

Was würdet ihr an der Situation gerne verbessern?

Marc: Eigentlich fühlen wir uns gerade ganz wohl, so wie es ist. Dazu steht mir auch noch eine vierwöchige Auszeit namens Elternzeit bevor, auf die wir uns mit voll gepacktem Aufgabenzettel freuen.

Andreas: Es gibt immer mal wieder kleinere und größere Themen, an denen wir arbeiten, damit das Familienleben erträglich bleibt.

Frank: Die Stunden reduzieren, aber das ist ja nicht möglich. Partnerabende einführen, aber das ist wegen der Betreuung nicht möglich.

Gerald: Ich wünsche mir mehr Zeit für meine Frau.

Was wünscht ihr euch von eurer Frau (an Entlastung, Engagement, Verständnis ...)?

Andreas: Sie sollte mal unseren Schreibtisch aufräumen. Und das, was sie wegräumt, finde ich nie wieder. Ansonsten ist alles prima.

Marc: Klar gibt es immer was zu verbessern: weniger Gezicke, mehr Schnitzel statt Gemüse, weniger Eintopf, mehr Zeit für die Playstation. Sie sehen schon: Bei uns ist alles in Ordnung ;-).

Frank: Ein wenig mehr Verständnis für meine Arbeit.

Gerald: Alles ist gut!

Welche politischen Maßnahmen wünscht ihr euch für mehr Groß-familienfreundlichkeit?

Gerald: Kinderfreundlichkeit, bessere Schulen und Kindergärten, Respekt für große Familien.

Marc: Weg von der Betreuungspolitik. Sämtliche politischen Maßnahmen – das Betreuungsgeld einmal ausgenommen – zielen allein darauf ab, die Mutter wieder an die Arbeit zu kriegen. Unsere Überzeugung ist aber, dass der Staat es eigentlich möglich machen sollte, auch für die Erziehungsarbeit be- oder sogar entlohnt zu werden. Es heißt: Unsere Kinder, eure Zukunft. Wir treffen Zukunftsentscheidungen, die am besten direkt nach der Geburt irgendwo geparkt werden sollten.

Weiterhin fehlt es an allgemeiner Kinderakzeptanz. Familienkarten für zwei Erwachsene und zwei Kinder sind ja schon eine Frechheit, wenn man dann für jedes weitere Kind den vollen Kinderpreis zahlen muss.

Die erhöhte finanzielle Belastung bei mehr Kindern wird nicht anerkannt. Wenn ein Unternehmer in seine Zukunft investiert, darf er unter bestimmten Voraussetzungen erhöhte Abschreibungen vornehmen. Wenn eine Mutter in der Elternzeit Elterngeld bekommt, ist sie aufgrund des Progressionsvorbehaltes des Elterngeldes bei der Steuererklärung auch noch gekniffen und darf im Zweifel sogar noch Steuern nachzahlen.

Andreas: Weil bei vielen Mehrkindfamilien ein Elternteil zu Hause bleiben muss, wäre mehr Kindergeld ab dem dritten Kind oder das Familiensplitting statt subventionierter Kitaplätze gut. Laut dem Lebenslagenbericht Kinderreiche Familien nehmen viele Mehrkindfamilien staatliche Angebote nicht wahr, weil sie nur für Ein-Kind-Familien funktionieren.

Und wenn in der öffentlichen Kommunikation der Begriff »Familie« nicht nur auf Miniaturfamilien bezogen wäre.

Frank: Zuschüsse für Großfamilien, eine größere Lobby für unsere Bedürfnisse.

Was wünscht ihr euch von der Gesellschaft allgemein für große Familien?

Gerald: Mehr Unterstützung, Anerkennung und Offenheit für große Familien.

Marc: Weg von den RTL-II-Klischees! Nur weil eine Familie viele Kinder hat, geht nicht vollautomatisch eine Asozialität mit einher. Die Zeit und das Geld, die wir investieren, um vernünftige Menschen zu erziehen, verdient deutlich mehr Respekt! Natürlich haben wir nicht so viel finanziellen Spielraum, um dreimal im Jahr zwei Wochen in Urlaub zu fahren. Aber wir haben uns dafür entschieden, dass wir das nicht brauchen. Wir würden uns wünschen, dass diese Entscheidungen deutlich mehr Respekt erhalten. Es wird ja immer suggeriert, dass wir armen Sozialfälle nur zu blöd zum Verhüten sind.

Frank: Ich wünsche mir mehr Akzeptanz für Kinder.

Andreas: Wenn unsere Kinder schon die Rente für all die Kinderlosen erarbeiten sollen, wünsche ich mir, dass diese sich dann vielleicht ab und zu entsprechend verhalten.

Welche politischen Maßnahmen oder Institutionen helfen euch schon jetzt?

Marc: Wir nutzen das Elterngeld beziehungsweise die Elternzeit und sind im Deutschen Familienverband sowie im KRFD* organisiert.

Frank: Unsere Stadt bezuschusst für alle Familien einen Schwimmkurs, Bastelkurse – das ist prima. Sehr toll ist Folgendes: Befinden sich Kinder im Kindergarten, tritt folgende Situation ein: Das erste Kind zahlt den normalen Betrag (es sei denn, es ist das letzte Kigajahr), das zweite Kind zahlt die Hälfte von dem Betrag des ersten Kindes und das dritte Kind ist frei. Das konnten wir bislang schon zweimal nutzen.

Andreas: Das Kindergeld ist ja nur die Steuerfreistellung des Existenzminimums der Kinder. Die beitragsfreie Mitversicherung der Kinder in der gesetzlichen Krankenversicherung nehmen wir nicht in Anspruch und auch keine Kitaplätze. Dann nutzen wir wahrscheinlich nur das Ehegattensplitting und die Anrechnung der Erziehungszeiten in der Rentenversicherung. Das ist eine Hilfe, steht aber in ungünstigem Verhältnis zum tatsächlichen Aufwand.

Habt ihr irgendwelche praktischen Tipps und Tricks, die den Alltag mit vielen Kindern erleichtern?

Marc: Das lässt sich eigentlich auf ein paar Grundregeln beschränken. Der Rest ergibt sich dann fast von allein:

- *Bleibt konsequent.*
- *Bleibt geduldig.*
- *Bleibt ihr selbst.*
- *Entschuldigt euch.*

Damit meine ich diese Geschichte, die jeder kennt: Das Kind ist im Supermarkt und kriegt einen Tobsuchtsanfall, weil es seine Kaugummis nicht bekommt. Die Angelegenheit ist hochnotpeinlich, alle schauen schon. Gefühlt kann man alles nur falsch machen. Wenn ihr dem Kind sagt: »Steh jetzt auf, sonst wartest

---

* *Verband kinderreicher Familien Deutschland*

du im Auto« – dann zieht das auch durch. Dann wartet das Kind eben im Auto. Wenn man nicht durchzieht, was man ankündigt, wird man als Eltern unglaubwürdig (besonders, wenn es solche Schnellschussdrohungen sind wie »Du darfst NIE WIEDER Wii spielen!« – wie will man das bitte einhalten?). Überlegt euch eure Äußerungen und zählt im Zweifel lieber einmal bis zehn. Klingt banal, hilft aber enorm. Aber verstellt euch nicht! Ihr seid der Papa, der vielleicht aufbrausend und schnell sauer ist. Dann motzt man mal mehr rum – aber dann muss man auch die Größe haben und sich bei den Kindern entschuldigen, wenn man es übertrieben hat. Lasst eure Kinder nicht glauben, ihr wärt fehlerlos. Niemand ist das.

Andreas: Ein Staubsaugroboter hilft ;-). Wenn die Kinder etwas nicht mögen, auch wenn alle anderen Kinder es toll finden, und auch wenn alle anderen sagen, dass es so sein muss, dann haben die Kinder recht. Wirklich, die wissen es am besten.

Frank: Organisiert sein, ständig alles erledigen, wenn es anfällt, nichts auf die lange Bank schieben. Sagen, wenn etwas nicht passt, sagen, dass man ja mehr Kinder hat als nahezu jeder andere.

Gerald: Immer Ruhe bewahren und vor allem Ruhe ausstrahlen. Den Alltagsstress nicht mit nach Hause nehmen.

Wofür seid ihr euren Kindern dankbar? Was ist schön daran, eine große Familie zu haben?

Andreas: Dass die Kinder neue Sichtweisen einbringen und immer mehr können.

Frank: Dass sie noch mehr Geschwister haben möchten und nicht meckern, dass sie »so viele« sind. Dass sie sich umeinander kümmern und voneinander lernen.

Gerald: Die Liebe und Wärme, die man von den Kindern erfährt. Die verschiedenen Charaktere und der Individualismus der einzelnen Kinder. Kinder sind eine moralische Unterstützung in vielen Denkprozessen für die Zukunft. Sie bringen einen oft zurück auf den Boden. Man kann viel von Kindern lernen, während wir Erwachsen schon oft abgestumpft sind.

Marc: Meine Kinder haben mir schon so oft den Spiegel vorgehalten, ich habe Wesenszüge entdeckt, die ich von mir selbst kenne. Dazu zeigen sie mir aber auch jeden Tag was Neues, ob es nun das erste Krabbeln des Kleinsten ist, das fertige Arbeitsblatt in der Logopädiemappe oder der einskommaachtundfünfzig Meter hohe Legoturm. Sachen, auf die die Kinder stolz sind, die mich wiederum stolz auf meine Kinder machen. Ich bin froh, dass sie so unterschiedlich sind, wie sie sind, und doch alle den gleichen Nenner haben.

ZUM SCHLUSS

Gemeinsam sind wir noch mehr!

Interview mit Isabel Gronack-Walz vom Verband kinderreicher Familien

Auch wenn ich nach wie vor glaube, dass es in erster Linie Privatsache ist, ob und wie viele Kinder man bekommt, so habe ich spätestens beim fünften Kind kapiert, dass es eben doch nicht egal ist, was die Gesellschaft über kinderreiche Familien denkt, und vor allem, wie sie diese unterstützt. Es gibt viele kinderreiche Familien, die jede Menge für unsere Gesellschaft leisten, aber auch jede Menge Entlastung vertragen könnten. Diese Unterstützung und Anerkennung einzufordern hat nichts damit zu tun, andere Lebensweisen abzuwerten. Ganz im Gegenteil. Aber es wird endlich Zeit, die große Familie aus der Schmuddelecke herauszuholen und in die Mitte der Gesellschaft zu bringen. Der Verband der kinderreichen Familien hat sich genau das vorgenommen. NRW-Vertreterin Isabel Gronack-Walz erzählte mir mehr über den Verband, in den ich mittlerweile selbst eingetreten bin:

Daniela Nagel: *Liebe Frau Gronack-Walz, bis vor Kurzem habe ich immer gedacht, viele Kinder zu haben, sei reine Privatsache, und bin selbst erst mit dem fünften Kind auf Ihren Verband gestoßen. Warum sollten sich kinderreiche Familien in einem Verband zusammentun?*

Isabel Gronack-Walz: Weil die Kinderreichen eine wesentliche Gruppe in der Bevölkerung bilden, einen wichtigen Beitrag zur Zukunft der Gesellschaft leisten und nur gemeinsam ihren Interessen Ausdruck verleihen können. Da können die Kinderreichen von anderen gesellschaftlichen Gruppen lernen – etwa von Autofahrern.

Ab dem dritten Kind passen Familien nicht mehr in gesellschaftliche Schablonen. Das überrascht viele Familien, weil sie mit manchen Hürden nicht rechnen. Das fängt beim Auto an: In die wenigsten Autos passen drei Kindersitze nebeneinander. Wohnungen sind in der Regel für maximal zwei Kinder konzipiert – mehr Kinderzimmer sind selten vorgesehen.

Ein Beispiel, das immer wieder für ungläubiges Staunen sorgt, sind die Familienkarten. Meist sind nur zwei Kinder vorgesehen. Im Sommer hatten wir ein lustiges Erlebnis an der Kasse einer Nostalgiebahn, wo Familienkarten für Eltern, zwei Kinder und einen Hund angeboten wurden. Unser Sohn durfte dann zwar als Hund mitreisen, aber es wurde eben nicht mit größeren Familien geplant.

Das ist, meiner Meinung nach, keine latente Kinderfeindlichkeit, sondern schlicht Gedankenlosigkeit. Und daran wollen wir als Verband etwas ändern. Alleinerziehende haben es in den letzten Jahren erfolgreich verstanden, auf ihre Situation aufmerksam zu machen. Die Gruppe der Kinderreichen ist etwa genauso groß und relevant – nur kommen wir nicht vor.

Das hätte ich nicht gedacht.

Isabel Gronack-Walz: Ich vorher auch nicht. Alleinerziehende werden in der Sozial- und Familienpolitik mittlerweile berücksichtigt. Sie sind gesellschaftlich präsent, und das ist auch gut so. Es ist Zeit, dass die Kinderreichen genauso auf ihre besonderen Bedürfnisse aufmerksam machen.

Die meisten großen Familien sind mit der Organisation des Alltags sehr beschäftigt – da bleibt häufig keine Zeit für politisches Engagement und Interessenvertretung. Jeder wuselt so vor sich hin. Deshalb haben sich vor zwei Jahren ein paar Familien zusammengetan und überlegt, dass sich das ändern muss. 2011 wurde der Verband gegründet. Heute sind wir in jedem Bundesland und auch auf Bundesebene präsent und aktiv. Wir wollten uns vernetzen, gegenseitig unterstützen und auch politisch auf uns aufmerksam machen. Wie andere europäische Familienverbände wollen wir Ermäßigungen anbieten, etwa bei Waschmaschinen oder Produkten, ohne die es in einer Großfamilie nicht funktioniert.

Dabei sind wir natürlich auf Unterstützung angewiesen. Eine ganze Reihe Firmen hat auch schon das Potenzial, das in den kinderreichen Familien steckt, erkannt und unterstützt uns, zum Beispiel mit dem familie3plus-Programm.

Das hört sich gut an. Sind Sie denn politisch oder konfessionell in irgendeiner Form gebunden?

Isabel Gronack-Walz: Unser Verband ist überparteilich und an keine Konfession gebunden. Denn viele Kinder hat man nicht aus religiösen oder politischen Gründen. In unserem Verband finden sich Vertreter aller gesellschaftlichen Gruppen und Religionen.

Weit verbreitet ist das Klischee, dass es im Haushalt Kinderreicher drunter und drüber geht, Unordnung herrscht, die Kinder so nebenher laufen und keine Aufmerksamkeit bekommen oder nur für das Kindergeld angeschafft wurden. Das geht an der Realität total vorbei – eignet sich allerdings für die Skandalisierung im Privatfernsehen. Dabei gibt es im Verband ausgesprochen viele sehr gut ausgebildete Eltern, die sich bewusst für ihre Kinder entschieden haben.

Gibt es denn Tendenzen, welche Familien viele Kinder bekommen?

Isabel Gronack-Walz: Bedauerlicherweise sind es gerade die Mittel-schichtfamilien, die sich ihren Wunsch von der Großfamilie immer seltener erfüllen. Die Schere geht auseinander: Es bekommen die wohlhabenden Familien viele Kinder und die ärmeren. Die Mitte ist uns eigentlich zu dünn, dabei sind das genau die, die mehr Kinder haben könnten. Diese Mitte müssen wir stärken. Dazu müssen die Rahmenbedingungen verbessert und bestehende Ungerechtig-keiten ausgeglichen werden. Dazu gehört die steuerliche Ent-lastung, sei es über den Kinderfreibetrag oder die Besteuerung von Alltagsgütern – etwa Babywindeln. Der Verdienstausfall während der Babyphase müsste stärker bei der Berechnung der Rente be-rücksichtigt werden – schließlich finanzieren die Kinder von heute die zukünftigen Renten. Wer Kinder hat, kann in der Zeit ihres Heranwachsens häufig weder große Reichtümer erwirtschaften, noch ausreichend Geld für die Alterssicherung zurücklegen. Das Geld wird in die Kinder investiert. Kinderlose können mehr er-wirtschaften und gleichzeitig sparen. Im Alter profitieren aber auch sie von der jungen Generation, die ihre Rente erwirtschaftet hat. Das Bundesverfassungsgericht hat auf diese Ungerechtigkeit schon mehrfach hingewiesen, allerdings ohne politische Konsequenz.

Wichtig wäre auch eine qualitative Verbesserung der Be-treuungsmöglichkeiten, etwa im Ganztagsbereich in der Grund-schule. Wirkliche Entscheidungsfreiheit für Familien wird es erst geben, wenn die öffentlichen Einrichtungen wirklich betreuen und nicht nur verwahren.

Zum Thema Wahlfreiheit. Traurig finde ich es, dass gerade große Familien mit einem normalen Gehalt kaum auskommen, selbst die in meinen Augen ideale Situation, dass beide Teilzeit arbeiten, reicht selten. Die höheren Kosten werden durch Kinderfreibeträge und Ähnliches kaum aufgefangen. Mit vielen Kindern ist selbst mit einem

Vollzeitjob schnell die Armutsgrenze erreicht. Wenn nicht gerade
einer von beiden ein Managergehalt hat, müssen beide arbeiten.
Oder sind die Ansprüche zu hoch? Ich höre oft: »Ein Drittes wäre
schön, das können wir uns aber nicht leisten.«

Isabel Gronack-Walz: Tatsächlich könnte der Staat durch steuerliche Entlastung und dezidierte strukturelle Förderung den Familien
das Ja zum dritten Kind erleichtern – am elterlichen Willen mangelt
es nicht. Wenn man schon mit zwei Kindern merkt, dass es überall Hindernisse gibt, überlegt man natürlich doppelt, ob man ein
weiteres Kind wagt. Als ich noch Kind war, hat ein Gehalt im
mittleren Segment ausgereicht, um gut zu leben. Aber heute?

Ich denke einfach, dass viele Dinge, die heute von den Familien
bezahlt werden, vom Staat gefördert werden sollten. Angesichts
der demografischen Situation wäre es eigentlich geboten, Familien
innovativ und effektiv zu fördern. Obwohl das nicht ins gängige
Klischee passt, sind es gerade die großen Familien, die oft sehr viel
Wert auf die Ausbildung ihrer Kinder legen. Ich persönlich kenne
zwei Familien mit sechs Kindern, die gut rechnen müssen, in denen
aber jedes Kind ein Instrument lernt. Das ist natürlich teuer.

Könnte das viel diskutierte Familiensplitting helfen?

Isabel Gronack-Walz: Ja, ich denke schon. Wenn man die Familien
pro Kopf besteuern würde, würde das vielen helfen, insbesondere
den Mittelstandsfamilien.

Wie muss sich die Arbeitswelt ändern?

Isabel Gronack-Walz: Wenn ich beruflich unterwegs bin, wundern
sich viele, wenn ich von meinen drei Kindern erzähle. Als Selbstständige ist das möglich, weil ich mir die Zeit frei einteilen kann.
Aber Selbstständigkeit kann doch nicht die Bedingung für erfüllte

Kinderwünsche sein! Erst kürzlich habe ich mit einer Agentur gesprochen, die speziell Mütter wieder in den Job eingliedert, weil sie sie als Mitarbeiter nicht verlieren will. Die Chefs haben selbst mehrere Kinder und deshalb wollen sie gezielt Eltern unterstützen. Solche Arbeitgeber muss man stärken. Gerade große Firmen mit einem großen Mitarbeiterpool hätten die Möglichkeit, Müttern und Vätern den Wiedereinstieg zu erleichtern oder familiengerechte Arbeitsverhältnisse zu schaffen.

Glauben Sie, es würde sich was ändern, wenn Väter genauso in die Familienarbeit involviert wären wie Frauen?

Isabel Gronack-Walz: Auf jeden Fall. Wenn Väter bei ihren Arbeitgebern selbstbewusst auf ihre väterlichen Pflichten verweisen würden, etwa im Krankheitsfall, dann würde das das Familienleben aufwerten. Die Mütter wären zudem entlastet und das Familienthema wäre nicht nur ein »Frauenthema«. Hier muss sich das Bewusstsein in der Gesellschaft ändern.

Ich glaube, so langsam ändert sich was. Als unser Ältester klein war, gab es praktisch keine Väter, die Elternzeit, beziehungsweise damals noch Erziehungsurlaub, genommen haben. Auch in der Kinderarztpraxis liefen einem keine Väter über den Weg ...

Isabel Gronack-Walz: Ich sehe das auch in den Elternpflegschaften. Es gibt immer mehr engagierte Väter, was wohl auch daran liegt, dass sich viele heute bewusst für Kinder entscheiden und sie nicht einfach so dazugehören. Da ist ein Wandel im Gange, auch wenn ich das Gefühl habe, dass die Gesellschaft sich auch teilt in diejenigen, die eben Kinder haben und sich viel mit ihnen beschäftigen, und die, die mit Kindern gar nichts zu tun haben. Es gibt immer weniger Berührungspunkte. Wir selbst kennen immer weniger Familien mit einem Kind, die meisten haben Geschwister, oder die Paare haben keine Kinder. Im Osten sieht es allerdings anders aus, dort gibt es viel mehr Frauen, die ein Kind haben, insgesamt aber weniger große Familien.

Bei uns im Kindergarten bekommen mittlerweile viele das dritte oder sogar vierte Kind. Allerdings wohnen wir auch am Rand der Stadt, da sieht es mit dem Platz wieder einfacher aus.

Isabel Gronack-Walz: Gerade in Köln ist der Wohnungsmangel, nicht nur für Familien, ein großes Problem. Deshalb setzt sich unser Verband dafür ein, dass gerade beim öffentlich geförderten Wohnungsbau auch an Wohnungen für große Familien gedacht wird. Es ist kein böser Wille, aber die Wohnungsbaugesellschaften denken bisher einfach nicht darüber nach, dass auch größere Wohnungen gebraucht werden. Deswegen bin ich auch in das Bündnis für Familie eingetreten. Das ist ein Gremium in Köln, in dem sich Verbände und verschiedene Ämter der Stadt Köln zusammengeschlossen haben, um auf die jeweiligen Bedürfnisse hinzuweisen, eine Art Erfahrungstransfer findet da statt: Lebens-welt trifft Verwaltung, könnte man sagen, und es ist höchste Zeit dafür.

Einer Familie mit fünf Kindern aus unserem Freundeskreis ist mal kurzfristig der Mietvertrag geplatzt, weil es dem Vermieter doch zu viele Kinder waren.

Isabel Gronack-Walz: Da kann man aber nicht nur böse auf den Vermieter sein. Kinder können laut sein, keine Frage. Wenn dann Leute darunter wohnen, die einen Meckerbrief nach dem anderen schreiben, ist das für den Vermieter auch nicht schön. Leider gibt es auch Eltern, die rücksichtslos sind und nicht auf die Bedürfnisse von Nachbarn achten. Es ist so wie überall: Mit etwas Rücksicht und Einfühlungsvermögen wäre vieles leichter.

Besonders gefreut hat mich ein Statement auf Ihrer Seite, wie schön es wäre, wenn Kinder aus großen Familien auf mehr Ressourcen zurückgreifen könnten als Kinder aus kleinen Familien. Solche Aussagen freuen mich auch deshalb, weil gerade ältere Kinder sich eben auch schnell als Außenseiter empfinden, wenn sie viele Geschwister haben. Haben Sie noch mehr handfeste Argumente für Geschwister?

Isabel Gronack-Walz: Wir waren zu dritt, mein Mann hatte sieben Geschwister, dazu viele Cousinen und Cousins. Wir hatten also immer Kinder in allen Altersgruppen, auf die wir uns verlassen konnten. Auch heute noch weiß ich, dass die Verwandten im erweiterten Familienkreis zu den Menschen gehören, auf die ich mich absolut verlassen kann, auch wenn ich sie selten sehe. Wir haben uns auch ohne Worte verstanden, weil wir den gleichen Hintergrund hatten. Das ist mit Freunden anders. Für meine Kinder sind ihre Cousinen und Cousins ebenfalls ganz wichtig. Dieser Familienzusammenhalt gibt einem eine sehr große Sicherheit im Leben.

Was für ein Geschenk eine große Familie ist, merken die meisten Kinder wahrscheinlich eher im Nachhinein. Zunächst sehen die Kinder oft, dass sie zum Beispiel mehr teilen müssen als andere, etwa das eigene Zimmer.

Isabel Gronack-Walz: Bei uns gab es die Diskussionen natürlich auch. Etwa, warum in unserer Familie nicht jedes Kind sein eigenes Zimmer hat, wie in »normalen« Familien auch. Während meiner Studienzeit in Irland war es völlig normal, dass sich sogar Studenten das Zimmer teilen. Und ein Blick in die Generation unserer Eltern zeigt, dass geteilte Zimmer lange Normalität waren. Das Schöne wird man vor allem in der Rückschau sehen. Es gibt eine Untersuchung, die zeigt, welche Fertigkeiten die Kinder je nach Geschwisterfolge entwickeln. So haben die ersten Kinder ganz andere Fähigkeiten als etwa das Sandwich-Kind oder das dritte.

In Gesellschaften, in denen es, wie in China, fast nur noch Ein-Kind-Familien gibt, werden manche Fähigkeiten wie Innovationsgeist nicht mehr ausgebildet, weil die Grundlage gar nicht mehr da ist. Die ersten Kinder sind meistens sehr durchsetzungsfähig, zugleich eher die Bewahrer der Tradition, während die zweiten eher zum Rebell werden. Was bedeutet es aber für eine Gesellschaft, wenn wir etwa nur noch Bewahrer haben?

Schade finde ich, dass selbst die erste Suche im Internet zum Thema Kinderreichtum fast nur negative Aspekte zutage fördert. Kinderreichtum wird zum Beispiel bei Wikipedia als Entwicklungsrisiko angegeben. Festgemacht wird das an einem Test, bei dem die Kinder desto besser abschneiden, je weniger Geschwister sie haben. In einem anderen Absatz wird Kinderreichtum mit niedriger Bildung und sozialem Abseits gleichgesetzt, und es werden Gründe angeführt, warum sich Paare gegen viele Kinder entscheiden.

Isabel Gronack-Walz: Bei den Tests lohnt ein Blick auf das erwartete Ergebnis. So wird bei der Sprachentwicklung danach geschaut, ob die Kinder sprechen wie Erwachsene, was Einzelkinder natürlich früher tun. Das ist aber nicht unbedingt ein Zeichen für Intelligenz. Andere Fähigkeiten werden dafür vielleicht weniger oder gar nicht entwickelt. Genauso gibt es Untersuchungen, die den positiven Einfluss von Geschwistern hervorheben. Dazu gehören eine viel höhere Toleranzschwelle und die Fähigkeit, mit Rückschlägen umzugehen. Geschwister müssen häufig um Aufmerksamkeit kämpfen und entwickeln dabei eine gewisse Robustheit.

Remo Largo fordert zum Beispiel, dass Einzelkinder unabhängig davon, ob ihre Eltern beide arbeiten, mit einem Jahr in die Kita sollten, weil sie zu Hause zu wenig Möglichkeiten hätten, ihr Sozialverhalten zu trainieren.

Isabel Gronack-Walz: Das stimmt. Allerdings sind die Kinder in Kitas immer in derselben Altersgruppe zusammen und das ist auch nicht optimal. Groß und Klein beieinander, wie in der Familie, das wäre am besten. Gerade Reibereien mit Größeren und die Rücksicht auf Jüngere trainieren den Charakter.

Das klingt alles viel ermunternder als die negativen Aspekte zum Beispiel auf Wikipedia, bei denen man schon fast ein schlechtes Gewissen bekommt, viele Kinder zu haben.

Isabel Gronack-Walz: Es gibt genügend Untersuchungen, die das Gegenteil belegen. Das von den Medien gern gezeichnete Bild von der Mutter, die fünf Kinder mit drei Vätern hat, ist leider spektakulärer als ein ganz normales Familienleben mit fünf Kindern und Eltern, die sich bewusst für sie entschieden haben.

Schade, dass große Familien in den Medien oft so negativ dargestellt werden. Mir tut es immer sehr gut, wenn ich sehe, bei anderen funktioniert es auch gut, die schaffen das auch mit vielen Kindern. Das gibt mir auch selbst Zuversicht. Das müsste man viel stärker publik machen.

Isabel Gronack-Walz: Die Leute, bei denen es gut klappt, fallen aber kaum auf. Deshalb ist es auch unser Anliegen, in der Presse und Öffentlichkeit zu zeigen, dass es meistens gut funktioniert. Großfamilienalltag ist eben nicht nur Krisenmanagement, sondern wie in allen anderen Familien auch mal mehr oder weniger entspannt. In jedem Fall nie langweilig. Für Perfektionisten ist Großfamilie natürlich schwer. Man kann einfach nicht mehr gleichzeitig die perfekte Mutter, Partnerin, Hausfrau, Gärtnerin sein und dann noch die perfekte Karriere machen. Gelassenheit heißt die Devise.

Und realistisch sein. Als letztens ein Chef stolz von einem Büro mit integriertem Laufstall berichtete, dachte ich, was ist denn das für ein Unfug! Spätestens wenn das Kind schreit, ist es mit der Ruhe vorbei. Bei mehreren Kindern können Eltern nicht immer sofort reagieren, wenn ein Kind sich beklagt oder heult. Natürlich habe ich meine Kinder nie schreien lassen, aber sofort reagieren und alles andere fallen lassen geht nicht immer. Eltern sind schnell in einer Zwickmühle. Einerseits wird ihnen vorgeworfen, sie könnten sich bei vielen Kindern jedem einzelnen kaum widmen, und gleichzeitig wirft man ihnen vor, sie würden zu wenig zum Bruttosozialprodukt beitragen. Dieser permanente Rechtfertigungsdruck ist nervenaufreibend und nimmt die Gelassenheit, die Familien brauchen.

Die Messlatte an Mütter wird so hoch gelegt, dass viele sich verständlicherweise nicht mehr trauen, Kinder zu bekommen. Bei vielen großen Familien herrscht das traditionelle Modell mit der klassischen Arbeitsteilung vor. Ist das eher notgedrungen oder freiwillig?

Isabel Gronack-Walz: Nach meiner Beobachtung gibt es gerade in unserem Verband viele, auch hoch qualifizierte, Frauen, die eine lange Zeit bewusst zu Hause bleiben und die Zeit mit den Kindern genießen. Andererseits kenne ich aus dem Umfeld der Schule auch viele Frauen, die wirklich verzweifelt nach einem Job suchen. Diese haben meistens aber weniger Kinder.

Schlimm finde ich, wenn die Lebensentwürfe immer gegeneinander ausgespielt werden. Es kommt ja auch immer auf die Gesamtsituation an.

Isabel Gronack-Walz: Es gibt anscheinend Berufssparten, in denen es leichter ist, viele Kinder zu haben. Lehrer zum Beispiel und interessanterweise auch Ärzte können Kinder und Beruf leichter verbinden. Selbstständige, so wie ich, haben es ebenfalls leichter. Gerade bei Müttern von drei Kindern besteht bei den meisten der Wunsch, wieder in den Beruf einzusteigen.

Wie könnte man Vollzeitmütter und Väter denn besser unterstützen? Sie übernehmen immerhin eine Menge Arbeit unentgeltlich, für die Erzieherinnen Geld bekommen.

Isabel Gronack-Walz: Ich glaube nicht, dass eine staatliche Gegen-finanzierung möglich wäre. Allerdings müsste der Staat komplett für das Bildungsangebot der Kinder aufkommen, und damit meine ich nicht nur Kindergarten und Schule. Außerdem müssten Familien durch günstigen Wohnraum entlastet werden. Eine große Hilfe wäre auch die kostenfreie Nutzung der städtischen Infra-struktur. Eigentlich selbstverständliche Dinge, wie Bahnfahren oder Schwimmbadbesuch, werden mit vielen Kindern schnell zum Luxus. Hier könnte der Staat Familien helfen.

Glauben Sie, das würde sich für den Staat letztendlich auch rechnen?

Isabel Gronack-Walz: Absolut. Wir brauchen Familien und wir brauchen Kinder. Wir brauchen vor allem Kinder, die später zu reifen und ausgeglichenen Erwachsenen werden. Unsere Gesell-schaft lebt nicht von Maschinen, sondern von Menschen. Wir brauchen Menschen, die füreinander einstehen, und das lernt man gerade in Familien. Je stärker die Solidargesellschaft unter den Menschen, desto mehr Spaß macht es letztendlich, in diesem Staat zu leben. Eine bessere Investition als in Familien gibt es gar nicht.

ANMERKUNGEN

1 Vgl. Eggen, Bernd; Rupp, Martina: Kinderreiche Familien, S. 32

2 Ebenda, S. 170

3 Ebenda, S. 89

4 Geller, Helmut: Kinderreiche Mütter, S. 194

5 Vgl. Interview mit Jesper Juul: »Herr Juul, was sind perfekte Eltern?«, Brigitte 15/2011, S. 77

6 Geller, Helmut: Kinderreiche Mütter, S. 26 f.

7 Ebenda, S. 125 f.

8 Vgl. de.wikipedia.org/wiki/Frauenarbeit, letzter Zugriff: 08.10. 2012, 08:54 Uhr.

9 Jurczyk in Geller, S. 113

10 Geller, S. 41

11 Schneider, Aurélie: Childfree and Happy, S. 7

12 Vgl. Interview mit Nina Mareen Spranz, €uro, 10/2013, Dossier Großfamilie, S. 28

13 Juul, Jesper: Das Familienhaus

14 Hallowell, Sue Goerge und Edward M. Hallowell: Liebe in Zeiten der Ablenkung, Rowohlt 2011.

15 diepresse.com/home/meinung/debatte/1345617/Alle-acht-Kinder-mit-derselben-Frau, letzter Zugriff, 09.10.13, 09:58 Uhr.

16 Vgl. Laak, Petra van: 1 Frau, 4 Kinder, 0 Euro

17 Seiwert, Lothar: Simplify your time. Einfach Zeit haben, S. 66

18 Vgl. Interview: www.brigitte.de/liebe/familie/krippe-kinder-1029551, letzter Zugriff: 08.10.2012, 15:47 Uhr.

19 Dr. Brock, Inés, Testimonial zum KRFD: www.kinderreichefamilien. de/testimonials.html, letzter Zugriff: 08.10.2012, 15:50 Uhr.

20 Vgl. www.ksta.de/ratgeber/studie-sind--rabenmuetter--besser-fuer-kinder-,15189524,12055316.html, letzter Zugriff: 08.10. 2012, 15:54 Uhr.

21 »Mir geht es um das Wohl der Kinder. Umfragen zeigen: Sobald Kinder selbst entscheiden können, ob sie in die Betreuung

wollen oder nicht, gehen sie nicht mehr hin. Kinder fühlen sich in den Familien am besten aufgehoben, in denen Vater und Mutter Teilzeit arbeiten oder die Mutter Hausfrau ist. Am unwohlsten fühlen sich die Kinder, deren Eltern beide Vollzeit arbeiten.« – Vgl. www.spiegel.de/spiegel/print/d-52417799. html, letzter Zugriff 04.10.2013.

22 H. Bertram: Familie und soziale Ungleichheit, in: H. Bertram (Hg): Die Familie in Westdeutschland, Leske + Budrich 1991, S. 225. Zitiert aus Schicha, Christian: Lebenszusammenhänge kinderreicher Mütter, S. 55

LITERATUR

Bücher zum Thema Mütter, viele Kinder, Gleichberechtigung et cetera, die mich angeregt, aufgeregt, aufgebaut oder einfach amüsiert haben:

Bibliographisches Institut Mannheim: Guinness World Records 2013. Mannheim 2012.

Bude, Heinz: Die Ausgeschlossenen. Das Ende vom Traum einer gerechten Gesellschaft. Hanser 2008.

Bleier, Bianka; Schiller, Birgit: Besser einfach – einfach besser. Das Haushalts-Survival-Buch. Scm R. Brockhaus 2008.

Cadeggianini, Georg: Aus Liebe zum Wahnsinn: Mit sechs Kindern in die Welt. Fischer TB 2012.

Drust, Rieke: Muttergefühle. C.Bertelsmann 2011.

Eggen, Bernd; Rupp, Martina: Kinderreiche Familien. VS Verlag für Sozialwissenschaften 2006.

Geller, Helmut: Kinderreiche Mütter. Lebensentwürfe, Probleme und Perspektiven. Leske & Budrich 1997.

Hallowell, Edward; Hallowell, Sue George: Liebe in Zeiten der Ablenkung. Rowohlt 2011.

Hodgkinson, Tom: Leitfaden für faule Eltern. Rororo 2011.

Holmqvist, Ninni: Die Entbehrlichen. Fischer 2011.

Juul, Jesper: Das Familienhaus. Wie Große und Kleine gut miteinander auskommen. Kösel 2012.

Juul, Jesper: Nein aus Liebe: Klare Eltern – starke Kinder. Kösel 2008.

Laak, Petra van: 1 Frau, 4 Kinder, 0 Euro (fast): Wie ich es trotzdem geschafft habe. Droemer 2012.

Lerner, Harriet: Der Tanz ums Kind. Wie Muttersein unser Leben verändert. Krüger 2001.

Liedloff, Jean: Auf der Suche nach dem verlorenen Glück. Gegen die Zerstörung unserer Glücksfähigkeit in der frühen Kindheit. C.H. Beck 2013 (7. Auflage)

Schicha, Christian: Lebenszusammenhänge kinderreicher Mütter. Individualisierungsprozesse in Partnerschaftsverläufen großer Familien. Europäischer Verlag der Wissenschaften 1996.

Schneider, Aurélie: Childfree and happy: warum es wichtig und richtig ist, keine Kinder zu kriegen. Epubli GmbH 2012.

Sveland, Maria: Bitterfotze. KiWi 2009.

Thiel, Christian: Was glückliche Paare richtig machen: Die wichtigsten Rezepte für eine erfüllte Partnerschaft. Campus 2012.

Waldman, Ayelet: Böse Mütter. Meine mütterlichen Sünden, großen und kleinen Katastrophen und Momente des Glücks. Klett-Cotta 2010.

DANKE …

… an alle, die mir in irgendeiner Weise bei der Entstehung des Buches geholfen haben …

… allen voran meinen Kindern und meinem Mann. Ihr habt mir euer Vertrauen, eure Geduld und jede Menge Geschichten für dieses Buch geschenkt.

… meinen Eltern, Schwestern, Schwiegereltern und allen aus der Familie, die mir hilfreich zur Seite standen – vor allem ohne die Großeltern ging oft gar nix!

… für fachliche und sachliche Unterstützung insbesondere Simone, Alex, Ana, Billa, Tina, Hana, Priska, Manuela, Franz Meurer, Nina Spranz, Isabel Gronack-Walz, den Vätern vom Verband kinderreicher Familien und allen anderen, die mich im Gespräch oder durch ihr Vorbild inspiriert haben.

… Michaela und Klaus Gröner von der Agentur Erzählperspektive und allen von Schwarzkopf & Schwarzkopf, besonders meiner Lektorin Uta Alder und allen, die das Cover sowie alles drum herum mitgestaltet haben! Zusammen schreibt es sich weniger allein …

… danke!

Daniela Nagel, Jahrgang 1977, lebt mit ihrem Mann und ihren fünf Kindern in Köln. Nach ihrem Studium der Philosophie und der Neueren deutschen Literatur wandte sie sich der Praxis zu und begann, selbst zu schreiben. Vor Kurzem hat sie ihren Debütroman veröffentlicht. »Fünf Kinder? Sie Ärmste!« ist ihr erstes Sachbuch.

Daniela Nagel
FÜNF KINDER? SIE ÄRMSTE!
Ein Survivalguide für gelassene Mehrfachmütter

ISBN 978-3-86265-314-0
© Schwarzkopf & Schwarzkopf Verlag GmbH, Berlin 2013
KATALOG
Wir senden Ihnen gern kostenlos unseren Katalog.
Schwarzkopf & Schwarzkopf Verlag GmbH
Kastanienallee 32, 10435 Berlin
Telefon: 030 – 44 33 63 00
Fax: 030 – 44 33 63 044

INTERNET | E-MAIL
www.schwarzkopf-schwarzkopf.de
info@schwarzkopf-schwarzkopf.de